dtv

Queen Victoria diente dem »viktorianischen Zeitalter« nicht nur als Namenspatronin, sie verkörperte es auch geradezu idealtypisch. In ihrer Familie und auch in ihrem Beruf, als Ehefrau Alberts, als Mutter einer neunköpfigen Kinderschar und als pflichtbewusste Herrscherin scheint sie die im 19. Jahrhundert so maßgebliche »Disziplinierung des Herzens« exemplarisch geleistet zu haben. Und dennoch wird in diesem Lesebuch deutlich, dass sie ein sehr sinnenfreudiger Mensch gewesen ist, erfüllt von ihrem überschwenglichen Begehren und ihrer Liebe zu Albert. Victoria zeigt sich in ihren Briefen und Tagebüchern zudem offen und nachdenklich gegenüber den zeitgenössischen moralischen, ökonomischen und ideologischen Umbrüchen. Sie war nicht nur eine Macht im deutsch-englischen Verhältnis, sondern auch eine Symbolfigur des 19. Jahrhunderts.

Prof. Dr. Kurt Tetzeli von Rosador lehrt an der Universität Münster Englische Literaturwissenschaft. Sein Interesse gilt der Frühen Neuzeit, vor allem Shakespeare, sowie dem Viktorianischen Zeitalter. *Dr. Arndt Mersmann* arbeitet am Englischen Seminar der Universität Münster an Projekten über das Viktorianische Zeitalter.

Queen Victoria

Ein biographisches Lesebuch
aus ihren Briefen und Tagebüchern

Ausgewählt und übersetzt
und mit Einführungen und einem Nachwort
begleitet von Kurt Tetzeli von Rosador
und Arndt Mersmann

Mit 25 Abbildungen

Deutscher Taschenbuch Verlag

Originalausgabe
Dezember 2000
2. Auflage April 2001
www.dtv.de
© 2000 Deutscher Taschenbuch Verlag GmbH & Co. KG,
München
Umschlagkonzept: Balk & Brumshagen
Umschlagbild: Ausschnitt aus dem Gemälde
›Queen Victoria‹ (1838) von Thomas Sully
(© The Bridgeman Art Library)
Satz: KCS GmbH, Buchholz/Hamburg
Gesetzt aus der Bembo 10/12·
Druck und Bindung: C. H. Beck'sche Buchdruckerei,
Nördlingen
Gedruckt auf säurefreiem, chlorfrei gebleichtem Papier
Printed in Germany · ISBN 3-423-12846-1

Inhaltsverzeichnis

Queen Victoria
Ein biographisches Lesebuch
aus ihren Briefen und Tagebüchern
7

Victorias Disziplinierung des Herzens
281

Stammtafel Queen Victorias
– Das Haus Hannover –
302
– Kinder und Enkel (Auswahl) –
303

Victoria. Ein politisch-persönlicher Lebenslauf
304

Zu Textauswahl und Übersetzung
310

AdressatInnen der Briefe
312

Literaturhinweise
315

Bildnachweis
319

VICTORIA: *Der Vater heiratet und zeugt ein Kind in der erklärten Absicht, die Thronfolge zu sichern (und sich von seinen Riesenschulden zu befreien). Er stirbt früh, und die Mutter erzieht sie abseits von ihren erzkonservativen, unpopulären, königlichen Onkeln – Georg IV., einem verschwenderischen Lebemann, und William IV., einem derb-schlichten Biedermann. Ihre natürliche Sinnenfreude, ihre Lust an den theatralischen Künsten kann auch das strenge Erziehungsregime der Mutter nicht gänzlich unterdrücken. Sie findet in abgöttischer Liebe zu ihrem Mann, Prinz Albert von Sachsen-Coburg und Gotha, Erfüllung und äußert sich nach dessen frühem Tod in monumentaler Trauer.*
Nicht nur zwischen den Zeilen, sondern recht unmittelbar hat Victoria ihr Leben und ihre gesellschaftliche Umwelt detailgenau, lebendig und kritisch in Briefen und Tagebüchern geschildert. Sie umfassen mehr als siebzig Jahre – ein Panorama des Zeitalters, das sie geprägt und dem sie ihren Namen gegeben hat.

1832, im Alter von dreizehn Jahren, beginnt Victoria ein Tagebuch zu führen. 1872, vierzig Jahre später, erinnert sie sich an ihre Kinderzeit davor. Der erste erhaltene Brief stammt aus dem Jahre 1828. Die Rückschau wie auch die Briefe zeigen ein lebensfrohes, neugierig-sentimentales Menschenkind, das durch ein rigides Erziehungssystem auf die zukünftige Rolle vorbereitet wird.

TAGEBUCH

1872

Meine frühesten Erinnerungen sind mit Kensington Palace verbunden, und ich kann mich erinnern, dass ich dort auf einem gelben Teppich herumkrabbelte, der zu diesem Zweck ausgelegt worden war, und dass man mir sagte, falls ich weinte und ungezogen wäre, würde mich mein Onkel Sussex hören und bestrafen, weshalb ich immer schrie, sobald ich ihn sah! Vor Bischöfen hatte ich wegen ihrer Perücken und Schurze große Angst, aber ich besinne mich, dass ich diese beim Bischof von Salisbury ... teilweise überwand, da dieser niederkniete und mich mit der Medaille spielen ließ, die er als Kanzler des Hosenbandordens trug. Bei einem anderen Bischof freilich waren alle Überredungsversuche, ihm meine »hübschen Schuhe« zu zeigen, ganz und gar zwecklos. Claremont ist mir als hellste Zeit meiner sonst ziemlich trüben Kindheit in Erinnerung, da ich dort im Haus meines geliebten Onkels war und der Musik im Großen Saal bei Banketten lauschen konnte ...

Ich wurde sehr schlicht erzogen – hatte niemals ein eigenes Zimmer, bevor ich nicht beinahe erwachsen war – schlief immer im Zimmer meiner Mutter, bis ich den Thron bestieg. In Claremont und den kleinen Häusern der Badeorte hielt ich mich im Schlafzimmer meiner Gouvernante auf und erhielt dort Unterricht. Als kleines Kind lernte ich gar nicht gern und machte jeden Versuch, mich das Alphabet zu lehren, zunichte bis zum Alter von fünf Jahren, als ich mich bereit fand, es zu lernen, indem ich mir vorschreiben ließ ...

Es war im Jahr 1826, so glaube ich, dass George IV. meine Mutter, meine Schwester und mich zum ersten Mal nach Windsor einlud. Als mein Vater starb, stand er mit ihm nicht auf gutem Fuß, und er nahm von der armen Witwe und dem kleinen, vaterlosen Kind so gut wie keine Notiz, und diese waren zur Zeit seines, des Herzogs von Kent, Todes so arm, dass sie nicht zum Kensington Palace hätten zurückreisen können, hätte uns nicht mein lieber Onkel, Prinz Leopold, freundlicherweise unterstützt. Wir begaben uns zur Cumberland Lodge, der König wohnte in der Royal Lodge. Tante Gloucester war zur selben Zeit auch da. Als wir in der Royal Lodge ankamen, nahm mich der König bei der Hand und sagte: »Gib mir dein Pfötchen.« Er war groß und gichtig, besaß aber wunderbare Würde und Charme im Umgang. Er trug die Perücke, die damals so viel getragen wurde. Dann sagte er, dass er mir etwas geben werde, was ich tragen könne, und das war sein in Diamanten gefasstes Bild, welches von den Prinzessinnen als Orden mit einer blauen Schärpe auf der linken Schulter getragen wurde. Ich war sehr stolz darauf ...

Wir lebten sehr schlicht und einfach: Frühstück gab es um halb neun, Mittagessen um halb zwei, Abendessen um sieben, bei dem ich üblicherweise anwesend war, sofern es kein reguläres großes Bankett war, und ich aß Brot und Milch aus einer kleinen Silberschale. Tee wurde als etwas Besonderes nur in späteren Jahren spendiert ...

Zu dieser Zeit [November 1826] war ich sehr krank, und zwar mit Ruhr, und diese Krankheit wurde in alarmierender Weise immer heftiger; viele Kinder im Dorfe Esher starben an ihr. Der Doktor verlor den Kopf, nachdem er sein eigenes Kind durch sie verloren hatte, und beinahe alle Londoner Doktoren waren fort. Mr. Blagden kam und packte die Sache energisch an. Ich erholte mich und erinnere mich gut daran, dass ich höchst übellaunig war und schrecklich schrie, weil ich eine Zeit lang Flanell direkt auf der Haut tragen musste. Bis zu meinem fünften Lebensjahr war ich von allen sehr verwöhnt worden und hatte auch so gut wie allen getrotzt ... Im Alter von fünf übernahm Fräulein Lehzen meine Erziehung, und wiewohl sie sehr freundlich war, war sie auch sehr streng, und ich achtete sie, wie sich's gehörte. Von Natur aus war ich von großer Leidenschaftlichkeit, aber hinterher bereute ich es zutiefst. Ich wurde von Anfang an so erzogen, dass ich mich bei meiner Zofe entschuldigte, falls ich mich ungezogen oder unhöflich ihr gegenüber benahm – eine Einstellung, die ich beibehalten habe, und ich meine, dass alle ihre Fehler in höflicher Weise den anderen – und seien diese aus den untersten Schichten – eingestehen sollten, sofern man sie durch Wort oder Tat beleidigt oder gekränkt hat, besonders diejenigen, die unter einem sind. Die Menschen sind stets willens, eine Beleidigung oder Kränkung zu vergeben, wenn man den Fehler eingesteht und Kummer und Bedauern über das äußert, was man getan hat.

LEOPOLD (AB 1831 KÖNIG VON BELGIEN)

KENSINGTON PALACE, 25. NOVEMBER 1828

Mein liebster Onkel, ich wünsche Dir alles Gute zu Deinem Geburtstag. Ich denke oft an Dich, und ich hoffe, Dich bald wiederzusehen, denn ich mag Dich sehr. Ich sehe Tante Sophia oft, sie schaut sehr gut aus, und es geht ihr sehr gut. Dein hübsches Suppenschüsselchen benutze ich jeden Tag.

Ist es sehr warm in Italien? Es ist hier so mild, dass ich jeden Tag spazieren gehe. Mama geht es halbwegs gut und mir ganz. Deine Dich liebende Nichte

Victoria

P. S. Ich bin sehr böse auf Dich, Onkel, weil Du mir nicht ein einziges Mal geschrieben hast, seit Du fort bist, und das ist lange her.

TAGEBUCH

1. AUGUST 1832

Wir fuhren von Kensington um 6 Minuten nach 7 fort und bogen hinter dem Lower-Field-Tor nach rechts ab. Wir fuhren weiter und bogen an der neuen Straße in Richtung Regent's Park links ab. Die Straße und Szenerie sind schön. 20 Minuten vor 9. Wir haben gerade in Barnet die Pferde gewechselt – eine sehr hübsche kleine Stadt. 5 Minuten nach halb 10. Wir haben gerade in St. Albans die Pferde gewechselt. Es liegt sehr hübsch, und es gibt dort eine schöne alte Abtei. 5 Minuten nach 10. Das Land hier ist schön: sie haben schon angefangen, das Getreide zu mähen; es ist so goldfarben und prächtig, dass ich meine, dass es eine sehr gute Ernte geben wird – zumindest hier. Hübsche Hügel und Bäume gibt es auch. 20 Minuten nach 10. Wir sind gerade an einem sehr schönen alten Haus in einem prächtigen Park mit mächtigen Bäumen vorbeigefahren. Viertel vor 11. Wir haben gerade in Dunstable die Pferde gewechselt. Dort war ein Jahrmarkt, die Buden waren voller Obst, Bänder etc. und sahen sehr hübsch aus. Die Stadt scheint alt zu sein, und davor liegt eine prächtige Abtei. Das Land ist sehr öde und kreidig. 12 Minuten vor 12 ...

Schon eine ganze Weile, wie auch jetzt, führt unsere Straße durch eine Baumallee immer weiter; es ist ganz vergnüglich, aber es regnet immer noch. Gerade jetzt fahren wir *ungeheuer* schnell. Vier Minuten vor 5. Wir haben gerade in Coventry die Pferde gewechselt, eine große Stadt, wo es eine sehr alte Kirche gibt – so hat es zumindest den Anschein. Um halb 6 kamen wir in Meridon an, und jetzt ziehen wir uns für das Abendessen um. Halb 9. Ziehe mich aus, um ins Bett zu gehen. Mama geht es nicht gut, sie liegt nebenan auf dem Sofa. Bin sofort in meinem eigenen Bettchen eingeschlafen, das auf Reisen immer dabei ist.

TAGEBUCH

2. AUGUST 1832

Nach einer guten Nacht bin ich heute morgen um 5 Uhr aufgestanden. Es freut mich, sagen zu können, dass es Mama viel besser geht, und ich ziehe mich jetzt an, um zu frühstücken. 6 Minuten vor halb 8. Wir sind eben aus Meridon weggefahren, ein sehr sauberer Gasthof. Gar kein schöner Tag. 10 Minuten vor 9. Wir haben gerade in Birmingham die Pferde gewechselt, wo ich vor zwei Jahren war, und wir besuchten die Fabriken, die sehr merkwürdig sind. Es regnet sehr heftig. Wir sind gerade durch eine Stadt gefahren, wo Kohlegruben sind und man aus der Entfernung vielerorts das Feuer in den Maschinen flackern sehen kann. Die Männer, Frauen, Kinder, das Land und die Häuser sind alle schwarz. Aber ich kann mit keiner Beschreibung eine Vorstellung davon geben, wie seltsam und ungewöhnlich alles aussieht. Das Land ist überall sehr öde. Kohle liegt herum, und das Gras ist ganz verdorrt und schwarz. Eben sehe ich ein ungewöhnliches Gebäude, aus dem Feuer flammt. Das

Land ist weiterhin schwarz, Maschinen flammen, Kohle überall in Hülle und Fülle, schwelende und brennende Kohlehaufen, dazwischen elende Hütten und Karren und zerlumpte kleine Kinder.

TAGEBUCH

KENSINGTON PALACE, 11. MAI 1833

Um Viertel vor 7 aßen wir zu Abend. Sir John [Conroy] aß hier. Kurz nach 8 fuhren wir mit Victoire, Lehzen und Charles in die Oper. Am Ende des ersten Aktes von ›Medea‹ kamen wir an. Madame Pasta sang und spielte herrlich, ebenso Rubini und Donizelli. Das Ballett war allerliebst. Es heißt ›Nathalie‹. Die Haupttänzer waren Mlle. Taglioni, die ganz herrlich tanzte und spielte!! Sie sah *sehr* hübsch aus. Ihr Kostüm war sehr hübsch. Es war in der Art eines Schweizer Kostüms; sie trat zuerst in einem gelben und braunen Röckchen auf, mit einer blauen und weißen Schürze, einem Trikot aus schwarzem Samt, mit Silber verziert, das nach oben und unten zulief, über einem hellen Brusttuch, das den Hals umschloss, mit einem schwarzen Band rundum, und weißen Ärmelchen; ein Schweizer Strohhütchen und lange, herabfallende Haarflechten vervollständigten ihr erstes Kostüm … Der Herzog von Orléans kam während des Balletts auf einen Sprung in unsere Loge. Wir sahen den größten Teil des Balletts. Ich habe mich *sehr, sehr* amüsiert.

Prinzessin Victoria mit ihrer Mutter. Stich von George Hayter, 1834

TAGEBUCH

KENSINGTON PALACE, 24. MAI 1833

Heute ist mein Geburtstag. Ich bin heute vierzehn Jahre alt! Sehr, sehr alt!! Ich erwachte um halb 6 und stand um halb 8 auf. Mama gab mir eine reizende Hyazinthbrosche und eine Federschale aus Porzellan. Von Onkel Leopold ein sehr lieber Brief, auch einer von Tante Louisa und Schwester Feodora. Mama gab ich einen kleinen Ring. Von Lehzen bekam ich ein hübsches Porzellanfigürchen und ein reizendes Porzellankörbchen. Ich gab ihr eine Goldkette, und Mama gab ihr ein Paar passende Ohrringe. Von meinen Zofen, Frances und Caroline, bekam ich auch ein paar selbstgefertigte Kleinigkeiten. Um halb 9 frühstückten wir. Nach dem Frühstück begaben wir uns in den Raum, wo der Geburtstagstisch hergerichtet war. Mama gab mir ein reizendes, selbstgefertigtes Täschchen, ein schönes Armband, zwei reizende *ferronières* [Stirnschmuck nach einem Gemälde Leonardos], eine mit rosa Topas, die andere mit Türkisen; zwei Kleider, ein paar Stiche, ein paar Bücher, ein paar Taschentücher, eine Schürze.

TAGEBUCH

KENSINGTON PALACE, 27. JUNI 1833

Kurz nach neun fuhren wir, Alexander und Lehzen in unserer Kutsche, und Ernst, Charles und Sir John in einer zweiten Kutsche hinterher, zur Oper. Wir kamen zu Beginn des zweiten Aktes von ›Norma‹ an, in dem Madame Pasta *sehr schön* sang. Danach spielte Signor Paganini solo einige Variationen *höchst wundervoll*: er ist selbst eine Kuriosität. Danach wurde der letzte Akt von ›Otello‹ gegeben, als Desdemona

Louise Baronin Lehzen, Gouvernante Victorias, von dieser vor ihrer Thronbesteigung gezeichnet

Madame Malibran, die *sehr schön* sang und spielte. Danach wurde ›La Sylphide‹ aufgeführt; Taglioni tanzte *sehr schön* und sah *sehr reizend* aus. Auch Fanny Elsler tanzte sehr gut. Wir sahen uns den ganzen ersten Akt an und die Hälfte des zweiten. Es war Laportes Benefiz. Ich habe mich *sehr, sehr amüsiert*.

TAGEBUCH

KENSINGTON PALACE, 27. JANUAR 1835

Ich erwachte um halb 8, stand um Viertel nach 8 auf. Um halb 10 frühstückten wir. Um 1 aßen wir zu Mittag. Ich hätte erwähnen sollen, dass ich außer meinen Stunden mit dem Dekan (und auch wenn meine anderen Lehrer kommen) vieles mit Lehzen tue. Gerade, obwohl wir mitten im Packen sind, bin ich selbst unablässig auf verschiedene Weise geschäftig; und ich lese Lehzen französische Geschichte vor und am Nachmittag mit ihr eine von Racines Tragödien, die mir sehr gefallen. Ich *liebe* es, beschäftigt zu sein; ich *hasse* es, müßig zu sein.

TAGEBUCH

KENSINGTON PALACE, 30. JULI 1835

Ich erwachte um 7 und stand um 8 auf. Als Erinnerung an den heutigen Tag [der Konfirmation] gab ich Mama eine kleine Nadel und eine Zeichnung von mir. Ich gab Lehzen einen Ring, auch als Erinnerung an den heutigen Tag ... Ich fuhr zum St. James's Palace mit der festen Absicht, eine gute Christin zu werden und zu versuchen, meine liebe Mama in allen ihren Kümmernissen, Anfechtungen und Ängsten zu trösten und ihr eine gehorsame und liebevolle Tochter zu sein; zudem der lieben Lehzen zu gehorchen, die so viel für mich getan hat. Ich trug ein weißes Spitzenkleid und eine Haube aus weißem Krepp mit einem Kranz weißer Rosen darauf.

TAGEBUCH

BISHOPTHORPE, 9. SEPTEMBER 1835

Um Viertel nach 11 fuhren wir zum Yorker Münster ... Das Münster war voller als am Tag zuvor. Man gab Händels Oratorium ›Der Messias‹. Alle halten es für hervorragend, aber ich muss sagen, dass es mit Ausnahme einiger Chöre und ein, zwei Liedern sehr langweilig und ermüdend ist. Es besteht aus drei Teilen. Grisi sang ›Erwach, frohlocke‹ *überaus schön*. Sie spricht das Englische *sehr gut* aus und sang alles in so hervorragender Weise ... Der Halleluja-Chor am Ende des zweiten Teils und ein anderer am Ende des dritten Akts sind abgesehen von ›Erwach, frohlocke‹ das Beste. Aber Händels Musik gefällt mir überhaupt nicht, ich mag die jetzige italienische Schule wie Rossini, Bellini, Donizetti etc. *viel lieber.*

TAGEBUCH

16./18. SEPTEMBER 1836

Ich liebe ihn [König Leopold] so sehr; ach! meine Liebe ist nahezu so etwas wie Anbetung ... Er ist in der Tat *il mio secondo padre* bzw. eher *solo padre*! Denn er ist in der Tat wie mein wirklicher Vater, da ich keinen habe! Er ist so klug, so sanft, so bedächtig; er allein kann mir bei allem guten Rat geben.

TAGEBUCH

3. AUGUST 1836

Um Viertel vor 4 fuhren wir mit Lehzen und Lady Flora nach Chiswick zum Victoria Asylum, zur Children's Friend Society. Dies ist eine höchst interessante und erfreuliche Einrichtung, beinah ganz allein von Lady George [Murray, Witwe des Bischofs von St. David] und Miss Murray ins Leben gerufen. Sie ist für arme obdachlose Mädchen unter 15 Jahren; und Miss Murray sagt, dass noch kein Mädchen nach 6 Monaten bei ihnen nicht zu einem vollkommen guten Kind geworden sei. Ich habe vergessen, von welchem Alter an Kinder aufgenommen werden, aber es sind insgesamt – [unleserlich] Mädchen und sie werden in Gruppen aufgeteilt, einige wenige sind im oberen Stock in einer Schule für kleine Kinder. Wenn sie gut und anständig geworden sind und lesen, schreiben und Hausarbeiten aller Art machen können, werden sie ins Ausland geschickt, vorwiegend zum Kap der Guten Hoffnung, wo sie in die Lehre gehen und vorzügliche Dienstboten werden. Miss Murray erzählte uns viele merkwürdige Geschichten von dem verlotterten und elenden Zustand, in dem viele ankommen, und wie bald sie sich bessern und anständig werden. Und vor allem von einem sehr hübschen, schwarzäugigen Mädchen von elf Jahren, namens Ellen Ford, das vor zwei Monaten aus Newgate [dem Gefängnis] ankam und prahlte, dass sie besser als irgend jemand sonst stehlen und lügen könne. Sie war nur zwei, drei Tage in der Schule, dann kletterte sie

Leopold, König der Belgier, Lithographie von Mauvin, 1832

über drei hohe Mauern und stahl ein Laken; sie wurde gefangen und wieder zurückgebracht. Miss Murray redete mit ihr und fand heraus, dass das arme Mädchen keine Ahnung von Gott hatte und einen Trunkenbold als Vater, einen Iren aus der Unterschicht. Dieser Mann hatte seine erste Frau verloren und nochmals geheiratet, und die Stiefmutter hatte dem Mädchen nichts außer Stehlen und Lügen beigebracht. Miss Murray sprach zu ihr von Gott, und zwar sehr ernsthaft; über Nacht wurde das Mädchen in einer Einzelzelle untergebracht und am nächsten Morgen daraus entlassen. Und seitdem ist sie ein völlig anständiges Mädchen.

Tagebuch

29. Dezember 1836

Ich wollte, ich könnte etwas tun für ihr [der Zigeuner, die in der Nähe Claremonts kampierten] geistliches und geistiges Wohl und für die Erziehung ihrer Kinder, vor allem für das arme kleine Baby, das ich seit seiner Geburt kenne, und zwar in der bewundernswerten Weise, die Mr. Crabbe in seinem ›Der Anwalt der Zigeuner‹ so dringend befürwortet; er fleht und bittet die, welche liebevolle Herzen und christliche Gefühle haben, an diese armen Wanderer zu denken, die viele gute Eigenschaften und viele gute Menschen unter sich haben. Er sagt, und – Gott sei's geklagt! – ich weiß aus Erfahrung, wie Recht er hat, dass, wo immer auch irgendwelche arme Zigeuner kampieren und Verbrechen, Räubereien etc. passieren, dies unweigerlich ihnen angelastet wird, und das ist schockierend. Wenn sie stets als Vagabunden angesehen werden, wie können sie dann anständige Menschen werden? Ich vertraue dem Himmel, dass einst der Tag kommen möge, an dem ich etwas für diese armen Leute tun kann, vor allem für diese eine Familie! Ich bin sicher, dass die geringe Zuwendung, die sie von uns erfahren haben, eine gute und dauerhafte Wirkung auf sie haben wird!

TAGEBUCH

24. Mai 1837

Heute ist mein 18. Geburtstag! Wie alt ich bin – und doch wie weit davon entfernt, das zu sein, was ich sein sollte! Ich habe den festen Vorsatz, von diesem Tag an mit neuem Fleiß zu lernen, meine Aufmerksamkeit ganz darauf zu konzentrieren, was ich eben tue, und jeden Tag weniger herumzutrödeln und geeigneter für das zu werden, was ich, so der Himmel will, eines Tages sein werde.

Frühzeitig beginnen die Versuche verschiedener Parteiungen, Victoria einen Bräutigam zuzuführen. Der Kandidat des Königs, ein Prinz von Oranien, hinterlässt keinen Eindruck. Dies gelingt jedoch dem Kandidaten, den Onkel Leopold frühzeitig ausersehen und hierfür herangebildet hat, seinem Neffen Albert, der auch Cousin Victorias ist.

TAGEBUCH

18. Mai 1836

Um Viertel vor 2 gingen wir in die Eingangshalle hinunter, um Onkel Ernst, Herzog von Sachsen-Coburg und Gotha, und meine Vettern, seine Söhne, Ernst und Albert, zu empfangen. Mein Onkel war vor fünf Jahren hier, und er sieht sehr gut aus. Ernst ist so groß wie Ferdinand und Augustus [von Sachsen-Coburg, die im Frühjahr als potentielle Gatten Victoria besucht hatten]; er hat dunkle Haare und schöne dunkle Augen und Augenbrauen, aber die Nase und der Mund sind nicht so gut; sein Gesichtsausdruck ist überaus freundlich, ehrlich und intelligent, und er hat eine sehr gute Figur. Albert, der genauso groß ist wie Ernst, aber stattlicher, ist überaus hübsch; sein Haar hat die gleiche Farbe wie meines; seine Augen sind groß und blau, und er hat eine schöne Nase und einen lieblichen Mund und blitzende Zähne; aber der Zauber seines Gesichts liegt in dessen Ausdruck, der ganz entzückend ist; *c'est à la fois* voller Güte und Liebenswürdigkeit, und sehr klug und intelligent.

TAGEBUCH

21. MAI 1836

Ich saß zwischen meinen lieben Vettern auf dem Sofa, und wir sahen uns Zeichnungen an. Beide zeichnen sehr gut, vor allem Albert, und beide sind sehr musikbegeistert; sie spielen sehr hübsch Klavier. Je öfter ich sie sehe, desto mehr bin ich von ihnen angetan, desto mehr habe ich sie lieb. Sie sind so natürlich, so freundlich, *so* gut und so gut unterrichtet und informiert; sie sind so gut erzogen, so wahrhaft fröhlich, ganz wie Kinder und doch sehr erwachsen in ihrem Verhalten und ihrer Konversation. Es ist wunderbar, mit ihnen zusammen zu sein, und sie mögen es auch, beschäftigt zu sein; sie sind durchaus ein Vorbild für junge Leute.

KÖNIG LEOPOLD VON BELGIEN

7. JUNI 1836

Lass Dir, geliebter Onkel, danken, dass Du dazu beigetragen hast, dass mir großes Glück in der Person Alberts in Aussicht steht. Erlaub mir darum, liebster Onkel, Dir zu sagen, wie ich von ihm entzückt bin und wie sehr ich alles an ihm mag. Er besitzt alle die Eigenschaften, die ich verlangen kann, um mich vollkommen glücklich zu machen. Er ist so vernünftig, so freundlich und so gut und auch so liebenswürdig. Er hat dazu das angenehmste Äußere, die entzückendste Erscheinung, die Du Dir nur vorstellen kannst.

TAGEBUCH

10. JUNI 1836

Um 9 frühstückten wir alle zum letzten Mal zusammen! Es war das letzte so *glückliche, glückliche* Frühstück, mit dem so lieben Onkel und den *liebsten*, geliebten Vettern, die ich so sehr, sehr liebe – viel mehr als irgendwelche anderen Vettern auf der Welt. So lieb und wert mir Ferdinand und auch der gute Augustus sind, so liebe ich Ernst und Albert mehr als sie, o ja, *viel* mehr. Augustus war wie ein gutes, liebevolles Kind, gar nicht mit der Welt vertraut, phlegmatisch und nur wenig gesprächig; aber der liebste Ernst und der liebste Albert sind in ihrem Benehmen so erwachsen, so edel, so freundlich, so liebenswürdig, so angenehm, so überaus vernünftig und verständig und so völlig und wahrhaftig gütig und herzensgut. Sie haben beide viel gelernt und sind sehr klug, von Natur aus klug, vor allem Albert, welcher der Nachdenklichere der beiden ist, und sie mögen es sehr, über ernste und lehrreiche Dinge zu reden, und sind doch *sehr, sehr* fröhlich und lustig und glücklich, gerade wie junge Leute sein sollen. Albert war beim Frühstück und auch sonst immer zu jedem Spaß bereit und zu einer cleveren, witzigen Antwort. Auch hat er mit Dash [Victorias Hund] so lustig gespielt und ihn gestreichelt. Er und Ernst sind stets überaus aufmerksam bei allem, was sie sehen und hören. Die Besichtigung von St. Paul's gestern hat sie sehr interessiert.

Kurz nach Victorias achtzehntem Geburtstag – eine Regentschaft der Mutter bleibt ihr und Großbritannien so erspart – stirbt William IV. Mit Würde und Lust fügt sich Victoria in die Rolle als Königin, fürsorglich und elegant geleitet von ihrem Premier, Lord Melbourne. Mit diesem, einem Weltmann von Witz, Lebensart und Bildung, pflegt sie eine Beziehung – die erste von mehreren ähnlichen –, in der sich Ritterlichkeit und Erotik, Distanz und Intimität bezaubernd mischen: Die Königin lernt und amüsiert sich.

TAGEBUCH

KENSINGTON PALACE, 15. JUNI 1837

10 Minuten vor 1 – ich höre eben, dass die Ärzte meinen, dass mein armer Onkel, der König, noch höchstens 48 Stunden zu leben hat. Der arme Mann! Er war immer nett zu mir, und er war, ich weiß, wohlmeinend. Ich bin dafür dankbar und werde mich seiner Freundlichkeit immer mit Dankbarkeit erinnern. Er war wunderlich, sehr wunderlich und eigentümlich, aber seine Absichten wurden oft falsch gedeutet!

König Leopold von Belgien

Kensington Palace, 19. Juni 1837

Des Königs Zustand ist, so darf ich sagen, hoffnungslos; vielleicht schleppt er sich noch ein paar Tage hin, aber er kann letztlich nicht gesunden. Gestern erklärten die Ärzte, dass er den Morgen nicht erleben werde, aber heute geht es ihm ein bisschen besser; die größte Gefahr geht von seiner übergroßen Schwäche aus und dass er keinen Puls hat. Der arme alte Mann! Er tut mir leid; er war zu mir persönlich immer sehr nett, und ich wäre undankbar und gefühllos, erinnerte ich mich nicht daran.

Dem Ereignis, das nun wahrscheinlich bald eintreten wird, sehe ich mit Ruhe und Gelassenheit entgegen; es beunruhigt mich nicht, und doch fühle ich mich ihm nicht völlig gewachsen; ich vertraue aber darauf, dass ich mit den besten Absichten, mit Ehrlichkeit und Mut zumindest nicht versagen werde.

Tagebuch

Kensington Palace, 20. Juni 1837

Mama weckte mich um 6 Uhr und sagte mir, dass der Erzbischof von Canterbury und Lord Conyngham da seien und mich zu sehen wünschten. Ich stand auf und ging – nur in meinem Morgenrock – ganz *allein* in das Wohnzimmer und begrüßte sie. Lord Conyngham, der Großkämmerer, teilte mir mit, dass mein armer Onkel, der König, nicht mehr sei und heute früh um 12 Minuten nach 2 sein Leben ausgehaucht habe und dass ich folglich *Königin* sei. Lord Conyngham kniete nieder, küsste mir die Hand und übergab mir gleichzeitig die offizielle Mitteilung von des armen Königs Ableben. Der Erzbischof sagte dann, dass die Königin gewünscht habe, dass er kommen solle, um mir die Einzelheiten der letzten Augenblicke meines guten Onkels zu berichten; er sagte, dieser habe sein Sinnen der Religion gewidmet und sei bei vollkommen glücklichem, ruhigem Geist und auf den Tod wohl vorbereitet gestorben. Er fügte hinzu, dass des Königs Leiden in den letzten Momenten nicht sehr heftig gewesen seien, aber dass das Unbehagen reichlich gewesen sei. Lord Conyngham, dem ich auftrug, mein Gefühl des Beileids und der Trauer der armen Königin zu übermitteln, kehrte sofort nach Windsor zurück. Ich ging in mein Zimmer und zog mich an.

Da es der Vorsehung gefallen hat, mich an diesen Ort zu stellen, will ich mein Äußerstes geben, um meine Pflicht für mein Land zu erfüllen. Ich bin sehr jung und vielleicht in vielen, aber nicht in allen Dingen unerfahren; doch bin ich sicher, dass nur wenige wirklich mehr guten Willen und wirklich mehr Verlangen haben, das zu tun, was gut und richtig ist, als ich.

KÖNIG LEOPOLD VON BELGIEN

25. JUNI 1837

Mir geht es sehr gut, ich schlafe gut und fahre jeden Abend aus, aufs Land hinaus; es ist so heiß, dass Spazieren gehen nicht in Frage kommt. Bevor ich weitererzähle, lass mich innehalten, um Dir zu sagen, wie glücklich ich bin, an der Spitze meiner Regierung einen Mann wie Lord Melbourne zu haben. Ich habe ihn jeden Tag gesehen, nur Freitag nicht, und je öfter ich ihn sehe, desto mehr Vertrauen habe ich in ihn. Er ist nicht nur ein kluger Staatsmann und ehrlich, sondern auch gütig und herzensgut, und sein ganzes Ziel ist es, seine Pflicht zu tun, und zwar für das Land, nicht für eine Partei. Er ist mir sowohl politisch als auch privat von größtem Nutzen.

Ich habe nahezu alle meine Minister gesehen und arbeite mit ihnen regelmäßig, hart, aber für mich höchst erfreulich. Es ist mir das größte Vergnügen, meinem Land und Volke gegenüber meine Pflicht zu erfüllen, und keine Müdigkeit, wie groß auch immer, soll mich beschweren, wenn es um das Wohl der Nation geht.

TAGEBUCH

26. JANUAR 1838

Um 7 fuhr ich ins Drury Lane Theater ... Shakespeares Tragödie ›Hamlet‹ wurde gegeben, und wir kamen zu Beginn an. Mr. Charles Kean, der Sohn des alten Kean, agierte in der Rolle des Hamlet, und ich muss sagen sehr gut. Seine Auffassung von dieser sehr schwierigen und – beinahe möchte ich sagen – unverständlichen Figur ist bewundernswert; wie er all die großen langen Reden vorträgt, ganz ausgezeichnet. Er ist überaus anmutig, und all seine Handlungen und Posen sind fein, wiewohl sein Gesicht gar nicht gut aussieht ... Auch kämpft er ungewöhnlich gut. All die anderen Charaktere wurden miserabel gespielt.

TAGEBUCH

5. Februar 1838

Wir kamen [zum Drury Lane Theater] vor Beginn der Vorstellung an. Shakespeares Tragödie ›Richard III‹ wurde gegeben, mit Charles Kean als Richard bei seinem ersten Auftritt in dieser Rolle in London. Das Theater war bis unter die Decke voll, und es gab donnernden Applaus, als Kean auftrat; mindestens fünf Minuten, so meine ich, konnte er sich nicht Gehör verschaffen ... Es wäre mir unmöglich, auch nur zu beschreiben zu versuchen, wie bewunderungswürdig Kean den grausamen und teuflischen Richard zeichnete. Es war ein großer Triumph, vor allem der zweite Teil. Durchgängig erhielt er höchst enthusiastischen Beifall. Er spielte mit solchem Elan! ... Er war ungewöhnlich gut kostümiert, ganz missgestaltet, und sah böse aus. Alle anderen Rollen wurden miserabel gespielt, und die drei Frauen waren ganz abscheulich.

TAGEBUCH

Buckingham Palace, 28. Juni 1838

Es war ein schöner Tag, und die Menschenmenge übertraf alles, was ich je gesehen habe; so viele es auch an dem Tag waren, als ich in die City fuhr, so war das nichts, gar nichts gegen die Massen, die Millionen meiner treuen Untertanen, die sich allüberall versammelten, um bei der [Krönungs]-Prozession zugegen zu sein. Ihre gute Laune und übergroße Ergebenheit waren unvergleichlich, und ich kann wirklich nicht sagen, wie stolz es mich macht, die Königin einer solchen Nation zu sein. Gelegentlich war ich beunruhigt, da ich fürchtete, dass in dem ungeheuren Andrang und Gedränge Leute erdrückt und gequetscht würden.

Ich erreichte die [Westminster] Abbey unter ohrenbetäubenden Jubelrufen kurz nach halb elf; zuerst ging ich in ein Ankleidezimmer, ganz nahe beim Eingang, wo mich meine acht Schleppenträgerinnen erwarteten ...; alle gleich und schön gekleidet in weißem Satin und Silberflor, mit Kränzen aus silbernen Kornähren vorne und kleinen aus rosa Rosen um die Falte hinten, und rosa Rosen auf den Borten ...

Der Bischof von Durham stand neben mir, aber er war, wie Lord Melbourne es ausdrückte, bemerkenswert *maladroit* und konnte mir nie sagen, was nun geschehen solle ... Ich nahm das Diamantendiadem ab und nahm ohne Kopfbedeckung meinen Weg in die Abbey. Dort ließ ich mich auf dem Stuhl des Hl. Edward nieder, wo mir auch die Dalmatika [ein liturgisches Obergewand] vom Großkämmerer umgelegt wurde. Darauf folgte alles Übrige, und als Letztes wurde mir die Krone aufgesetzt – das war, ich muss es gestehen, ein überaus schöner und eindrucksvoller Augenblick; alle Pairs und deren Gemahlinnen setzten im gleichen Augenblick ihre Kronen auf.

Mein exzellenter Lord Melbourne, der während der ganzen Zeremonie ganz nahe bei mir stand, war von diesem Augenblick völlig überwältigt und sehr gerührt; er blickte mich *so* freundlich und, so darf ich sagen, väterlich an. Der Jubel, der sehr laut war, die Trommeln, die Trompeten, die Kanonenschüsse – alle zur gleichen Zeit – trugen zu dem imposanten Spektakel bei.

Die Inthronisation und Huldigung, zuerst der Bischöfe, dann meiner Onkel und zuletzt aller Pairs in angemessener Reihenfolge, war sehr prächtig ... Als der arme alte Lord Rolle – er ist 82 und schrecklich gebrechlich – versuchte, die Stufen hinaufzusteigen, fiel er und rollte ganz hinunter,

Die junge Königin 1838. Stich nach einem Gemälde von Franz Xaver Winterhalter

verletzte sich aber gar nicht; als er versuchte, nochmals hinaufzusteigen, erhob ich mich und ging ihm bis an die Stufen entgegen, um einen weiteren Sturz zu verhindern. Als Lord Melbourne an der Reihe war zu huldigen, erklangen laute Hochrufe; sie erklangen auch für Lord Grey [den Premier, der das Reformgesetz von 1832 durchgesetzt hatte] und den Herzog von Wellington [den Sieger von Waterloo]. Es ist eine hübsche Zeremonie; zunächst berühren sie die Krone, dann küssen sie mir die Hand. Als mein guter Lord Melbourne niederkniete und mir die Hand küsste, drückte er sie, und ich ergriff die seine aus ganzem Herzen, worauf er mit Tränen in den Augen aufblickte und sehr bewegt schien – und das war er, wie ich sah, während der ganzen Zeremonie ...

Ein anderes geliebtes Wesen war bei dieser Zeremonie auch anwesend, und zwar in der Loge unmittelbar über der Königsloge, und sah alles mit an. Dies war meine treue und geliebte, engelsgleiche Lehzen, und unsere Augen trafen sich, als ich auf dem Thron saß, und wir lächelten uns zu ...

Dann stieg ich vom Thron hinunter und begab mich mit all denjenigen Pairs, welche Kroninsignien trugen, meinen Hofdamen und den Schleppenträgerinnen zur Kapelle des Hl. Edward, denn so heißt sie. Sie war freilich, wie Lord Melbourne erklärte, einer Kapelle unähnlicher als irgendeine, die er je gesehen hatte; denn das, was Altar genannt wird, war mit Sandwiches, Weinflaschen etc. etc. übersät. Der Erzbischof kam und hätte mir eigentlich den Reichsapfel übergeben sollen, aber ich hatte ihn schon, und er war – wie sonst auch – ganz verwirrt und wunderte sich und wusste von nichts und – ging wieder fort ... Der Erzbischof hatte mir auch – höchst unangenehm – den Ring an den falschen Finger gesteckt, und die Folge war, dass ich die größte Mühe hatte, ihn wieder abzuziehen ... Etwa um halb fünf bestieg ich wieder meine Kutsche, die Krone auf dem Kopf und das Zepter und den Apfel in den Händen, und wir kehrten auf demselben Weg zurück, auf dem wir gekommen waren – die Menschenmenge war, wenn möglich, noch größer. Die Begeisterung, Zuneigung und Ergebenheit waren sehr bewegend, und ich werde diesen Tag als den *stolzesten* in meinem Leben in Erinnerung behalten! Kurz nach sechs war ich zu Hause und fühlte mich wirklich gar nicht müde.

Im Mai 1839 treten Lord Melbourne und sein Kabinett zurück. Victoria zeigt, mit wem politisch in Zukunft zu rechnen ist. Sie weigert sich, ihre Rechte überschreitend, die Damen ihres Hofstaates, die alle der Fraktion der Whigs nahe stehen, gegen einige aus der Tory-Fraktion des designierten neuen Premiers, Robert Peel, auszutauschen. Nach heftigem Hickhack gibt Peel auf, Lord Melbourne übernimmt zur Freude Victorias wieder die Regierung.

LORD MELBOURNE

BUCKINGHAM PALACE, 8. MAI 1839

Die Königin hat an Peel geschrieben, der nach zwei kam, verlegen und verstimmt. Die Königin wiederholte, was sie dem Herzog [von Wellington] über die vorige Regierung gesagt hatte und trug Sir Robert auf, eine neue Regierung zu bilden. Er scheint nicht hoffnungsvoll zu sein; ... er fühle, dass die Aufgabe mühevoll sei und dass er von mir einen Beweis des Vertrauens – eines gewissen Maßes, sollte ich wenigstens etwas davon fühlen – in seine Regierung benötige und dass mein Hofstaat ein Zeichen dafür sein würde ... Er sagte, dass er nicht erwarten könne, dass ich das gleiche Vertrauen in ihn hätte wie in Sie – und das kann er niemals haben –, da er es sich nicht erworben hat. Mein Eindruck ist, dass er nicht *glücklich* oder hoffnungsvoll ist. Er kommt morgen um eins, um von den Fortschritten bei der Regierungsbildung zu berichten. Die Königin mag seine

Umgangsformen nicht, nach dem – oh! wie anders, wie schrecklich anders sind diese als der aufrichtige, offenherzige, natürliche und überaus freundliche, warme Umgang des Lord Melbourne. Den Herzog mag ich viel lieber als Peel. Die Königin verlässt sich darauf, dass Lord Melbourne die Länge dieses Briefes entschuldigen wird, aber sie ist ängstlich darauf bedacht, dass er alles erfährt. Die Königin war während dieser beiden anstrengenden Audienzen ganz gefasst und zeigte keinerlei Bewegung. Brach aber danach wiederum ganz zusammen. Sie fühlt, dass Lord Melbourne dies verstehen wird ...

LORD MELBOURNE

BUCKINGHAM PALACE, 9. MAI 1839

Lord Melbourne darf das Verhalten der Königin nicht für unbesonnen halten; sie hat sich erneut sowohl mit dem Herzog als auch mit Sir Robert getroffen und ihnen mitgeteilt, dass sie ihre Meinung nicht ändern könne. Die Hofdamen nehmen nicht – wie der Herzog meinte, dass das Gesetz zur Zivilliste [Gesetz zur königlichen Hofhaltung und deren Finanzierung] es bestimmt – die Stelle der Hofherren ein; und die Königin fühlte, dass dies ein Versuch war, um herauszufinden, ob sie gelenkt und abgerichtet werden könne wie ein Kind. Sollte dies dazu führen, dass Sir Robert Peel sich weigert – was völlig unsinnig wäre –, die Bildung einer Regierung zu übernehmen, wird die Königin die Genugtuung fühlen, dass sie, in einer Angelegenheit, die so unmittelbar sie selbst betraf, nur ihre Rechte verteidigt hat und welche, wären die anderen erfolgreich, zu einer Vielzahl unbilliger Versuche geführt hätte, die Macht zu ergreifen. Die Königin wird *alle* ihre Hofdamen behalten – und meint, dass ihr Premier eine schlechte Figur machen wird, wenn er deshalb zurücktritt. Sir Robert ist zu seinen Freunden, um sich mit ihnen zu beraten ... Die Königin bestand auch darauf, die Oberkammerfrau zu behalten; und weil er sagte, dass nur diejenigen, die im Parlament sind, ausgetauscht werden sollen, wüsste ich gerne, ob sie beabsichtigen, den Hofdamen Sitze im Parlament zu geben?

Auch im privaten Bereich ziehen Wolken auf: Das Verhältnis zu ihrer Mutter, die sich vor allem über die zu geringe emotionale wie finanzielle Zuwendung beklagt, ist sehr gespannt. Die Verdächtigungen, denen eine Hofdame der Mutter, Lady Flora Hastings, ausgesetzt wird, führen zu erheblichen gesellschaftlichen Spannungen und öffentlicher Kritik an der Königin.

VICTOIRE, HERZOGIN VON KENT

17. AUGUST 1837

Ich hätte gedacht, Du würdest nicht von mir erwarten, dass ich Sir John Conroy [Vermögensverwalter und möglicherweise Geliebter der Mutter Victorias] nach dem, wie er sich mir gegenüber in den vergangenen Jahren verhalten hat, einlade, schon gar nicht nach seinem unverantwortlichen Verhalten mir gegenüber, kurz bevor ich den Thron bestieg ... Ich meinte, dass Du reichlich zufrieden seist mit dem, was ich für Sir John Conroy getan habe, indem ich ihm eine Leibrente von £ 3000 im Jahr aussetzte – nur Minister erhalten so viel – und ihn zum Baronet [niedrigster erblicher Adelstitel] ernannte ... Ich hätte gedacht, Du würdest nicht noch mehr erwarten.

TAGEBUCH

BUCKINGHAM PALACE, 15. FEBRUAR 1838

Ich zeigte ihm [Lord Melbourne] einen Brief von Mama von gestern, bezüglich ihrer Schulden, der ihn sehr schockierte und bekümmerte; ich zeigte ihm gleichfalls eine Liste der vielen Dinge, die ich bezahlt habe, und wie viel Geld sie in Geschäften schuldete ... Sie (Mama und John Conroy) sollten sich erinnern, welche unvorstellbaren Unwahrheiten sie über diese Schulden erzählt haben. Während der König lebte, sagten sie, dass es gar keine Schulden gebe und alles Verleumdungen des Königs seien – was wirklich niederträchtig ist.

TAGEBUCH

BUCKINGHAM PALACE, 17. APRIL 1839

Sagte zu [Lord Melbourne], wie schrecklich die quälende Aussicht sei, dass Mama viele Jahre hier lebe, und er sagte, dass dies schrecklich sei, aber was sei zu tun? Vor einiger Zeit habe sie erklärt, sagte ich, dass sie so lange bei mir bleiben werde, so lange ich unverheiratet sei. »Nun denn, so gibt's diesen Weg, die Sache zu bereinigen«, sagte er. Das sei eine schockierende Alternative, sagte ich.

Tagebuch

2. Februar 1839

Lady Flora war kaum zwei Tage im Hause, bevor Lehzen und ich bemerkten, wie überaus verdächtig sie aussah – mehrere andere haben dies auch beobachtet, und wir haben nicht den geringsten Zweifel, dass sie – rundheraus – schwanger ist!! Clark [Victorias Leibarzt] kann den Verdacht nicht verneinen; die abscheuliche Ursache für all das ist das Monster, der fleischgewordene Dämon, dessen Namen ich zu erwähnen unterlasse, aber der das erste Wort in der zweiten Zeile auf dieser Seite ist [Conroy]. Mit Lehzens Zustimmung hat Lady Tavistock Lord Melbourne davon berichtet, da es eine Angelegenheit von großem Gewicht ist. Folglich sagte er mir diesen Abend, richtigerweise ohne Namen zu nennen, dass »Das einzig Richtige ist, zurückhaltend und aufmerksam zu sein.« Dass es eine sehr heikle Sache für einen Arzt sei, etwas zu behaupten, was nicht unbedingt wahr ist, da Ärzte so oft getäuscht worden seien ... Hier endete das widerwärtige Thema, das einen vor dem eigenen Geschlecht ekeln lässt. Wenn sie schlecht sind – wie widerwärtig und ekelhaft servil und gemein sind Frauen dann!! Es wundert mich nicht, dass die Männer unser Geschlecht für verächtlich halten.

Victoire, Herzogin von Kent

undatiert

Sir C[harles Clark] hat gesagt, dass, wiewohl sie noch Jungfrau ist, dies möglich sei, und dass man nicht sagen könne, solche Dinge könnten nicht geschehen. In ihrem Schoß sei etwas Großes wie ein Kind.

TAGEBUCH

22. JUNI 1839

Lord M[elbourne] fragte nach, wie es Lady Flora gehe. Nicht so gut, sagte ich; dass ihre Familie die Befürchtung hege, sie könne sterben, da sie wüssten, dass dann erzählt werden würde, sie sei im Kindbett gestorben.

TAGEBUCH

BUCKINGHAM PALACE, 27. JUNI 1839

Ich ging allein hinein; ich fand die arme Lady Flora auf einer Couch liegend, und sie sah so dünn aus, wie es eben möglich ist bei jemand, der noch lebt; buchstäblich ein Skelett, aber mit einem angeschwollenen Bauch, wie eine, die schwanger ist; in ihren Augen ein prüfender Blick, ein Blick wie von jemand, der im Sterben liegt; ihre Stimme wie gewöhnlich und viel Kraft in ihren Händen; sie war freundlich, sagte, dass sie sich wohl fühle und dass sie sehr dankbar für alles sei, was ich für sie getan hätte, und dass sie sich freue, mich wohlauf zu sehen. Ich sagte ihr, dass ich erwartete, sie wiederzusehen, sobald es ihr besser ginge, worauf sie meine Hand ergriff, als ob sie sagen wollte: »Ich werde Sie nie mehr sehen.«

Wenige Tage später starb Lady Flora an Leberkrebs.

TAGEBUCH

Buckingham Palace, 5. Juli 1839

Das arme Ding starb ohne Widerstand, hob nur ihre Hände und stieß einen Seufzer aus.

Die neue Selbstständigkeit, der Genuss der Macht lassen Victoria zögern zu heiraten – bis der Richtige kommt. Sie verfällt – es ist ein amour fou *– Albert, nicht zuletzt seinen körperlichen Reizen. Die Wochen bis zur Hochzeit verfliegen, wobei Victoria freilich auch in höchster Liebeswonne weder ihre Position noch die politische Dimension der Ehe vergisst – auch Albert gegenüber nicht.*

TAGEBUCH

18. April 1839

Dann sagte Lord M[elbourne]: »Nun, Ma'am, zu jenem anderen.« Ich hatte – törichterweise – schreckliche Angst, als der kritische Punkt erreicht wurde – zu dumm von mir, Angst zu haben, wenn ich mit ihm rede. Also, ich nahm meinen Mut zusammen und sagte, dass es der größte Wunsch meines Onkels sei, dass ich meinen Vetter Albert – heiraten – solle …, aber dass ich Onkel gesagt hätte, ich könne nichts entscheiden, bevor ich ihn [Albert] nicht wieder gesehen hätte. »Nur so geht es«, sagte Lord M. »Wie würde die Herzogin [Victorias Mutter] dies aufnehmen?« fragte er. Ich versicherte ihm, dass er sich diesbezüglich *keinerlei* Sorgen zu machen brauche. Dann sagte er: »Vettern sind nicht sehr gut.« Und: »Diese Coburger sind nicht überall sehr beliebt; die

Russen hassen sie.« Dann gingen wir verschiedene Prinzen durch, von denen nicht einer, so sagte ich, akzeptabel sei. Was mich betrifft, sagte ich, hätte ich zum gegenwärtigen Zeitpunkt überhaupt keine Lust, je zu heiraten. »Es ist schon eine große Veränderung«, sagte er. »Es ist eine sehr ernste Angelegenheit, sowohl was die Politik als auch Euer eigenes Glück betrifft.« Ich lobte Albert sehr; sagte, dass er jünger als ich sei. Ich sagte, dass Onkel Ernst mich sehr dränge. Lord M. sagte, dass, wollte man einen Mann dafür *herstellen*, man kaum wüsste, was herzustellen sei; er dürfe weder dumm noch verschlagen sein. Ich sagte, dass nach allem, was zu hören sei, Albert genau der Richtige sei. Lord M. fragte, ob er nicht käme; ich sagte, er werde mit seinem älteren Bruder im Herbst kommen ... Ich merkte an, dass die Heirat mit einem Untertan mich allzu sehr auf gleich zu gleich stelle und mit dessen Familie in Berührung bringe. Lord M. war ganz derselben Meinung und sagte: »Ich glaube nicht, dass es Gefallen fände; es würde starke Eifersucht erregen.« Ich fragte, warum ich in den nächsten drei, vier Jahren überhaupt heiraten solle? Ob er eine Notwendigkeit sehe? Ich sagte, der Gedanke ans Heiraten ängstige mich; dass ich es gewohnt sei, meinen Willen durchzusetzen; dass ich meinte, es stünde 10 zu 1, dass ich mit irgendjemand auskommen werde. Lord M. sagte: »Oh! Aber Sie werden es immer tun« (meinen Willen durchsetzen).

TAGEBUCH

12. JULI 1839

Redeten über den Besuch meiner Vettern Ernst und Albert und dass ich mich nicht sehr danach sehnte, Albert zu sehen, da das Thema mir widerwärtig sei und eines, wozu ich absolut keinen Entschluss fassen möchte; es gebe kein Verlöbnis, sagte ich, aber dem jungen Mann sei die Möglichkeit einer Verbindung bewusst; ich sagte, dass es nicht recht sei, ihn warten zu lassen, und nicht recht, einen Entschluss vor ihrer Ankunft zu fassen; und Lord M. sagte, dass ich ihnen klar zu verstehen geben solle, dass sich vor Ablauf eines Jahres nichts ergeben werde.

König Leopold von Belgien

15. Juli 1839

Ich werde diesen Brief per Kurier schicken, da es mir darum geht, Dir einige Fragen zu stellen und einige meiner Gefühle bezüglich des Besuchs meiner Vettern zu erwähnen, von denen ich nicht wünsche, dass sie bekannt werden. Zuerst möchte ich wissen, ob Albert der Wunsch seines Vaters und Deiner mich bezüglich bekannt ist? Zweitens, ob er weiß, dass es zwischen uns kein Verlöbnis gibt? Es ist mir wichtig, dass Du Onkel Ernst mitteilst, dass, falls ich Albert mögen sollte, ich heuer kein endgültiges Versprechen geben kann, denn ein Ereignis dieser Art könnte – allerfrühestens – in zwei, drei Jahren stattfinden. Denn, ganz abgesehen von meiner Jugend und meinem großen Widerwillen, meine jetzige Situation gegen eine andere einzutauschen, besteht in diesem Land keinerlei Verlangen nach einem solchen Ereignis, und es wäre meiner Meinung nach klüger abzuwarten, bis so etwas sichtbar wird – sonst könnte es, bei allzu großer Hast, Unzufriedenheit hervorrufen.

Wiewohl alle Berichte über Albert überaus günstig sind und wiewohl ich kaum Zweifel habe, dass ich ihn mögen werde, so kann man doch vorher nie für Gefühle haften, und es mag sein, dass ich für ihn nicht die Gefühle hegen werde, die zum Glücklichsein notwendig sind. Vielleicht mag ich ihn als Freund und als Vetter und als Bruder, aber nicht mehr; und sollte das der Fall sein (was nicht wahrscheinlich ist), so ist mir sehr daran gelegen, dass jeder weiß, dass ich nicht eines Versprechensbruchs schuldig bin, denn ich habe nie eines gegeben.

TAGEBUCH

1. AUGUST 1839

Er [Lord Melbourne] pflichtete mir bei, dass es sehr auf die Art der Persönlichkeit ankomme; und ich sagte, so sehr ich mein Land liebte und bereit sei, alles für dessen Wohl zu tun, ich dennoch meinte, dass meine Neigung eines der wichtigsten Dinge sei. »Ich meine, dass Sie ein Recht haben, das zu erwarten«, sagte er ... Ich sagte, ich hörte, wie Albert allseits gepriesen werde und dass er sehr gut aussehe.

TAGEBUCH

10. OKTOBER 1839

Stand um $^1/_211$ auf und sah zu meiner Verwunderung, dass ein Stein bzw. zwei durch das Fenster meines Ankleidezimmers geworfen worden waren und zwei Scheiben zerbrachen; der Stein wurde unter dem Fenster gefunden; im kleinen blauen Zimmer neben dem Audienzraum war ein weiteres Fenster zerbrochen, und der Stein lag im Zimmer ... Um $^1/_28$ begab ich mich ans obere Ende des Treppenaufgangs und empfing meine zwei lieben Vettern Ernst und Albert – die größer geworden sind und sich verändert haben und noch besser aussehen. Mit einiger Gefühlsbewegung betrachtete ich Albert – er ist *so schön*. Ich umarmte sie beide und brachte sie zu Mama; da ihre Garderobe noch nicht angekommen war, konnten sie nicht zum Abendessen erscheinen ... Nach dem Abendessen kamen meine Vettern trotz ihres *négligé*, und ich stellte sie Lord Melbourne vor. Ich saß mit Lady Clanricarde auf dem Sofa, Lord Melbourne in meiner Nähe wie auch Ernst, und Albert saß mir gegenüber – er sieht so gut aus und ist so wohlgefällig ... Albert ist wirklich ganz bezaubernd und sieht so überaus gut aus, solch schöne blaue Augen, solch eine exquisite Nase und solch ein hübscher Mund mit einem niedlichen Schnurrbart und einem feinen, ganz feinen Backenbart; eine schöne Gestalt, breit in den Schultern und schmal in der Hüfte; mein Herz verlangt nach ihm.

TAGEBUCH

WINDSOR CASTLE, 15. OKTOBER 1839

Etwa um $^1/_2$1 schickte ich nach Albert; er kam in mein Privatzimmer, wo ich allein war, und nach ein paar Minuten sagte ich zu ihm, dass ich dächte, er wisse wohl, warum ich ihn hätte kommen lassen, und dass es mich überglücklich machen würde, wenn er dem zustimmen könnte, was ich wünschte (dass er mich heirate); wir umarmten uns immer, immer wieder, und er war so freundlich, so zärtlich. Oh, zu fühlen, dass mich solch ein Engel wie Albert liebte und liebt, ist ein unbeschreiblich großes Entzücken! Er ist vollkommen; vollkommen in jeder Hinsicht – vollkommen schön – vollkommen in allem! Ich sagte ihm, dass ich seiner ganz unwert sei und küsste seine liebe Hand – er sagte, dass er sehr glücklich sei, »das Leben mit dir zuzubringen«,* und

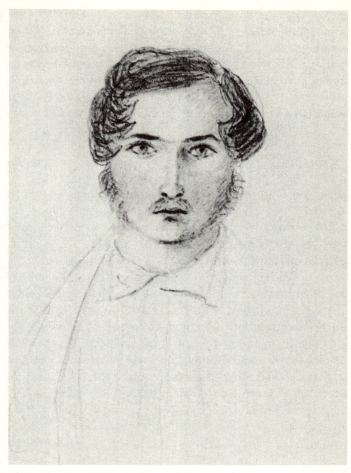

Albert, 1837 von Victoria aquarelliert

war so freundlich und schien so glücklich, dass ich wahrhaft fühlte, dies sei der glücklichste, strahlendste Augenblick meines Lebens, der alles wettmacht, was ich erlitten und ertragen habe. Oh, ich kann's nicht sagen, wie sehr ich ihn anbete und liebe! Wie werde ich mich bemühen, ihn so wenig wie möglich fühlen zu lassen, welch großes Opfer er gebracht hat; ich sagte ihm, es sei ein großes Opfer – was er nicht gelten ließ ... Dann sagte ich ihm, er solle Ernst holen, was er tat, und dieser gratulierte uns beiden und schien sehr glücklich. Ich fühle mich als der glücklichste Mensch.

TAGEBUCH

WINDSOR CASTLE, 19. OKTOBER 1839

Mein liebster Albert kam um 10 Minuten vor 12 zu mir und blieb bis 20 Minuten nach 1. Was für eine angenehme, glückliche Zeit. Er sah mir über die Schulter und dabei zu, wie ich der Herzogin von Northumberland und der Herzogin von Sutherland schrieb; und er strich einige Fehler aus, die ich gemacht hatte. Ich sagte ihm, wie dankbar ich mich ihm gegenüber fühle und dass ich alles tun werde, ihn glücklich zu machen. Ich gab ihm einen Ring, in den das Datum des mir so teuren 15. eingraviert war. Ich gab ihm auch ein kleines Siegel, das ich getragen habe. Ich fragte ihn, ob er mir ein wenig von seinem lieben Haar geben wolle.

TAGEBUCH

WINDSOR CASTLE, 1. NOVEMBER 1839

Um 7 Minuten nach 6 kam mein heiß geliebter Albert und blieb bis 10 nach 7 bei mir ... Er war so zärtlich, so freundlich, so lieb, wir küssten uns immer wieder ... Oh, was sind dies doch für allzu süße, entzückende Augenblicke!! Oh, wie

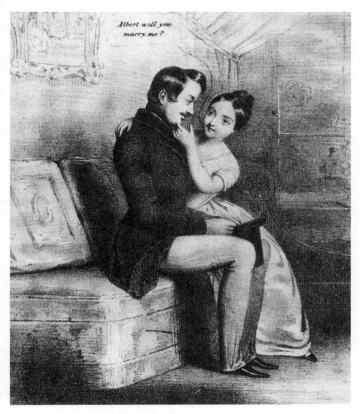

›Albert, willst Du mich heiraten?‹ Zeitgenössische Karikatur anlässlich der Werbung Alberts um Victoria

gesegnet, wie glücklich bin ich zu wissen, dass er wahrhaft mein ist; ich kann es kaum glauben, dass ich so gesegnet bin. Ich küsste seine liebe Hand und bin ihm so dankbar; er ist solch ein Engel, solch ein großer Engel! – Wir sitzen so hübsch Seite an Seite auf dem kleinen blauen Sofa; kein Liebespaar könnte glücklicher sein als wir! … Er nahm meine

Hände in seine und sagte, dass meine Hände so klein seien, dass er kaum glauben könne, es seien Hände, da er es bisher nur gewohnt war, Hände wie die von Ernst zu halten.

TAGEBUCH

WINDSOR CASTLE, 14. NOVEMBER 1839

Wir küssten uns immer wieder, und ich schmiegte mich an seine liebe, weiche Wange, so jung und rot wie eine Rose ... Dann war es zehn Uhr, die Zeit seiner Abreise ... Ich gab Albert einen letzten Kuss, sah, wie er in die Kutsche stieg und abfuhr. Ich weinte sehr, fühlte mich elend und war doch glücklich, da ich wusste, dass wir uns so bald wieder sehen werden. Oh, wie liebe ich ihn, wie heftig, wie innig, wie heiß! Ich weinte und war so traurig. Schrieb mein Tagebuch. Ging spazieren. Weinte.

TAGEBUCH

16. NOVEMBER 1839

Sprach [mit Lord Melbourne] über Mama und die Notwendigkeit, mit ihr darüber zu reden, dass sie ... aus dem Haus ausziehen müsse. Lord M. sagte, dass er fürchte, es werde große Schwierigkeiten geben, sie zum Verlassen des Hauses zu bewegen. »Es darf keine Härte geben«, sagte Lord M., »nur Festigkeit.«

ALBERT

Windsor Castle, 8. Dezember 1839

Was Deinen Wunsch, mein lieber Albert, hinsichtlich Deiner Kammerherren betrifft, so muss ich Dir ganz ehrlich sagen, dass es nicht geht. Du kannst Dich völlig auf mich verlassen, dass die Leute, die Dich umgeben werden, höchst angenehm sein werden, von hohem Stand und guter Reputation. Diese Kammerherren werden nicht ständig um Dich sein; nur bei großen Gelegenheiten und um Dich zu begleiten, wenn Du ausgehst, zu Banketten usw. ... Du kannst Dich auf mich verlassen, dass Du die richtigen Leute bekommst, nicht müßig und nicht zu jung ... Ich habe heute einen ungnädigen Brief von Onkel Leopold erhalten. Er scheint irritiert zu sein, weil ich ihn nicht mehr um Rat frage, aber der werte Onkel neigt dazu zu glauben, dass er überall den Ton angeben müsse. Dazu besteht jedoch keine Notwendigkeit.

ALBERT

Buckingham Palace, 31. Januar 1840

Du hast mir in einem Deiner Briefe von unserem Aufenthalt in Windsor geschrieben, aber, lieber Albert, Du hast das Problem überhaupt nicht verstanden. Du vergisst, teuerster Geliebter, dass ich die Herrscherin bin und dass die Arbeit um nichts auf der Welt hintangestellt werden oder ruhen kann. Das Parlament tagt, und irgendetwas ereignet sich beinahe jeden Tag, wofür ich gebraucht werden könnte, und es ist mir ganz unmöglich, von London fort zu sein; darum sind zwei oder drei Tage schon eine lange Zeit, um fort zu sein.

Ich habe keinen Augenblick Ruhe, wenn ich nicht an Ort und Stelle bin und sehe und höre, was los ist ...

ALBERT

10. FEBRUAR 1840

Liebster, ... Wie fühlst Du Dich heute, und hast Du gut geschlafen? Ich habe gut geruht und fühle mich heute sehr wohl. Was für ein Wetter! Ich glaube allerdings, dass es aufhören wird zu regnen.

Schick mir ein Wort, mein teuerster, geliebter Bräutigam, wenn Du fertig bist. Deine ewig treue
Victoria R[egina]

TAGEBUCH

10. FEBRUAR 1840

Um $^1/_2 1$ fuhren wir los, mein liebster Albert hatte sich schon zuvor auf den Weg gemacht. Ich trug ein weißes Gewand aus Satin mit einem sehr tiefen Volant aus Honiton-Spitze, nach altem Muster. Ich trug mein türkisches Diamanthalsband samt Ohrringen und Alberts schöne Saphirbrosche. Mama und die Herzogin von Sutherland fuhren mit mir in der Kutsche. Nie zuvor habe ich eine solch große Menschenmenge gesehen wie die im Park, und sie jubelten mir höchst enthusiastisch zu ... Die Zeremonie war sehr eindrucksvoll und edel und schlicht und sollte, so meine ich, bei allen, die am Altar versprechen, was er oder sie versprechen, einen dauerhaften Eindruck hinterlassen. Der liebste Albert sprach alles sehr deutlich nach. Ich fühlte mich so glücklich, als mir der Ring angesteckt wurde – von Albert. Sobald der Gottesdienst vorbei war, kehrte die Prozession zurück, so wie sie gekommen war, mit der Ausnahme, dass mein geliebter Albert mich nun hinausgeleitete. Der Beifall war sehr groß ...

Sobald wir [in Windsor] ankamen, gingen wir in unsere Gemächer; mein großer Ankleideraum ist unser Wohnzimmer; die drei kleinen blauen Zimmer sind seine ... Nachdem ich mich in unseren Räumen ein wenig umgesehen hatte, ging ich mich umziehen und dann zurück in sein Wohnzimmerchen, wo der liebste Albert saß und spielte; er hatte sich seinen Windsor-Rock angezogen; er nahm mich auf die Knie und küsste mich und war so lieb und zärtlich. Wir aßen in unserem Wohnzimmer; aber ich hatte so schmerzhaft Kopfweh, dass ich nichts essen konnte und mich im mittleren der blauen Räume den Rest des Abends auf ein Sofa legen musste, aber, ob krank oder nicht, niemals, niemals habe ich solch einen Abend verbracht ... Er gab mir zärtliche Namen, die mir zuvor nie jemand gegeben hatte – unglaubliche Wonne! Oh, das war der glücklichste Tag meines Lebens! – Möge Gott mir beistehen, meine Pflicht so zu erfüllen, wie es sich gehört, und mich dieser Segnungen würdig zu erweisen.

TAGEBUCH

WINDSOR CASTLE, 11. FEBRUAR 1840

Als der Tag anbrach – denn wir schliefen nicht viel – und ich dieses schöne Engelsgesicht an meiner Seite sah, war dies mehr, als ich sagen kann! Er sieht so schön aus, wenn er nur das Hemd anhat und sein schöner Hals sichtbar ist. Wir standen um Viertel nach 8 auf.

TAGEBUCH

WINDSOR CASTLE, 12. FEBRUAR 1840

Schon der zweite Tag nach unserer Hochzeit; seine Liebe und seine Sanftmut sind jenseits von allem; und diese liebe, weiche Wange zu küssen, meine Lippen auf die seinen zu drücken ist himmlische Wonne. Ich fühle ein reineres, unirdischeres Gefühl als je zuvor. Oh, war je eine Frau so gesegnet wie ich.

TAGEBUCH

WINDSOR CASTLE, 13. FEBRUAR 1840

Mein liebster Albert zog mir die Strümpfe an. Ich ging zu ihm, um ihm beim Rasieren zuzuschauen – ein großes Vergnügen!

Victorias Vergötterung Alberts festigt sich freilich nicht ohne Irritationen, da Albert den Einfluss der Erzieherin, Fräulein Lehzens, einzuschränken versucht. Diese verlässt 1842 den Hof. Zu den Irritationen tragen auch Victorias zahlreiche Schwangerschaften bei, die von prä- und postnatalen Depressionen begleitet sind, zumal Victoria gemäß der vorherrschenden Meinung der Zeit glaubt, während der Schwangerschaft auf »fun«, lies: Sex, verzichten zu müssen.

5. Januar 1841

Ich meine, teuerster Onkel, dass Du nicht wirklich wünschen kannst, mich als »Mamma d'une *nombreuse* famille« zu sehen; denn ich glaube, dass Du wie ich einsiehst, wie überaus lästig eine große Familie für uns alle wäre, vor allem auch für das Land, ganz abgesehen von der Beschwerlichkeit und Last für mich. Die Männer denken nie oder nur selten daran, was für ein hartes Stück Arbeit es ist, wenn wir Frauen dies sehr häufig auf uns nehmen. Gottes Wille geschehe, und wenn Er verfügt, dass wir eine große Zahl von Kindern haben müssen, nun denn, so müssen wir versuchen, sie zu nützlichen und vorbildlichen Mitgliedern der Gesellschaft zu erziehen. Unsere junge Dame gedeiht prächtig, und ich hoffe, dass die Van der Weyers [der belgische Gesandte und dessen Frau], die drei Tage hier waren und sie zweimal gesehen haben, Dir eine günstige Schilderung von ihr geben werden. Ich glaube, Du würdest Dich amüsieren, mit anzusehen, wie Albert mit ihr auf dem Arm herumtanzt; er macht sich vorzüglich als Kindermädchen (im Gegensatz zu mir, und sie ist auch viel zu schwer für mich, um sie herumzutragen), und sie scheint auch stets damit zufrieden, bei ihm zu sein.

LEOPOLD VON BELGIEN

Windsor Castle, 7. Dezember 1841

Oh, mein teuerster Onkel, ich bin sicher, wenn Du wüsstest, wie glücklich, wie selig ich mich fühle und wie stolz ich mich fühle, solch ein vollkommenes Wesen – das ist er –

wie meinen Mann zu besitzen, und wenn Du daran denkst, dass Du es bewerkstelligt hast, dass diese Vereinigung zustande kam, das muss Dein Herz erfreuen. Wie glücklich wäre ich, wüchse unser Kind auf, zu werden wie er! Die liebe Pussy reiste mit uns und benahm sich wie eine Erwachsene, so still, und blickte umher und kokettierte mit den Husaren auf beiden Seiten der Kutsche. Nun, adieu!

CHRISTIAN BARON STOCKMAR

19. JANUAR 1842

Falls A[lbert]s Memorandum voller harter Worte und anderer Dinge ist, die mich böse und ungerecht machen würden (weil ich weiß, dass er ungerecht ist), zeigen Sie es mir nicht, sondern sagen Sie mir, was er will; denn ich will nicht böse auf ihn sein, und mein Gerechtigkeitsgefühl wäre zu heftig, es zu zügeln, würde ich lesen, was allzu streng ist. Wenn Sie meinen, dass es nicht darauf angelegt ist, dies zu bewirken, dann lassen Sie es mich sehen ... Albert muss mir sagen, was er nicht mag, und ich werde mich bemühen, diesem abzuhelfen; aber er muss mir auch versprechen, mir zuzuhören und zu glauben. Wenn ich andererseits aber in Rage bin, was ich, so glaube ich, nun nicht mehr sehr oft bin, dann darf er all das dumme Zeug nicht glauben, das ich sage, wie etwa, wie unglücklich ich sei, geheiratet zu haben, und Ähnliches mehr, was so herauskommt, wenn es mir schlecht geht ... Ich habe Albert oft einräumen gehört, dass jedermann Lehzens frühere Dienste anerkennt, und mein Wunsch ist nur, dass sie eine ruhige Heimstätte in meinem Haus haben solle und mich zuweilen besuche. A[lbert] kann nichts dagegen haben, dass ich gelegentlich mit ihr rede ..., und ich versichere Ihnen bei meiner Ehre, dass ich sie jetzt nur mehr sehr selten sehe und dann für wenige Minuten, meistens, um sie über bestimmte Papiere und die *toilette* zu befragen, wobei sie mir von größtem Nutzen ist. Oftmals denkt A., dass ich bei ihr bin, wenn das nicht der Fall ist ... Liebster Engel Albert – nur Gott weiß, wie ich ihn liebe.

CHRISTIAN BARON STOCKMAR

20. JANUAR 1842

In mir ist oft eine große Reizbarkeit – so wie vergangenen Sonntag, an dem das ganze Elend anfing –, die mich übellaunige und abscheuliche Dinge sagen lässt, welche ich selbst nicht glaube und von denen ich befürchte, dass sie A. verletzen, aber welche er nicht glauben sollte ..., aber ich hoffe, dass ich sie überwinden werde. Unsere Situation ist halt so sehr verschieden von der aller anderen Ehepaare. A. ist in meinem Haus, nicht ich in seinem. – Aber ich bin bereit, mich seinen Wünschen zu beugen, da ich ihn so sehr liebe.

TAGEBUCH

1. OKTOBER 1842

Schrieb und sah meine alten Tagebücher durch und korrigierte sie, was durchaus nicht sehr angenehme Gefühle wachrief. Das Leben, das ich damals [1839 mit Lord Melbourne] führte, war so künstlich und oberflächlich, und doch meinte ich, glücklich zu sein. Gott sei Dank weiß ich nun, was wirkliches Glück bedeutet.

Bei einer Reise nach Schottland lernen Victoria und Albert das Hochland kennen und so sehr lieben, dass sie Schloss Balmoral kaufen (1847) und grundlegend renovieren. Dahin – sowie nach Osborne auf der Isle of Wight – ziehen sie sich alljährlich zurück, um en famille *zu leben. Dorthin beordert Victoria ihre (unwilligen) Minister, von dort aus werden lange, erlebnisreiche Ausflüge unternommen. Victoria beschreibt sie detailfreudig, zeichnet und malt. 1864 – drei Jahre nach Alberts Tod – veröffentlicht sie eine Auswahl ihrer Aufzeichnungen mit großem Erfolg, sowohl was die Auflagenhöhe wie auch den Werbewert für die Monarchie betrifft.*

TAGEBUCH

TAYMOUTH, 7. SEPTEMBER 1842

Um Viertel nach sechs kamen wir nach Taymouth. Am Tor erwartete uns eine Ehrengarde von Hochländern, die Leute von Lord Breadalbane. Taymouth liegt in einem Tal, umgeben von sehr hohen, bewaldeten Hügeln; es ist wunderschön. Das Haus ist eine Art Burg, aus Granit gebaut. Der *coup d'œil* war unbeschreiblich. Lord Breadalbanes Hochländer, alle im Campbell-Tartan, marschierten vor dem Haus auf, an ihrer Spitze der Lord, der auch Hochlandtracht trug. Dazu kamen einige Leute von Sir Neil Menzie (im rot-weißen Menzie-Tartan), einige Dudelsackpfeifer und eine Kompanie des 92. Hochlandregiments, auch im Kilt. Die Salutsalven, der Jubel der Menge, die pittoresken Kostüme, die Schönheit des Umlandes vor dem Hintergrund der üppig bewaldeten Hügel – all dies war eine der imposantesten Szenen, die man sich nur vorstellen kann. Es schien beinahe, als ob ein großer Clanführer der alten Feudalzeit seinen Souverän empfängt. Es war fürstlich und romantisch.

TAGEBUCH

BLAIR CASTLE, 12. SEPTEMBER 1844

Wir unternahmen eine schöne Wanderung von zwei Stunden. Direkt am Haus ist die Landschaft sehr wild, was ich sehr genieße. Sobald man aus dem Haus tritt, sieht man sich umgeben von herrlichen Hügeln. Wir gingen nach links durch eine verfallene Parkanlage, dann durch den Wald einen steilen, verschlungenen Pfad entlang, der oberhalb eines wilden Bachs verläuft. Diese schottischen Bäche, voller Steine und glasklar, sind wunderschön. Die flüchtigen Blicke durch die Baumreihen, die tiefen Schatten, die bemoosten Steine zwischen dem Schiefergestein usw., die die Ufer säumen, sind wunderbar; nach jeder Biegung bietet sich ein neues Bild. Wir stiegen hoch hinauf, aber den Gipfel konnten wir nicht erreichen. Albert war bester Laune; ich war glücklich, ihn so voller Begeisterung zu sehen.

TAGEBUCH

WINDSOR CASTLE, 3. OKTOBER 1844

Die englische Küste erschien uns schrecklich flach. Lord Aberdeen war ganz gerührt, als ich ihm sagte, wie sehr ich an dem mir so teuren Hochland hänge und wie sehr mir die schönen Hügel fehlten. Das Hochland und seine Bewohner sind etwas ganz Besonderes, sie sind so ritterlich, edel und voller Tatendrang. Unser Aufenthalt bei ihnen war so vergnüglich. Ganz abgesehen von der schönen Landschaft waren wir von der Ruhe, Abgeschiedenheit und Wildnis, der Freiheit und Einsamkeit ganz verzaubert.

Tagebuch

Tobermory, 19. August 1848

Als wir um die Spitze herumkamen, sahen wir eine wundervolle Basaltformation, die einen ganz außergewöhnlichen Eindruck hinterlässt. Als wir um den Vorsprung bogen, um die berühmte Fingal-Höhle zu betreten, war die Wirkung großartig: wie ein riesiger Eingang in eine gewölbte Halle. Es sah beinahe unheimlich aus, als wir eintraten und der Kahn sich mit der Meeresdünung hob und senkte. [Die Höhle] ist sehr hoch, aber nur 227 Fuß tief. Auch ist sie mit nur 40 Fuß Breite enger, als ich dachte. Das Meer in der Höhle ist überaus tief. Die Felsen unter Wasser sind ganz Farbe – rosa, blau und grün –, wunderschön und abwechslungsreich in der Wirkung. Es war das erste Mal, dass sich eine königliche Standarte mit der Königin von Großbritannien, ihrem Gemahl und Kindern in der Höhle befand, und die Schiffsmannschaft ließ uns drei Mal hochleben, was dort sehr eindrucksvoll klang.

Tagebuch

Balmoral, 8. September 1848

Wir kamen nach Balmoral um Viertel vor drei. Es ist eine hübsche kleine Burg im alten schottischen Stil mit einem malerischen Turm und einem Garten nach vorn mit einem hohen, bewaldeten Hügel. Dahinter erstreckt sich Wald bis zum Dee, und die Hügel erheben sich ringsherum.

Innen befindet sich eine hübsche, kleine Halle mit einem Billard-Zimmer, daneben ist das Esszimmer. Im oberen Stock (den man über eine solide, breite Treppe erreicht)

*Balmoral, nach Holzschnitten auf dem Briefbogen
Queen Victorias*

sofort rechts, genau über dem Esszimmer ist unser Wohnzimmer, ein stattliches, großes Zimmer. Daneben liegt unser Schlafzimmer, das direkt in ein kleines Ankleidezimmer führt, das Albert benutzt. Auf der gegenüberliegenden Seite, einige Stufen tiefer, sind die drei Zimmer für die Kinder und Frl. Hildyard. Die Damen wohnen unten, die Herren oben.

Wir aßen sofort zu Mittag, und um halb vier wanderten wir los, erklommen den bewaldeten Hügel, der gegenüber unseren Fenstern liegt. Auf dessen Gipfel liegt eine *cairn* [eine Steinpyramide], die man über einen hübschen, verschlungenen Pfad erreicht. Die Aussicht von dieser Stelle auf unser Haus unten ist entzückend: Links erblickt man die schönen Hügel um den Loch-na-Gar; rechts in Richtung Ballater sieht man das Tal, durch das sich der Dee schlängelt, umgeben von schönen, bewaldeten Hängen, die uns sehr an den *Thüringer Wald** erinnerten. Alles war ruhig, so einsam –

es war wohltuend, den Blick schweifen zu lassen, und die reine Bergluft war überaus erfrischend. Alles schien Freiheit und Frieden zu atmen, ließ einen die Welt mit all ihren traurigen Verstrickungen vergessen.

Die Landschaft hier ist wild und dennoch nicht wüst. Es sieht viel wohlhabender und kultivierter aus als in Laggan. Auch ist der Boden angenehm trocken. Wir gingen am Dee entlang, einem schönen, reißenden Fluss, der unweit hinter dem Haus verläuft ...

Als ich um halb sieben zurückkam, zog Albert noch mal los, um sein Glück bei einigen Hirschen zu versuchen, die ganz in der Nähe im Wald lagerten. Aber er hatte keinen Erfolg. Abends kommen sie ganz nah an das Haus heran.

TAGEBUCH

BALMORAL, 7. SEPTEMBER 1855

Um Viertel nach sieben kamen wir in unserem geliebten Balmoral an. Es schien mir seltsam, sehr seltsam, an dem alten Haus vorbei, eigentlich hindurchzufahren, da der Verbindungstrakt zwischen ihm und den Verwaltungsräumen abgerissen worden war. Das neue Haus sieht sehr schön aus. Der Turm und die Räume im Verbindungstrakt sind freilich nur halb fertig und die Verwaltungsräume noch nicht gebaut; darum wohnen die Kammerherren (mit Ausnahme des Ministers) im alten Haus, so wie auch der größte Teil der Dienerschaft – ein langer hölzerner Gang verbindet das neue Gebäude mit den Verwaltungsräumen. Ein alter Schuh wurde uns, als wir das Haus betraten, als Glücksbringer hinterhergeworfen. Das Haus ist bezaubernd; die Räume entzückend; die Einrichtung, Tapeten, alles vollkommen.

BALMORAL, 13. OKTOBER 1856

Mit jedem Jahr wird mein Herz von diesem geliebten Paradies stärker gefangen genommen, und dies umso mehr, als all dies meines liebsten Alberts eigene Schöpfung ist, sein eigenes Werk, sein eigenes Gebäude, sein eigener Entwurf, genau wie in Osborne. Und sein guter Geschmack, seine liebe Hand haben alles hier geprägt. Den ganzen Tag war er heute sehr beschäftigt, regelte und plante vieles für das nächste Jahr.

PRINZESSIN AUGUSTA VON PREUSSEN

BALMORAL, 14. OKTOBER 1856

Die letzte Woche, eigentlich die letzten 10 Tage, sind herrlich gewesen, und jedes Jahr attachieren wir uns mehr und mehr an diese herrlichen Berge, an diese feierliche Einsamkeit, wohltuende Ruhe und große Freiheit, und wirklich, es macht mein Herz bluten, mich davon losreißen zu müssen. Dazu ist jetzt alles hier – das Haus, die Anlagen – die Schöpfung meines teuren Alberts, die wir haben entstehen sehen. Wir haben die letzten 9 bis 10 Tage sehr benutzt, um viel draußen zu sein, 5, 6, 7 Stunden. Wir brachten vorige Woche eine Nacht (2 Tage) in »the Hills« bei Loch Minch zu, wo es herrlich war. Albert hat großes Glück auf der Jagd gehabt und hat 29 Hirsche und besonders schöne, schwere, erlegt. Und nun ist alles vorbei! Morgen früh um $^1/_29$ reisen wir nach Edinburgh ab und übermorgen bis Windsor, wo alles sehr steif, einförmig, hofmäßig und sogar etwas gefängnisartig ist, und die Luft sehr schwer. Doch müssen wir dankbar sein für das, was wir genossen haben.

Tagebuch

Balmoral, 26. September 1857

Albert war mit Alfred den ganzen Tag unterwegs, und ich ging mit den beiden Mädchen und Lady Churchill aus, betrat ein Geschäft und tätigte ein paar Einkäufe für die Armen und andere; wir fuhren ein kurzes Stück, stiegen aus und gingen den Hügel hinauf zu Balnacroft, Mrs. P. Farquharsons Haus, und sie begleitete uns zu einigen der Katen, um mir zu zeigen, wo die Armen wohnen, und diesen zu sagen, wer ich sei. Bevor wir eine betraten, begegneten wir einer alten Frau, von der Mrs. Farquharson sagte, dass sie sehr arm sei, achtundachtzig Jahre alt und die Mutter des früheren Whiskybrenners. Ich schenkte ihr einen warmen Unterrock, und die Tränen liefen ihre alten Wangen herab, und sie schüttelte meine Hände und flehte zu Gott, er möge mich segnen: Es war sehr anrührend.

Dann kamen wir zu der kleinen Hütte der alten Kitty Kear, die sechsundachtzig Jahre alt ist, immer noch sehr aufrecht und uns mit viel Würde begrüßte. Sie setzte sich und fing an zu spinnen. Auch ihr gab ich einen warmen Unterrock. Sie sagte: »Möge der Herr Euch und die Euren beschützen, jetzt und immer, möge der Herr Euch leiten und vor allem Schaden bewahren.« Sie war sehr überrascht, wie groß Vicky war – ihr wird großes Interesse zuteil. Dann gingen wir zu einem weiteren Hof ..., um die alte Witwe Symons zu besuchen, die »älter als achtzig« ist, mit einem hübschen, rosigen Gesicht, aber schon ganz krumm. Sie war sehr freundlich, schüttelte uns allen die Hand, fragte, wer ich sei, und segnete uns immer wieder: »Möge der Herr Euch segnen mit Freude und Glück, möge er immer bei Euch sein in diesem Leben und wenn Ihr es verlasst.« Als wir ihr sagten, dass Vicky heiraten werde, sagte sie: »Möge der Herr

Euch führen in Eure Zukunft und Euch mit allem Glück der Welt segnen.« Sie war sehr gesprächig, und als ich ihr sagte, dass ich hoffte, sie bald wieder zu sehen, drückte sie die Erwartung aus, dass der Herr sie »jeden Tag abberufen« könne.

TAGEBUCH

Hotel Grantown, 4. September 1860

Wir frühstückten in Balmoral in unseren eigenen Räumen um halb acht und fuhren um acht oder kurz danach los, zusammen mit Lady Churchill und General Grey (Grant und Brown saßen wie üblich auf dem Bock). Zuerst ging es in Richtung Castleton, wo wir die Pferde wechselten. Fünf Meilen hinter dem Wasserfall am Dee, Richtung Shepherd's Shiel of Geldie …, warteten unsere Ponys und unser Führer Charlie Stewart. Sofort saßen wir auf und ritten den Geldie entlang, den wir mehrmals durchqueren mussten, um nicht in die Sümpfe zu geraten. Wir ritten zwei Stunden den Glen Geldie hinauf über ein Hochmoor, das stellenweise so weich und sumpfig war, dass wir mehrfach absteigen mussten. Die Hügel waren wüst, aber nicht sehr hoch, ohne Bäume und selbst ohne Heidekraut, gar nicht malerisch, bis wir zum Fishie kamen und rechts zum Tal abbogen, das wir in der Ferne liegen sahen. Glen Geldie und Glen Fishie liegen ungefähr gleich hoch und sind nur wenig voneinander entfernt. Der Fishie ist ein schöner, schneller Fluss voller Felsen. Je näher man dem Tal kommt, das sehr eng ist, desto schöner wird die Landschaft, besonders nachdem man die Etchart durchquert hat, eine sehr tiefe Furt. Grant geleitete mich auf seinem Pony durch die Furt, unsere Bediensteten, die zu Fuß gingen, zogen Schuhe und Strümpfe aus, um durchzuwaten. Danach schlängelt sich ein schmaler Pfad am Fuß der Hügel des Craig-na-Go'ar (den Felsen des »Ziegen-Craigs«), des Craig-na-Caillach und des Stron-na-Barin (der »Nase der Königin«) entlang. Felsen mit Bäumen, Birken und Tannen hängen über dem wilden Bach. Wenn man weitergeht, ragen die Hügel steil an beiden Seiten hinauf, voll mit Felsbrocken und Karen, und gelegentlich stürzen kleine Bäche aus großer Höhe hernieder, während der Weg sich langsam höher und höher schlängelt. Alles überaus großartig!

Als wir einen ebenen Flecken zwischen den Bäumen erreicht hatten, hielten wir an. Die einheimischen Tannen sind besonders prächtig und die ganze Szenerie absolut großartig. Hier – an dieser bezaubernden Stelle – nahmen wir unser Mittagsmahl um zwei Uhr. Dann machten wir uns wieder auf den Weg ...

Wir gelangten zu einem wunderhübschen Flecken, eine Szene mit all dem Glanz eines [Gemäldes von] Landseer. Dort befindet sich eine kleine Ansammlung von Hütten aus Holz oder Torf, die die verstorbene Herzogin von Bedford erbauen ließ. Heute gehören sie nicht mehr der Familie und verfallen leider langsam inmitten der prächtigen Tannen und der steilen Hügel, die sich an den Seiten des Tals jäh erheben. Wir waren von der Schönheit, die sich unseren Augen bot, ganz bezaubert ...

Wir trafen Lord und Lady Alexander Russell bei einem kleinen Bauernhof, gerade als wir aus dem Wald kamen, und unterhielten uns ein wenig mit ihnen. Sie leiden sehr darunter, wie übel ihr früherer Heimatort heruntergekommen ist, seit er ihnen nicht mehr gehört. Dann ritten wir ein langes Stück weiter, 12 Meilen, bis wir die Fähre am Spey erreichten. Im Wald fand eine Treibjagd statt, und man hörte einige Schüsse. Von dort aus hat man eine wunderschöne Sicht über die Hügelketten der Speyside (auch Strathspey genannt) und nach links hin zu den Hügeln um den Loch Laggan. Dann kamen wir zu einem Lärchenwald ... Bevor wir in den Lärchenwald ritten, holte uns Lord Alexander Russell mit seiner Pony-Kutsche ein, und da er denselben Weg hatte, war er so freundlich, uns alles zu erläutern. Er zeigte uns den »Stein des Herzogs von Argyll«, eine Gipfelpyramide zu unserer Rechten, die man wohl errichtet hat, weil der Marquis von Argyll dort mit seiner Armee einst lagerte. Wir erreichten einen anderen Lärchenwald, wo ich und Lady Churchill abstiegen, weil wir schon ganz steif waren vom vielen Reiten. Nachdem wir diesen Wald durchquert hatten, kamen wir an den Loch Inch, der überaus lieblich ist und den ich so gern gezeichnet hätte, aber wir hatten leider keine Zeit und eilten weiter. Das Licht war sehr schön, und am Ende des Sees überquerten einige Rinder einen schmalen Streifen Grasland, was wirklich ein entzückendes Bild ergab. Der See ist nicht wild, ganz im Gegenteil, keine zerklüfteten Felsen, sondern Wälder und blaue Hügel als Hintergrund. Nach ungefähr einer Meile kamen wir zur Fähre. Dort ließen wir unsere Ponys zurück. Nur noch Brown und Grant blieben bei uns ... Die Fähre war ein primitives Ding, eher ein Boot oder Kanu, so dass wir nur stehen konnten. Sie wurde mit zwei langen Rudern fortbewegt, die der Fuhrmann und Brown betätigten, und am anderen Ende mit einer Art langem Balken, den Grant führte. Nach kurzer Zeit waren wir an der Straße, wo wir zwei schäbige Kutschen bestiegen, eine Art Landauer, den Albert und ich bestiegen, während Lady Churchill und General Grey die andere Kutsche, ein Fuhrwerk, nahmen. Die Pferde waren klein und recht elend ... Bis dahin hatten wir 40 Meilen zurückgelegt, davon mindestens 20 zu Pferde. Wir hatten beschlossen, uns Lord und Lady Churchill mit Begleitung zu nennen, Lady Churchill trat auf als Miss Spencer, General Grey als Dr. Grey! Brown vergaß dies einmal und nannte mich »Eure Majestät«, als ich die Kutsche bestieg; und Grant auf dem Bock nannte Albert einmal »Eure Königliche Hoheit«, was uns sehr zum Lachen brachte, aber niemand bemerkte es.

Dann folgte eine lange Fahrt von drei Stunden. Als wir die Kutschen bestiegen, war es schon sechs Uhr. Den Wald ließen wir schnell hinter uns und erreichten die Straße nach Badenoch, die nahe an Kinrara vorbeiführt ... Besonders beeindruckend war die absolute Einsamkeit auf unserer ganzen langen Reise, die ich als sehr erholsam empfand. Kaum ein Haus! Fast keine Menschenseele auf der Straße! Langsam wurde es dunkel. An einem kleinen Rasthaus hielten wir, damit die Pferde saufen konnten, und die paar Leute dort begafften die beiden schlichten Kutschen.

Ganz langsam verschwanden die Berge, der Abend war mild, und es fielen ein paar Regentropfen. Immer weiter ging die Fahrt, bis wir schließlich Lichter erblickten, durch eine lange, verwinkelte Stadt fuhren und schließlich auf dem kleinen Hof eines Gasthauses zum Stehen kamen. Schnell stiegen wir aus – Lady Churchill und General Grey warteten nicht auf uns –, gingen eine kleine Treppe hinauf, und man zeigte uns ganz oben unser Schlafzimmer, das sehr klein war, aber sauber, mit einem großen Himmelbett, das beinahe den ganzen Raum einnahm. Gegenüber war ein Zimmer, das gleichzeitig Wohn- und Esszimmer war – sehr sauber und angenehm groß. Daneben war Alberts Ankleidezimmer, das sehr klein war ... Wir machten uns etwas frisch und setzten uns zu Tisch. Brown und Grant sollten uns eigentlich bedienen, aber sie waren zu »bashful« [wörtlich »schüchtern«, Euphemismus für »betrunken«], so dass eine Frau mit einem Kopf voller Locken alles erledigte. Nach dem Essen räumte sie ab, nahm das Tischtuch hinweg und stellte eine Flasche Wein (die wir selbst mitgebracht hatten) mit einigen Gläsern auf den Tisch, so wie man es früher in

England gemacht hat. Das Essen war sehr anständig, und alles ganz sauber: Suppe, Eintopf, Lammbrühe mit Gemüse, die mir nicht schmeckte, Huhn in weißer Soße, ein guter Lammbraten, sehr gute Kartoffeln und noch ein, zwei weitere Gerichte, die ich nicht probierte. Am Ende gab es eine gute Preiselbeertorte. Nach dem Essen wollte ich noch etwas an diesem Bericht schreiben (aber die Gespräche ringsherum verwirrten mich), während Albert Patiencen legte. Dann zog ich mich zurück, begann mich auszuziehen, und gegen halb zwölf gingen wir zu Bett.

TAGEBUCH

BALMORAL, 7. OKTOBER 1863

Wir fuhren ungefähr um zwanzig vor sieben von Altnagiuthasach los, Brown am Bock, daneben Smith, der lenkte, und der kleine Willem (Alices schwarzer Diener) dahinter. Es war schon ganz dunkel, als wir abfuhren, aber wie üblich waren alle Lampen an. Smith freilich schien von Anfang an ziemlich durcheinander (und hat sich tatsächlich in letzter Zeit sehr verändert) und geriet mehrmals von der Straße ab, einmal an einer recht gefährlichen Stelle, so dass Alice aufschrie und Brown abstieg, um ihm den Weg zu zeigen. Danach schien allerdings alles in Ordnung zu sein, wenn wir auch sehr langsam fuhren; aber Alice traute dem Frieden überhaupt nicht und meinte, dass die Tatsache, dass Brown die Laterne die ganze Zeit hochhielt, bedeuten müsse, dass Smith nicht sehen könne, wohin er fahre, wiewohl die Straße so breit und eben wie nur möglich war. Etwa zwei Meilen vor Altnagiuthasach und zwanzig Minuten nach unserer Abfahrt kippte die Kutsche plötzlich seitwärts, und wir riefen: »Was ist los?« In die schreckliche Stille sagte

Alice: »Wir stürzen um.« Im nächsten Augenblick – ich hatte noch so viel Zeit, um darüber nachzudenken, ob wir getötet werden würden oder nicht und dass es noch Dinge gebe, die nicht abgeschlossen seien, von denen ich dies wollte – stürzte die Kutsche um und schleuderte uns alle zu Boden! Ich schlug heftig mit dem Gesicht nahe der Kutsche auf, die Pferde lagen am Boden, und Brown rief verzweifelt: »Der Herr sei uns gnädig. Wer hat je so was gesehen! Ich dachte, ihr seid alle tot.« Alice konnte schnell dadurch aufgeholfen werden, dass alle ihre Kleider zerrissen wurden, um sie zu entwirren. Lenchen aber, die sich ebenfalls in ihren Kleidern verfangen hatte, schrie Mitleid erregend, was mir beträchtliche Angst einjagte. Aber auch sie wurde mit Browns Hilfe losgelöst, und weder sie noch Alice hatten sich verletzt. Ich versicherte ihnen, dass ich nicht verletzt sei, und überredete sie, das Beste daraus zu machen, da es ein unvermeidbares Missgeschick sei.

Smith, der völlig durcheinander und verwirrt war, kam schließlich, um zu fragen, ob wir verletzt seien. Die ganze Zeit lagen die Pferde wie tot am Boden, und es war absolut notwendig, sie zum Aufstehen zu bringen. Alice, deren Ruhe und Besonnenheit bewundernswert waren, hielt eine der Laternen, während Brown zum Entsetzen Smiths das Zaumzeug durchschnitt, und die Pferde waren schnell frei und standen unverletzt auf. Es bestand nun keine andere Möglichkeit, nach Hause zu kommen, als Smith mit den Pferden loszuschicken, um eine andere Kutsche zu holen. Das Ganze dauerte einige Zeit, etwa eine halbe Stunde, bevor wir sie frei bekamen. Nun fühlte ich doch, dass mein Gesicht ziemlich wund und geschwollen war und – vor allem – dass mein rechter Daumen sehr weh tat und stark angeschwollen war. Ja, ich dachte zunächst, er sei gebrochen, bis ich ihn bewegte. Alice riet dann, dass wir uns in die Kutsche setzen sollten, das heißt, mit dem Rücken an den

Kutschboden, was wir in Decken eingehüllt auch taten, der kleine Willem vor uns, der, die Kapuze seines Burnus übergezogen, eine Laterne hielt, während Brown eine zweite hielt und sich unermüdlich um uns sorgte und kümmerte. Sein Knie hatte er sich beim Springen von der Kutsche nicht unerheblich verletzt. Alles, was wir zu trinken hatten und womit ich mir Gesicht und Hände waschen konnte, war ein bisschen Rotwein. Beinahe sofort nach dem Unfall sagte ich zu Alice, wie schrecklich es sei, dies nicht meinem geliebten Albert sagen zu können, worauf sie antwortete: »Aber er weiß um alles, und ich bin sicher, dass er über uns gewacht hat.«

Die Geburt des ersten Kindes wird, wie die späteren Geburten auch, von prä- und postnatalen Depressionen begleitet. Sie mindern Victorias Freude an Kindern beträchtlich, nicht jedoch ihre Lebenslust. Das Regieren freilich übernimmt diskret Albert – seine Meinungen und Intentionen prägen nun Victorias Briefe und Tagebücher, sei es bei der Trauer um Alberts durchaus liederlichen Vater, sei es beim Portraitieren anderer Monarchen. Eine »family on the throne«, so der große Staatstheoretiker Walter Bagehot, regiert England und lässt die Monarchie das Jahr 1848 ungefährdet überstehen, in dem auf dem Kontinent die Throne wanken und Könige stürzen. Die sieben Attentate, die auf Victoria im Laufe ihres Lebens verübt werden, erscheinen allesamt als Taten verwirrter Einzelgänger.

Das königliche Eheleben

König Leopold von Belgien

Buckingham Palace, 19. April 1842

Ich bin ganz durcheinander mit all den Vorbereitungen für unseren *bal costumé* – ich wollte, Du könntest ihn sehen; wir verkleiden uns als Edward III. und Königin Philippa, und viele von unserem Hof werden wie die Leute der damaligen Zeit kostümiert sein; und ganz genau so, damit es ein großartiger *Aufzug** wird; aber es gibt so viele Fragen und so viele Seiden und Zeichnungen und Kronen und Gott weiß was noch anzuschauen, dass ich, die es gar nicht mag, in Kleiderfragen belästigt zu werden, ganz *confuse* bin.

König Leopold von Belgien

Windsor Castle, 4. Januar 1843

Wir waren sehr, sehr fröhlich, tanzten in das Neue Jahr und nochmals vergangene Nacht; und wir waren sehr lustig, obwohl wir nur wenige waren; Jung und Alt tanzten. Der gute Lord Melbourne war von Samstag bis heute Morgen hier und sah sehr gut aus, und beinahe träumte mir, dass die glücklichen alten Zeiten zurückgekehrt seien; aber ach! der Traum ist vorbei!

KÖNIG LEOPOLD VON BELGIEN

WINDSOR CASTLE, 6. FEBRUAR 1844

Du musst nun uns armen, verwaisten, jammervollen Kindern der Vater sein. [Alberts Vater, der Herzog von Sachsen-Coburg und Gotha, war am 29. Januar nach einem wenig häuslichen, recht ausschweifenden Leben gestorben.] Dir all das zu beschreiben, was wir erlitten haben, was wir erleiden, wäre kaum möglich; Gott hat uns schwer geschlagen. Wir fühlen uns durch den Verlust dessen, der so verdientermaßen von seinen Kindern und seiner Familie geliebt, ja ich kann sagen, angebetet wurde, zermalmt, überwältigt, niedergebeugt. Ich liebte ihn und sah ihn als Vater an. Wir werden seinesgleichen nicht mehr sehen; die Frische, die Liebenswürdigkeit, die Freundlichkeit seines Hauses, das der Mittel- und Treffpunkt der ganzen Familie war, werden wir nicht mehr sehen, und meines armen Engels innigste Gedanken, das treue, geliebte *Vaterhaus**, wo seine Gedanken stets weilten, wieder zu sehen, sind für immer dahin, und sein armes Herz blutet, wenn es daran denkt, dass dies für immer dahin ist ... Und in der Tat lieben die Menschen es, sich an ihren Kummer zu klammern.

KÖNIG LEOPOLD VON BELGIEN

BUCKINGHAM PALACE, 11. JUNI 1844

Ich will Dir nun, nachdem ich Dir alle Fakten mitgeteilt habe, auch meine Meinungen und Eindrücke dazu [zum Besuch des Zaren Nikolaus I.] mitteilen, von denen ich sagen kann, dass diese auch Alberts sind. Ich war entschieden gegen den Besuch, weil ich den Zwang und das Durcheinander fürchtete, und zunächst mochte ich es überhaupt nicht, aber da wir ruhig und zwanglos im gleichen Haus wohnten – und dies, so sagt Albert ganz zu Recht, ist der große Vorteil solcher Besuche, dass man die Mächtigen nicht nur sieht, sondern auch kennen lernt –, lernte ich den Zaren kennen und er mich. Es ist viel an ihm, was mir einfach gefällt, und ich meine, dass sein Charakter einer ist, den man so betrachten und verstehen sollte, wie er ist. Er ist strikt und streng – und hat starre Prinzipien, was seine Pflichten betrifft, von denen nichts auf Erden ihn abbringen kann. Für sehr klug halte ich ihn nicht, und sein Geist ist unkultiviert; seine Erziehung ist vernachlässigt worden; nur an der Politik und dem Militär hat er großes Interesse; gegenüber den Künsten und allen gefühlvolleren Tätigkeiten ist er unempfänglich, aber er meint es, da bin ich mir sicher, ehrlich, ehrlich sogar in seinen despotischsten Taten, und zwar aus der Überzeugung heraus, dass dies die einzige Möglichkeit zu regieren ist. Ihm sind, des bin ich mir sicher, die schrecklichen Fälle des Elends vieler einzelner, die er verursacht, nicht bekannt, denn ich kann an verschiedenen Beispielen sehen, dass er in völliger Unkenntnis vieler Dinge gehalten wird, die von seinen Leuten ruchlos ausgeführt werden, während er sich für höchst gerecht hält ...

Dem Familienleben ist er sehr zugetan und sagte mir, als unsere Kinder im Zimmer waren: »Voilà les doux moments de notre vie.« Er war zu uns beiden nicht nur höflich, sondern äußerst freundlich und war voll des höchsten Lobes über meinen liebsten Albert gegenüber Sir Robert Peel, zu dem er sagte, er wünsche sich, dass alle Fürsten in Deutschland dessen Fähigkeiten und dessen Verstand besäßen; ...

Er ist jetzt kahl, aber sieht in der Gardeuniform immer noch großartig und sehr eindrucksvoll aus.

König Leopold von Belgien

Windsor Castle, 29. Oktober 1844

Es war ein prächtiger und sehr erfreulicher Anblick, diese Riesenmenge von Leuten, die sich versammelt hatte [zur Eröffnung der Börse], sogar mehr als zur Krönung, und alle bei bester Laune und ganz ergeben. Auch die Artikel in den Zeitungen sind überaus freundlich und erfreulich: kein Monarch, sagen sie, sei je (ich wage es zu sagen) beliebter gewesen als ich, und zwar wegen unseres glücklichen Familienlebens, das ein so gutes Vorbild ist.

König Leopold von Belgien

Buckingham Palace, 1. März 1848

Stündlich scheinen neue Nachrichten zu neuen Ereignissen einzutreffen. Victoire, ihre Kinder und Monpensier [Mitglieder der französischen Königsfamilie] sind auf Jersey, und ihre Ankunft wird für morgen erwartet. Über den König und die Königin [von Frankreich] wissen wir immer noch nichts, aber wir haben einige Hinweise und glauben, dass er irgendwo an der Küste, vielleicht sogar in England ist. Wir werden für die arme, teure Familie, die in der Tat ganz schrecklich zu bemitleiden ist, alles tun, was in unserer Macht steht; aber Du wirst natürlich auch verstehen, dass wir nicht *cause commune* mit ihnen machen und auch gegenüber den neuen Verhältnissen in Frankreich keine feindliche Haltung einnehmen können; wir lassen sie in Ruhe, aber sollte eine Regierung gebildet werden, welche die Zustimmung des Landes hat, so werden wir es als notwendig betrachten, sie anzuerkennen, und zwar um sie darauf festzunageln, den Frieden zu wahren sowie die existierenden Verträge, was von großer Wichtigkeit ist. Dies zu tun wird uns nicht gefallen, aber das allgemeine Wohl und der Frieden in Europa haben vor unseren Gefühlen Vorrang.

Lord John Russell

Osborne, 16. April 1848

Die Bemerkungen Lord John Russells zu Europa und der unglücklichen und unheilbringenden Politik der Regierung des armen Königs von Frankreich sind zweifelsohne wahr. Aber sollte dieser nicht vor allem dafür bemitleidet werden, dass er die Ursache all dieses Elends ist? (Wiewohl er es sich vielleicht nicht selbst zuschreibt.) Denn alle Hoffnungen zerstört zu sehen, seinen Hochmut gedemütigt, seine Kinder, die er zärtlich liebt, zugrunde gerichtet – ist dies nicht genug, einen Menschen ins Elend zu stürzen? Und ihn sehr zu bemitleiden? ... Wie wird sein Name jetzt in die Geschichte eingehen? Sein Schicksal ist eine deutliche Lehre!

Was Deutschland betrifft, so ist Fürst Metternich Ursache des halben Unheils. Beinahe alle Herrscher dieses Landes sind seinem Rat gefolgt, und das hat sie davon abgehalten, das beizeiten zu tun, was ihnen nun entrissen wurde, wodurch sie viele Rechte verloren haben, die sie nicht hätten opfern müssen.

KÖNIG LEOPOLD VON BELGIEN

BUCKINGHAM PALACE, 11. JULI 1848

Seit dem 24. Februar [dem Beginn der Revolution in Frankreich] fühle ich eine Ungewissheit in allen Dingen, wie ich sie – so ungewiss das menschliche Leben auch immer ist – nie zuvor gefühlt habe. Wenn ich an unsere Kinder denke, ihre Erziehung, ihre Zukunft – und für sie bete –, dann denke ich immer und sage mir: »Mögen sie aufwachsen, dass sie *jeden Ranges* wert sind, in den sie gestellt werden – *hoch oder niedrig.*« Solches habe ich zuvor nie gedacht, aber jetzt tue ich es ständig. Meine ganze Einstellung hat sich stark verändert – Lästiges und Triviales, über das ich mich noch vor wenigen Monaten bitterlich beklagt hätte, betrachte ich nun als gut und segensreich – solange wir nur *unsere Position in Frieden behalten!*

KÖNIG LEOPOLD VON BELGIEN

OSBORNE, 29. AUGUST 1848

Ich danke Dir wärmstens für Deinen freundlichen und lieben Brief vom 26. samt den vielen Glückwünschen zu dem teuersten aller Tage [Alberts Geburtstag]. Für mich ist es in der Tat ein Tag ewiger Dankbarkeit, denn der Schöpfer hätte gar kein vollkommeneres Wesen in diese unruhige Welt schicken können als meinen geliebten Albert. Ich fühle, dass ich ohne ihn nicht leben kann und dass ich unter den Mühen und Widrigkeiten und *dégoûts* meiner sehr schwierigen Position zusammenbrechen würde, hätte ich nicht seinen Beistand, seinen Schutz, seinen Rat und Trost.

König Leopold von Belgien

Buckingham Palace, 31. Mai 1842

Ich möchte die erste sein, die Dich darüber informiert, was gestern Abend vorgefallen ist, und die Dir sagt, dass wir *saines et sauves* sind. Wie wir am Sonntag von der Kirche zurückkehrten, bemerkte Albert, wie gesittet die Leute sich benähmen, um sich dann plötzlich zu mir zu drehen und zu sagen, dass es ihm schien, als ob ein Mann mit einer Pistole auf die Kutsche gezielt habe, dass sie aber nicht losgegangen sei; folglich erwähnte er, als wir zu Hause waren, dies gegenüber Colonel Arbuthnot [einem Kammerherrn], der es nur Sir J. Graham [dem Innenminister] und Sir Robert Peel [dem Premier] weitersagen durfte, und ließ die Polizei instruieren, aber sonst keinen. Niemand freilich, der dabei war, zum Beispiel die Bediensteten etc., hatte irgendetwas gesehen. Albert begann an dem, was er meinte gesehen zu haben, zu zweifeln. Nun, gestern Morgen (Montag) wandte sich ein Bursche an Murray, der selbstverständlich von nichts wusste, und sagte, dass er, als wir von der Kirche heimkehrten, einen Mann in der Menge gesehen habe, wie dieser mit seiner Pistole auf die Kutsche anlegte, die freilich nicht losging, und den Mann sagen gehört habe: »Was bin ich für ein Narr, nicht zu feuern!« Der Mann verschwand daraufhin, und der Bursche folgte einem anderen Mann, einem alten Mann, die St. James's Street hinauf, der zweimal »Wie überaus seltsam!« wiederholte, aber, statt die Polizei irgendwie zu benachrichtigen, den Burschen nach dem Weg fragte und verschwand. So wurde der Bursche zu Sir Robert Peel geschickt, und da alles so unsicher war, fuhren wir, nachdem jede mögliche Vorsichtsmaßnahme getroffen worden war – niemand im Hause wusste auch nur im Geringsten Bescheid – nach einigen Beratungen und da *nichts* zu machen war, wieder aus; viele Polizisten in Zivil waren in und um den Park verteilt, und die zwei Reiter ritten beiderseits so nahe, dass es sie getroffen hätte, wenn irgendjemanden; dennoch war die Aussicht, nach einem solchen Mann Ausschau zu halten, nicht *des plus agréables*. Wie auch immer: wir fuhren durch die Parks bis Hampstead und zurück. Alles war so ruhig, dass wir beinah an nichts mehr dachten – als wir plötzlich, während wir recht schnell Constitution Hill hinunterfuhren, den Knall einer Pistole hörten, aber gar nicht laut, so dass wir, hätten wir nicht aufgepasst, kaum Notiz davon genommen hätten. Wir sahen, wie der Mann von einem Polizisten festgenommen wurde, neben dem er gestanden hatte, als er feuerte, aber wir hielten nicht an. Colonel Arbuthnot und zwei andere sahen, wie er anlegte, aber wir hörten nur den Knall (da wir in die andere Richtung schauten). Wir waren sehr froh, dass unsere Ausfahrt dazu geführt hatte, dass der Mann festgenommen wurde. Ob sie geladen war oder nicht, können wir nicht sagen, aber wir sind der Vorsehung überaus dankbar, da sie uns beständig beschützt! In der Öffentlichkeit ist das Gefühl des Entsetzens sehr groß, und uns wird große Anteilnahme zuteil. Der Mann wurde gestern im Innenministerium verhört, er heißt John Francis, ist Möbeltischler und Sohn eines Maschinisten des Covent Garden Theatre, sieht gut aus (wird gesagt). Ich habe ihn nicht aus der Nähe gesehen, aber Arbuthnot beschrieb ihn, wie er ihn am Sonntag gesehen hatte, und die Beschreibung stimmte genau. Nur zwanzig oder einundzwanzig Jahre alt und *nicht im Geringsten* geisteskrank, aber sehr verschlagen. Der Bursche identifizierte ihn heute Morgen unter vielen anderen. Im Augenblick wird alles geheim gehalten, was ganz richtig ist, und ich meine, dass alles gut gehandhabt wird. Alle weiteren Details werde ich Dir mitteilen. Ich fürchte mich wirklich überhaupt nicht und bin sehr stolz, dass der liebe Onkel Mensdorff mich als

»sehr muthig«* bezeichnet hat, woran ich mich immer mit besonderem Stolz erinnern werde, da es von einem so ausgezeichneten Offizier wie ihm kommt! Gott sei Dank, dass auch mein Engel wohlauf ist! Aber er sagt, dass, hätte der Mann am Sonntag geschossen, er unweigerlich am Kopf getroffen worden wäre! Gott ist gnädig! Das ist, was wir von Tag zu Tag mehr empfinden.

KÖNIG LEOPOLD VON BELGIEN

BUCKINGHAM PALACE, 2. JULI 1850

Aus meinem Brief an Louise [Leopolds Frau] wirst Du alle Einzelheiten dieser gewisslich höchst abscheulichen und unvorstellbaren Attacke entnommen haben. Außer meinem Kopf ist nichts in Mitleidenschaft gezogen, dieser ist aber immer noch sehr empfindlich, da der Schlag äußerst kräftig gewesen ist; und das metallische Ende des Stockes traf meinen Kopf und machte dabei ein heftiges Geräusch. Ich gebe zu, dass es mich nervös macht auszufahren, und ich starre jeden an, der in die Nähe der Kutsche kommt – was, wie ich vermute, natürlich ist.

TAGEBUCH

BUCKINGHAM PALACE, 2. JULI 1850

Es ist gewisslich schwer erträglich und ganz schrecklich, dass ich, eine Frau, eine schutzlose junge Frau, solchen Affronts ausgesetzt bin und dass es mir unmöglich sein sollte, in aller Ruhe auszufahren; denn dass ein Mann eine Frau schlägt, ist überaus brutal, und ich, wie auch sonst jedermann, halte dies für viel schlimmer als den Versuch zu schießen, da dies, mag es noch so niederträchtig sein, wenigstens eher begreifbar und mutiger ist.

Der Crystal Palace in London, 1851

Sein höchstes Ansehen erreicht Albert 1851 durch die Weltausstellung. Geplant als Manifestation einer industriell und kommerziell begründeten Weltfriedensgesellschaft, wird sie in dem aus Eisen und Glas gebauten Kristallpalast schnell zu dem vielfach gefeierten Symbol englischer imperialer Größe und ökonomischer Macht. Der Erfolg lässt Albert noch intensiver und ehrgeiziger die Regierungsgeschäfte lenken.

TAGEBUCH

BUCKINGHAM PALACE, 1. MAI 1851

Dieser Tag ist einer der größten und ruhmreichsten unseres Lebens, und mit ihm ist – zu meiner Freude und meinem Stolz – der Name meines innig geliebten Albert auf ewig verbunden! Es ist ein Tag, der mein Herz mit Dankbarkeit erfüllt ... Der Park bot einen wundervollen Anblick, Riesenmengen, die sich durchdrängten, Kutschen und Truppen, die vorbeizogen, ganz wie am Krönungstag, und ich hatte die gleichen Ängste ... Es regnete ein wenig, als wir losfuhren; aber bevor wir uns dem Kristallpalast näherten, schien und funkelte die Sonne auf das Riesengebäude, auf dem die Fahnen aller Nationen flatterten. Wir fuhren durch die Rotten Row und stiegen bei dem Eingang auf dieser Seite aus. Schon der flüchtige Blick durch die Eisentore des Querschiffs, die sich bewegenden Palmen und Blumen, die Unzahl von Menschen, welche die Galerien und Sitze rundum füllten, dazu die Fanfarenstöße, als wir das Gebäude betraten, hinterließen einen unvergesslichen Eindruck, und ich war sehr gerührt. Wir begaben uns kurz in einen kleinen Raum, wo wir unsere Mäntel ablegten und Mama und Mary trafen. Draußen hatten sich alle Fürsten erhoben. Nach kürzester Zeit schritten wir voran, Albert geleitete mich und hielt Vicky bei der Hand, während Bertie meine hielt. Was wir sahen, als wir in die Mitte kamen, wo auf den Stufen ein Sessel (auf dem ich nicht saß) gegenüber dem herrlichen Kristallbrunnen stand, war zaubrisch und eindrucksvoll. Der gewaltige Jubel, die Freude auf allen Gesichtern, die enorme Größe des Gebäudes mit all seinen Verzierungen und Exponaten, der Klang der Orgel (mit 200 Instrumenten und 600 Stimmen, die wie nichts schienen) und mein geliebter Mann, der Schöpfer dieses großen Friedensfestes, das die Werke und Künste aller Nationen der Welt vereint – all dies war in der Tat bewegend und ein Tag, der ewig währen sollte. Gott segne meinen liebsten Albert und mein Land, das sich heute als so groß erwiesen hat.

KÖNIG LEOPOLD VON BELGIEN

BUCKINGHAM PALACE, 3. MAI 1851

Ich wollte, Du hättest am 1. Mai 1851 dabei sein können, dem größten Tag in unserer Geschichte, das allerschönste und beeindruckendste und bewegendste Schauspiel, das je gesehen wurde, und der Triumph meines geliebten Albert. Es war wahrlich staunenswert, wie aus dem Feenreich. Viele weinten, und alle waren gerührt und beeindruckt und voller Andacht. Es war der glücklichste, stolzeste Tag in meinem Leben, und ich kann an gar nichts anderes denken. Dieser großartige Entwurf, ganz sein eigener, hat den so teuren Namen Alberts unsterblich gemacht, und mein eigenes geliebtes Land hat sich dessen würdig erwiesen. Der Triumph ist unermesslich, denn bis zur letzten Minute waren die Schwierigkeiten, der Widerstand und die böswilligen Versuche einer gewissen Gruppe aus der Schickeria und den Protektionisten, Ärger zu verursachen und einzuschüch-

tern, ebenso unermesslich. Aber Alberts Gleichmut, seine
Geduld, Entschlossenheit und Energie überwanden alles,
und nun ist die Bewunderung allgemein. Du wirst von dem
großen Werk überwältigt sein, wenn Du es siehst – der
Schönheit des Gebäudes und der Größe des Ganzen. Ich
kann Gott nicht genug danken.

König Leopold von Belgien

Buckingham Palace, 3. Februar 1852

Albert findet von Tag zu Tag mehr Gefallen an der Politik
und den Geschäften und ist zu beiden ganz wunderbar befähigt – solcher Scharfblick und solcher Mut –, und ich mag
sie von Tag zu Tag weniger. Wir Frauen sind nicht zum
Regieren gemacht – und wenn wir gute Frauen sind, müssen uns diese männlichen Tätigkeiten missfallen. Doch gibt
es Zeiten, die einen *mal gré bon gré* zwingen, sich dafür zu
interessieren, und dann tue ich es natürlich mit aller Intensität.

*Der Krimkrieg (1853-56), in dem England und Frankreich das
Osmanische Reich gegen russische Annexionspläne schützen,
bringt Victorias kämpferischen Patriotismus und ihre matriarchalische Fürsorge in vielen, auch unliebenswürdigen Facetten zum Vorschein. Er führt die Erzfeinde England und Frankreich politisch
zusammen: Mit der politischen geht eine persönliche Annäherung
einher. Victoria verfällt Napoleons III. bewusst eingesetztem, erotischem Charme. Die beiden Staatsbesuche werden ihr, deren Politikverständnis dynastisch und personal geprägt ist und bleibt, zum
Ereignis.*

Prinz Albert 1855. Kupfer von F. Holl nach einem Gemälde von E. Corbould

Prinzessin Augusta von Preussen

Buckingham Palace, 2. April 1854

Unsere Kriegserklärung ist am 29. erfolgt. Sie ist sehr würdig. Ich lege sie hier ein. Gott gebe seinen Segen dazu und gebe, dass so wenig Blut wie nur möglich fließen möge! Der Augenblick ist recht erregend! Du, teure Freundin, sprichst Dich so liebend und gefühlvoll aus. Ach, und wie muss Dir die unglückselige Stellung Preußens schmerzlich und beängstigend sein! Uns ist es außerordentlich schmerzlich, Preußen schwankend zu sehen, wo wir gehofft hatten, Hand in Hand zu gehen! Die Zeit wird doch, hoffe ich, bessere Einsicht bringen.

Prinzessin Augusta von Preussen

Windsor Castle, 23. Oktober 1854

Wir haben nichts Neues von Sewastopol erhalten, die lange Spannung ist recht beängstigend und schwer, ruhig zu ertragen. Gott wolle alles zum Besten führen und unsere tapferen Soldaten gnädig beschützen! Sie verdienen es im höchsten Grade. Ich schicke Dir hiermit die 2 Depeschen von Lord Naplan, die wirklich schön und würdig sind, sowie auch einen Privatbrief von einem jungen Offizier. Der arme Lord Clewton von den Scotch Guards ist an seinen Wunden gestorben, und seine arme Frau ist soeben von einem Sohn entbunden! Clewton hatte 11 Wunden und 6 Kugeln im Leibe!

Die Russen haben ihre Toten nicht begraben und ihre Verwundeten abandonniert, alles beides unerhörte Sachen. Viele blessierte Russen haben auf unsere Soldaten und

Offiziere, die sie pflegen wollten, geschossen, so dass die Aufregung unter unseren Leuten groß war. Unter anderem wurde ein junger Offizier, der einem Verwundeten zu trinken gab, von ihm totgeschossen! Diese Details werden Dich gewiss interessieren. Du wirst mich nicht begreifen, aber ich kann Dir versichern, dass ich sehr bedaure, kein Mann zu sein, um an dem Kriege teilnehmen zu können. Mein Herz blutet für die vielen Gefallenen, aber ich finde, es gibt keinen schöneren Tod für einen Mann als den auf dem Schlachtfelde!

KÖNIG LEOPOLD VON BELGIEN

WINDSOR CASTLE, 14. NOVEMBER 1854

Ich bin ganz entsetzt zu sehen, dass ich vergessen habe, Dir heute zu schreiben – aber wirklich *la tête me tourne*. Ich bin so verwirrt und aufgeregt, und alle meine Gedanken werden von den Nachrichten aus der Krim völlig okkupiert, dass ich es wirklich vergessen habe, und, was schlimmer ist, ich bin so durcheinander, dass ich eine gänzlich ungeeignete Briefschreiberin bin. Ich bin mit Herz und Seele auf der Krim. Kein Lob kann dem Verhalten unserer teuren, trefflichen Truppen gerecht werden; es ist ganz und gar heldenhaft, und ich fühle in der Tat einen Stolz, solche Soldaten zu haben, dem nur mein Kummer ob ihrer Leiden gleichkommt. Wir wissen jetzt genau, dass am 6. eine offene Feldschlacht geschlagen wurde, in der wir gegen eine große Überzahl siegreich waren, aber beide Seiten erlitten große Verluste, die größten die Russen. Mehr wissen wir aber nicht, und so leben wir in einer Spannung, die ganz schrecklich ist. Dazu der Gedanke, dass viele Familien in solchen Ängsten leben! Schrecklich, an all die elenden Frauen und

Mütter zu denken, die um das Schicksal ihrer Nächsten und Liebsten bangen! Kurzum, es ist eine Zeit, die Mut und Geduld erfordert, um sie angemessen zu ertragen.

König Leopold von Belgien

Buckingham Palace, 27. Februar 1855

Am Donnerstag besuchten wir 26 Verwundete der Coldstream Garde und am Freitag 34 der Schottischen Füsiliere. Ein überaus interessanter und bewegender Anblick – solch stattliche Männer und so tapfer und geduldig! Bereit, sofort zurückzukehren und »es mit ihnen wieder aufzunehmen«. Viele von ihnen werden, Gott sei Dank, im Dienst bleiben können. Diejenigen, die Glieder verloren haben, können dies natürlich nicht. Zwei arme Jungen, 19 und 20, waren dabei – der eine hatte durch die Explosion einer Granate im Schützengraben ein Bein verloren, recht weit oben, und des anderen armer Arm war so zerschossen, dass er völlig unnütz ist. Beide hatten glatte Gesichter wie Mädchen; sie waren bei der Garde, die gewiss am übelsten aussah. Bei den Schottischen Füsilieren waren auch zwei junge Männer – dem einen ging die Kugel durch die Wange, dem andern durch den Schädel –, aber beide genasen! Unter den Grenadieren ist ein sehr trauriges Objekt, von Kugeln schrecklich getroffen, wobei eine Kugel durch die Wange und hinter Nase und Auge eindrang und auf der anderen Seite austrat! Er ist entsetzlich entstellt, aber auch er genas. Ich fühle sehr mit ihnen und mag meine treuen Soldaten sehr – bin *so* stolz auf sie!

LORD PANMURE

BUCKINGHAM PALACE, 5. MÄRZ 1855

Der Königin ist es ein wichtiges Anliegen, Lord Panmure die Angelegenheit vorzulegen, die sie ihm gegenüber vor einigen Tagen erwähnt hat, nämlich die der Lazarette für unsere kranken und verwundeten Soldaten. Dies ist absolut notwendig, und jetzt ist der Zeitpunkt, sie zu errichten, denn zweifelsohne wird es keine Schwierigkeiten machen, das dafür notwendige Geld zu erhalten, da in der öffentlichen Meinung der starke Wunsch nach Verbesserungen aller Art für die Armee und für das Wohlergehen und Wohlbefinden der Soldaten existiert.

Nichts kann die Aufmerksamkeit übertreffen, die diesen armen Männern in der Kaserne von Chatham (oder eher Fort Pitt und Brompton) zuteil wird, und insoweit geht es ihnen gut. Aber die Gebäude sind schlecht, die Krankenstationen eher die eines Gefängnisses als eines Lazaretts, die Fenster so hoch gelegen, dass niemand hinausschauen kann; und die meisten Stationen sind kleine Räume, die kaum genügend Platz bieten, um zwischen den Betten herumgehen zu können. Es gibt keinen Essens- oder Gemeinschaftsraum, so dass die armen Männer ihr Essen im gleichen Raum einnehmen müssen, in dem sie schlafen und in dem manche wohl im Sterben liegen, jedenfalls leiden, während andere essen. Der Vorschlag, Schiffsrümpfe herzurichten, um sie aufzunehmen, mag kurzfristig dienlich sein, aber die Königin meint, dass er auf längere Zeit nicht akzeptabel sei. Ein Schiffsrumpf ist ein sehr düsterer Ort, und es ist ebenso notwendig, dass der Geist dieser armen Männer aufgeheitert wird, wie dass ihre körperlichen Leiden gepflegt werden. Der Königin liegt dieses Problem besonders am Herzen, sie denkt, so kann sie wahrhaft sagen, andauernd daran –

so wie an alles, was mit ihren geliebten Truppen verbunden ist, die so tapfer gekämpft und all die Leiden und Entbehrungen so heldenhaft ertragen haben.

König Leopold von Belgien

Buckingham Palace, 22. Mai 1855

Von Ernst wirst Du gehört haben, was für ein schöner Anblick und was für eine anrührende Zeremonie – die allererste dieser Art in England – die Verleihung der Medaillen war. Vom Fürsten von edelstem Geblüt bis zum einfachsten Soldaten erhielten alle die gleiche Auszeichnung für tapferes Verhalten im heftigsten Gefecht, und die derbe Hand des tapferen und ehrlichen Soldaten berührte erstmals die seiner Herrscherin und Königin! Vortreffliche Burschen! Ich gestehe, dass ich mit ihnen fühle, als ob sie meine eigenen Kinder wären; mein Herz schlägt für sie wie für meine Nächsten und Liebsten. Sie waren so gerührt, so erfreut; viele, höre ich, weinten – und nichts kann sie überreden, ihre Medaillen nochmals zurückzugeben, damit ihre Namen auf diesen eingraviert werden können, weil sie fürchten, sie könnten nicht genau die zurückerhalten, die ich ihnen ausgehändigt habe – was sehr rührend ist. Einige waren schrecklich verstümmelt. Keinem wurde mehr Aufmerksamkeit gewidmet und keiner ist kühner als der junge Sir Thomas Troubridge, dem eine Kanonenkugel bei Inkerman ein Bein und den anderen Fuß wegriss, der aber seine Artilleriebatterie so lange befehligte, bis die Schlacht gewonnen war, und sich nicht davontragen ließ und nur wünschte, dass seine zerschmetterten Glieder höher gelagert würden, um einen zu großen Blutverlust zu vermeiden! Er wurde in einem Rollstuhl vorbeigeschoben, und als ich ihm seine Medaille gab und sagte, dass ich ihn wegen seines kühnen Verhaltens zu einem meiner Adjutanten ernennen wolle, antwortete er: »Ich bin für alles reichlich entlohnt!«

TAGEBUCH

WINDSOR CASTLE, 13. APRIL 1855

Nachmittags nach dem Essen kam Königin Amélie [die Witwe des »Bürgerkönigs« Louis-Philippe] mit [ihrer Tochter] Clémentine. Sie war sehr freundlich und zurückhaltend und zutiefst dankbar für meine Freundlichkeit. »*Je le sens plus que je ne puis le dire.*« [Ich empfinde mehr, als ich sagen kann.] Sie tut mir ja so leid. Wir waren beide so traurig, als wir sie wegfahren sahen in einer einfachen Kutsche mit vier elenden Postpferden, und daran dachten, dass dies die Königin der Franzosen war, die – nur sechs Jahre ist es her – mit all dem Pomp und der Pracht umgeben war, in dem nun andere leben, und dass wir in drei Tagen den Kaiser der Franzosen empfangen würden mit allem möglichen Respekt, Pomp und Spektakel und dass ihr Ehemann denselben Empfang hier erhalten hatte. Nun ist alles dahin, und eine andere Dynastie regiert jenes launische Land.

TAGEBUCH

WINDSOR CASTLE, 16. APRIL 1855

Ein wahrhaft prächtiger Tag. Alle Kinder voll gespannter Erwartung; der liebe kleine Arthur ganz begeistert von dem Triumphbogen, den Fahnen und dem Kaiser usw., richtig aufgeregt, aber ganz lieb und vernünftig. Ging hinüber zu den Räumen der Kaiserin und sah ihre Kammerzofen, die gestern mit der anderen Dienerschaft und vielen Kutschen hier ankamen. Beim Mittagessen hörte ich, dass der Kaiser um vierzig Minuten nach zwei in Dover gelandet ist. Um 10 vor 10 hatte er abgelegt. Dichter Nebel. Fuhr in den Park mit Lady Canning und Charles; schrecklich heißer Sonnenschein. Viele Menschen zu Fuß oder im Wagen auf dem Weg nach Windsor in Erwartung des Ereignisses. Windsor wirkte sehr fröhlich, voll, überall Fahnen, Vorbereitungen für die Illuminationen und Menschenmengen, die sich schon ihre Plätze sicherten und mich hochleben ließen, als ich durch den hübschen Bogen fuhr. Die Garde erschien sofort danach ...

Die Menschenmenge entlang der Straße schien sich zu bewegen; dann kam ein Lakai, dann hörten wir den Salut und gingen zur Treppe ..., und die *avant-garde* der Eskorte war zu sehen. Die Menge jubelte. Die Vorreiter erschienen, das Portal öffnete sich, ich trat heraus, die Kinder und Prinzen dicht hinter mir. Die Kapelle spielte ›Partant pour la Syrie‹ [damals die französische Nationalhymne], Fanfaren erklangen, und der offene Wagen mit dem Kaiser, der Kaiserin und Albert ihnen gegenüber erschien, und sie stiegen aus. Ich kann gar nicht sagen, welch unbeschreibliche Gefühle mich ergriffen, wie sehr dies einem wunderbaren Traum glich! Solch große Treffen von Monarchen mit all dem aufregenden Zeremoniell sind für mich immer sehr aufregend.

Ich trat vor, umarmte den Kaiser und küsste ihn auf beide Wangen, nachdem er mir die Hand geküsst hatte. Dann umarmte ich die überaus zarte, feine und offensichtlich sehr nervöse Kaiserin. Wir stellten die Prinzen und unsere Kinder vor (Vicky machte tiefe Knickse mit weit aufgerissenen Augen, und der Kaiser umarmte Bertie). Dann gingen wir die große Treppe hinauf, wobei Albert die Kaiserin geleitete, die sich mit großer Grazie weigerte vorauszugehen, aber, höflich widerstrebend, dies dann doch tat. Der Kaiser geleitete mich und drückte seine Freude darüber aus, hier zu sein und mich zu sehen. Er bewunderte Windsor ...

Der Kaiser trug Uniform. Er ist extrem klein, aber hat einen Kopf, der auf einen wesentlich größeren Mann gehörte. Sie ist größer als er und trug ein schlichtes Seidenkleid mit Strohhut und einen schwarzen Samtumhang. Sie wirkt überaus elegant und angenehm und hat eine bezaubernde, freundliche Art ...

Beim Abendessen unterhielten wir uns sehr angeregt, und meine anfängliche Nervosität schwand schnell. Der Kaiser ist so bedächtig, hat eine tiefe, sanfte Stimme und *il ne fait pas de phrases*. Er erzählte, dass er mich zum ersten Mal vor 18 Jahren gesehen habe, als ich zum ersten Mal das Parlament beurlaubte und dass es ihn sehr beeindruckt habe, *une jeune personne* in einer solchen Stellung zu sehen. Er erwähnte auch, dass er Sonderkonstabler am 10. April 1848 war [anlässlich eines befürchteten Aufstands der Chartisten], und fragte, ob ich das gewusst habe ...

Die Kaiserin trug einen Kranz von rosa Chrysanthemen und ein graues Kleid, das mit Spitze abgesetzt war, unter der man kleine rosa Schleifen sah, und auch das ganze Oberteil war mit rosa Schleifen besetzt, dazu eine Kette und eine Brosche mit Smaragden und Diamanten, keine Ohrringe, aber schöne Armbänder. Ihr Profil und ihr Dekolleté sind sehr schön, ihr Gesichtsausdruck bezaubernd und sanft, ganz entzückend.

TAGEBUCH

WINDSOR CASTLE, 17. APRIL 1855

Um halb zwölf wieder zu Hause. Albert begab sich noch einmal in die Suite des Kaisers, um die Gespräche über den [Krim-]Krieg vorzubereiten. Um zwölf ging ich hinüber zur Kaiserin, die mich im Rubens-Zimmer empfing ... Sie war vollkommen ungezwungen in meiner Gegenwart und plauderte mit spanischer Lebhaftigkeit und Lebendigkeit. Der Krieg beschäftigt sie sehr, und sie wünscht sich, dass der Kaiser [zur Krim] fährt. Sie sieht dort keine größere Gefahr für ihn als andernorts, in der Tat geringere als in Paris.

Nach dem Diner gesellte sich Vicky zu uns. Sie sah sehr hübsch aus in ihrem hellblauen Kleid und mit den zurückgekämmten Haaren. Ich trug ein weißes Kleid, das mit Blumenranken und Spitze verziert war ... Nachdem die Herren zurückgekehrt waren und etwas *cercleing*, begaben wir uns in das Musikzimmer (das Waterloo-Zimmer), wo die Geladenen an uns vorbeidefilierten und wir sie dem Kaiserpaar vorstellten. Danach begann der Ball mit einer Quadrille. Ich tanzte mit dem Kaiser, der mit großer Würde und viel Temperament tanzt. Albert uns gegenüber führte die Kaiserin ...

Wenn ich bedenke, dass ich, die Enkelin Georges III., mit Kaiser Napoleon tanze, dem Enkel unseres großen Feindes, der nun unser engster und vertrautester Verbündeter ist, und das auch noch im Waterloo-Zimmer ...!

TAGEBUCH

WINDSOR CASTLE, 18. APRIL 1855

Der Kaiser sprach voller Empörung über die französischen Flüchtlinge, die sich in London aufhalten. Er meinte, sie dürften keine Gastfreundschaft genießen, wenn sie lauthals und offen zu Attentaten aufrufen. Er sagte, dass Victor Hugo, den er persönlich kenne, der ihn früher in seinen Schriften gelobt habe und Minister werden wollte, nun einer seiner ärgsten Feinde geworden sei. Wir sprachen auch über die Attentate auf meine Person, die der Kaiser besonders verabscheuungswürdig fand, weil sie gegen eine Frau gerichtet waren.

TAGEBUCH

WINDSOR CASTLE, 19. APRIL 1855

Der Kaiser versteht und spricht perfekt Deutsch. »*J'ai fait mes études en Allemagne, en Bavière*« [Ich habe in Deutschland, in Bayern studiert], sagte er. Er kennt viele deutsche Gedichte auswendig und mag besonders die Passagen, die für ihn eine persönliche *Bedeutung** haben. Er fragte mich mehrfach, ob ich nach Paris kommen wolle, worauf ich antwortete, dass ich sehr gern käme, aber leider nichts versprechen könne, da ich über meine Zeit und Handlungen nicht frei verfügen dürfe. Er sagte: »*Voilà ce que je voudrais: prendre Sébastopol, et puis recevoir votre Majesté à Paris.*« [Das wünsche ich mir: erst Sewastopol einnehmen und dann Eure Majestät in Paris empfangen.] Er wiederholt immerzu, dass er entschlossen sei, selbst hinzureisen, wenn die Verhandlungen keinen Erfolg zeitigten, und das »*cela sera très-court*«. Das Gebäude für die Weltausstellung [1855] in Paris habe er extra so bauen lassen, dass man darin viele Soldaten unterbringen könne, falls es zu einem Aufstand in Paris kommen sollte. Außerdem habe er fast alle Straßen in Paris asphaltieren lassen, um die Massen daran zu hindern, wie früher Steine daraus zu brechen, »*pour en faire des barricades*« [um daraus Barrikaden zu bauen].

TAGEBUCH

WINDSOR CASTLE, 20. APRIL 1855

Gegen zwanzig nach elf fuhren wir alle zum Crystal Palace ... Überall Menschenmengen, und als wir vorbeifuhren, riefen sie »*Vive l'Empereur!*«, »*Vive l'Impératrice!*« und manchmal »*Vive le Hemperor!*« im Cockney-Französisch ...

Die vollkommene Übereinstimmung der Interessen erleichtert die Verständigung und erzeugt ein Gefühl der Freundschaft zwischen Nationen. So verhält es sich auch zwischen dem Kaiser und uns, wenn er sich weiterhin so offen und aufrichtig verhält wie seit dem Ausbruch des Krieges ...

TAGEBUCH

WINDSOR CASTLE, 21. APRIL 1855

Unser Abschied vor dem Tor war überaus herzlich. Alle unsere Kinder, die uns begleitet hatten, weinten. Auch die teure Kaiserin sagte mit Tränen in den Augen, wie sehr sie darauf hoffe, uns bald in Paris zu begrüßen. »*Sans cela ce serait trop pénible de se séparer*« [Sonst sei der Abschied zu schmerzlich]. Sie drückte mir die Hand und umarmte mich dreimal. Der Kaiser küsste mir zweimal die Hand, und ich umarmte ihn zweimal. Unser ganzer Hofstaat war *émues* [sehr bewegt], ich selbst den Tränen nahe.

Dann fuhren sie davon. Die Kapelle spielte ›Partant pour la Syrie‹ (die Nationalhymne, die wir am Donnerstag vierzehnmal gehört hatten), und wir liefen alle in eben den Salon, in dem wir zusammen die letzten Tage verbracht hatten, um sie abfahren zu sehen. Als der Kaiser und die Kaiserin uns am Fenster stehen sahen, drehten sie sich um, standen auf und verbeugten sich. Albert und George waren mit ihnen in der Kutsche. Wir blickten ihnen und ihrer blitzenden Eskorte nach, bis wir sie nicht mehr sehen konnten. Dann zogen wir uns in unsere Gemächer zurück. Und so ging der Staatsbesuch, dieses grandiose Ereignis zu Ende, wie ja leider alles in dieser Welt vergehen muss! Es ist wie ein Traum, ein prächtiger, erfolgreicher, wunderschöner Traum, der mir immer im Gedächtnis bleiben wird. Bei uns allen hinterließ der Besuch einen angenehmen und befriedigenden Eindruck. Alles verlief so günstig; es gab keine Störungen oder *contretemps* [Unstimmigkeiten]; das Wetter war schön; alle waren guter Stimmung. Das ganze Land war voller Begeisterung und glücklich über dieses Bündnis zwischen zwei großen Nationen, deren Feindschaft jeden Frieden unmöglich machen würde. Sicherlich sind wir im Krieg. Aber das ist kein Krieg, der unsere Küsten, unsere Häuser oder unseren Wohlstand bedrohen könnte, wie ein Krieg mit Frankreich dies unweigerlich täte.

MEMORANDUM

BUCKINGHAM PALACE, 2. MAI 1855

Der kürzliche Besuch des Kaisers Napoleon III. in diesem Land stellt eine überaus merkwürdige Seite in der Geschichte dar und gibt Anlass zu vielerlei Gedanken ... Es kann keinen Zweifel daran geben, dass er ein ganz außergewöhnlicher Mann ist – ich möchte beinahe sagen: ein geheimnisvoller Mann. Er besitzt augenscheinlich unbezwingbaren Mut, unbeugsame Entschlusskraft, Selbstvertrauen, Durchhaltevermögen und absolute Verschwiegenheit; zu diesen ist ein großes Vertrauen in das hinzuzufügen, was er seinen Stern nennt, sowie ein fast schon romantischer Glauben an Omina und Vorgänge, die mit seinem zukünftigen Geschick zusammenhängen – gleichzeitig ist ihm große Selbstbeherrschung gegeben, große Ruhe, sogar Sanftmut, und dies zusammen mit einer Macht zu bezaubern, deren Wirkung von all denen, die ihn näher kennen lernen, überaus fühlbar gespürt wird.

Inwieweit sein Handeln von einem starken moralischen Sinn für das Gute und Böse motiviert wird, ist schwer zu sagen ... Mein Eindruck ist, dass er bei all seinen unentschuldbaren Taten stets von dem Glauben geleitet wird, dass er ein ihm von Gott auferlegtes Geschick zu erfüllen habe, und dass sie, wiewohl als solche grausam und hart, notwendig waren, um das Ergebnis zu erzielen, das er herbeizuführen auserwählt war – und nicht Taten willkürlicher Grausamkeit und Ungerechtigkeit; denn es ist unmöglich, ihn kennen zu lernen, ohne zu erkennen, dass sein Charakter viel Liebenswürdiges, Freundliches und Ehrliches enthält.

18. AUGUST 1855

Gegen eins lagen wir schon so nah vor Boulogne, dass wir noch mehrere Runden drehen mussten, um dann mit der Flut einlaufen zu können. Schließlich, gegen zwanzig nach eins, fuhren wir langsam in den Hafen, begrüßt vom Jubel der Menschen auf dem Pier, der von Truppen, »*qui battaient aux champs*« [die den Feldmarsch schlugen], gesäumt wurde.

Der Anblick war prächtig. An Land wartete der Kaiser, umgeben von seinen Offizieren, darunter der Marschall Baraguay d'Hilliers (der Ortskommandant) sowie Lord Cowley, ein Regiment Lanzenreiter, viele Pferde, Menschen, imposante Kutschen, die Truppen, welcher der *Falaise* Geleitschutz gaben und andauernd Salven (aus Musketen) abfeuerten. Bei prächtiger, wenn auch glühender Sonne hatte dies eine Wirkung, wie sie heiterer nicht sein konnte. Insgesamt waren 40 000 Soldaten angetreten! ...

Der Tag neigte sich dem Ende zu, und unsere Ungeduld, endlich anzukommen, wuchs. Schließlich fuhren wir an St. Leu und Montmorency vorbei, beide zauberhaft gelegen. Dann endlich konnte ich Montmartre sehen, mein erster Blick auf Paris ... Viele Menschen waren auf den Straßen. Die Häuser, die Menschen, einfach alles ist so anders als in England, so heiter und lebensfroh ... Leider habe ich viel zu wenig Zeit, um die Details zu beschreiben. Ein Eindruck jagt den nächsten.

TAGEBUCH

St. Cloud, 20. August 1855

Ein schöner Morgen, angenehme Luft, heller Sonnenschein und das Spiel der entzückenden Springbrunnen. Es gibt neue, zufriedenstellende Berichte von der Krim. Die Russen haben mehr als 3000 Soldaten verloren. Die Franzosen haben einige beerdigt, die Russen weitere ...

TAGEBUCH

St. Cloud, 21. August 1855

Nach etwas mehr als einer halben Stunde erreichten wir Versailles und erblickten den großartigen Palast mit seinen Terrassen, Gärten und Springbrunnen. Er ist enorm groß mit einer schier endlosen Zahl von Anbauten, die von großem historischen Interesse sind und einen immer wieder an St. Simon erinnern. Wir stiegen die große Treppe hinauf und gingen durch all die großen Hallen und Galerien ...
 Um halb eins kamen wir zurück. Die Kaiserin war müde. Der Kaiser war jedoch sehr guter Laune und repetierte mit Albert alle möglichen deutschen Lieder. Albert trug ihm einige vor. Der Kaiser mag Deutschland sehr und hat viele Erinnerungen an seine Zeit dort. Sein Charakter weist einige deutsche Züge auf.

Tagebuch

St. Cloud, 22. August 1855

Schon wieder ein prächtiger Tag. Es ist wirklich wahr, dass der Himmel unsere glückliche Allianz segnet, denn auch als der Kaiser im April in England war, hatten wir schönes Wetter. Depeschen trafen ein (per Telegraph von General Simpson [seit 1855 Oberkommandierender der britischen Krimarmee]), die besagten, dass man mit direktem Beschuss begonnen habe, was sehr wirkungsvoll sei. Der Kaiser war voller Angst und Sorge über den Feldzug. 10 000 Granaten wurden in den letzten Tagen auf die Stadt gefeuert, und es werden noch mehr benötigt ...

Danach gingen wir zum Mittagessen. Prinz Napoleon gesellte sich zu uns, so dass wir zu sechst waren. Wie immer widersprach er unaufhörlich, sprach dauernd von »*les ouvriers*« [den Arbeitern], die er immer wieder auf das Tapet bringt. Er scheint Vergnügen daran zu finden, unangenehme und bissige Dinge zu sagen, besonders zum Kaiser, und mit einem beinahe satanischen Lächeln ...

Nachdem Albert zurückgekehrt war, brachen wir mit einigem Bangen auf, um unsere Inkognito-Tour zu machen. Dem Kaiser gefiel das sehr, und er sagte uns, wohin wir fahren sollten. Wir stiegen in eine Mietdroschke. Ich und Mary Bulteel hatten uns schlichte Hüte besorgt. Ich trug einen schwarzen Schleier und einen schwarzen Umhang, und wir saßen nebeneinander. Albert saß hinten genau wie Vicky, ebenfalls mit Hut und Schleier, den wir uns in aller Eile hatten kommen lassen. Wir fuhren los. Kurz nachdem wir aus dem Tor fuhren, wurden wir von einer neugierigen Menge umringt, die in die Kutsche starrte. Wir kamen uns sehr albern vor. Aber dann ging es los, und dank meines Schleiers konnte ich aus der Kutsche schauen. Wir machten eine entzückende Rundfahrt über die Rue de Rivoli, die Rue Castiglione (mit den feinen Geschäften), den Place Vendôme, die Rue de la Paix und dann über die Boulevards des Capucins, des Italiens ... am Place de la Bastille vorbei mit der Colonne de Juillet, über den Boulevard Bourdon bis zum Place Mazas. Dann ging es über die Austerlitz-Brücke mit dem schönen Blick die Seine hinauf und hinunter und auf die Quais. Alles sah so heiter aus, so weiß und hell, überall Menschentrauben und Soldaten bunt uniformiert, *marchands de coco* [Kokosnusshändler], Menschen, die vor den Häusern sitzen und trinken – alles schien mir fremd und wirkte südländisch, und so heiter.

TAGEBUCH

St. Cloud, 23. August 1855

Sofort nach dem Mittagessen gingen wir in den Louvre, der sich nahe dem Pavillon Marson an die Tuilerien anschließt. Er ist eine wahre Schatzkammer, und wir brauchten mehr als dreieinhalb Stunden, um (leider in sehr, sehr großer Eile) durchzugehen. Man sollte sich jeden Tag zwei Stunden dafür nehmen und das eine Woche lang. Die Bilder sind schön angeordnet, und man muss durch endlose Galerien und Säle gehen mit prächtigen Sammlungen der alten französischen, der italienischen und deutschen Schulen mit den berühmtesten Meistern, wie z. B. Raffaels ›Schöne Gärtnerin‹ (ganz exquisit!), großartigen Veroneses, besonders die ›Hochzeit zu Kanaa‹, Murillos etc. etc. und all den anderen großen Meistern. Eine ganze Galerie voller Bilder von Rubens, die Originale der Gobelins in St. Cloud, welche die Hochzeit zwischen Maria von Medici und Heinrich IV. darstellen, schöne flämische Bilder und moderne französische

Werke etc. Da es so heiß war und wir ja auch abends noch zum Ball in das Rathaus mussten, wurde ich mit zwei meiner Hofdamen in Stühlen umhergefahren ... Wir besuchten die ägyptische und die assyrische Sammlung mit vielen weiteren großartigen Schätzen. Dann kamen wir in das Musée des Dessins mit schönen Originalzeichnungen alter Meister und wertvollen Manuskripten. Schließlich erreichten wir das Musée des Rois, das der Kaiser chronologisch gliedern ließ mit all den Erinnerungsstücken an Napoleon: dem Hut, den er auf St. Helena trug, wie auch seinem Zweispitz, seinem grauen Übermantel und den Ledergamaschen etc. etc. Der Kaiser erläuterte mir alles, die Mäntel und Stiefel von Ludwig XVIII. und Karl X., die Wiege des Königs von Rom und Herzogs von Bordeaux, die Schuhe, welche die arme Marie Antoinette trug, als sie das Schafott bestieg ...

Um sieben kehrten wir in unsere Gemächer zurück. Ich ruhte ein wenig. Eine Regimentskapelle spielte im Garten. Später setzte ich mich noch zum Schreiben in den kleinen Salon der Kaiserin, wo Winterhalters Portrait ihrer Schwester auf einer Staffelei steht. Die Musik machte mich *wehmütig** und melancholisch. Alles war so fröhlich, die Massen umjubelten den Kaiser, als er im kleinen Garten auf und ab ging, und doch war vor kurzem Blut vergossen worden, war eine ganze Dynastie hinweggeweht worden. Wie unsicher doch alles noch ist! Alles ist so schön hier; alles scheint zu gedeihen; der Kaiser scheint der richtige Mann an seinem Platz zu sein – und doch fühle ich, ist die Zukunft so unsicher! Alles hängt von ihm ab, von seinem ach so teuren Leben! Diese Gedanken bedrängten mein Gemüt und bedrückten mein Herz, das so voll der Freude und Dankbarkeit war für alles, was wir hier erlebt hatten, für die Freundlichkeit, die uns zuteil wurde.

St. Cloud, 24. August 1855

Wir fuhren dann – spät wie es war – sofort zum Hôtel des Invalides, unter dessen Kuppel Napoleon begraben liegt, da wir diese vielleicht wichtigste Geste in unserer aufregenden und ereignisreichen Zeit auf keinen Fall auslassen wollten. Es war beinahe sieben Uhr, als wir ankamen. All die alten Kriegsinvaliden (meist aus den vorherigen, einige aber auch aus dem jetzigen Krieg) waren an beiden Seiten des Hofes angetreten, als wir einfuhren ...

Vier Fackeln wiesen uns den Weg in das Innere und verstärkten den feierlichen Eindruck der Szene, die in jeder Beziehung ergreifend war. Die Kirche ist prächtig und erhaben. Wir schauten von oben in das offene Gewölbe, ein Anblick, den der Kaiser nicht mag, da er ihn – wie er sagt – an »*un grand bassin*« [ein großes Becken] erinnere, und »*on arrive et on se demande qui est dans le tombeau de l'Empereur, on s'attend à voir de l'eau ici*« [man kommt dahin und fragt sich, wer sich wohl in dem Grab des Kaisers befindet, und man erwartet, eigentlich Wasser darin zu sehen]. Ausführung und Innenausstattung sind dennoch sehr prächtig. Der Sarg ist noch nicht dort aufgestellt. Er befindet sich noch in einer kleinen Seitenkapelle des Hl. Hieronymus, nicht unten. Der Kaiser geleitete mich dorthin, und da stand ich nun Arm in Arm mit seinem Neffen Napoleon III. am Grab unseres bittersten Feindes – ich, die Enkeltochter des Königs, der ihn am meisten hasste und ihn am energischsten bekämpfte –, und dieser Neffe, der seinen Namen trägt, ist nun unser engster und teuerster Verbündeter.

St. Cloud, 27. August 1855

Ich sprach noch häufig mit Albert darüber, der natürlich viel abgeklärter ist als ich, sich weniger leicht einnehmen lässt, weniger *persönlichen* Eindrücken unterworfen ist. Er gibt jedoch durchaus zu, dass es außergewöhnlich ist, wie sehr man sich zum Kaiser hingezogen fühlt, wenn man mit ihm zusammen ist, so ganz entspannt und vertraut, wie wir es in den letzten zehn Tagen für acht, zehn, zwölf und heute sogar vierzehn Stunden am Tag waren. Er ist so still, so schlicht, fast naiv, so erfreut, von Dingen zu erfahren, die er nicht kennt, so sanftmütig, taktvoll, würdevoll und bescheiden, voller Respekt und Aufmerksamkeit uns gegenüber, sagt und tut nie etwas, das mich verwirren oder peinlich berühren könnte. Ich kenne wenige Menschen, denen ich mich – beinahe möchte ich sagen: unwillkürlich – eher anvertrauen, mit denen ich rückhaltloser sprechen würde. Ich wüsste nichts, was ich ihm nicht sagen könnte. Ich fühlte mich (ich weiß gar nicht, wie ich es ausdrücken soll) bei ihm geborgen. Seine Gesellschaft ist überaus angenehm und vergnüglich. Er hat etwas Faszinierendes, Melancholisches und Gewinnendes, das mich unweigerlich zu ihm hinzieht, egal, welche Meinung man von ihm haben mag.

Florence Nightingale

Windsor Castle, [Januar] 1856

Ich weiß, dass Ihnen die hohe Wertschätzung bekannt ist, die ich Ihrer christlichen Hingabe entgegenbringe, welche Sie in diesem großen und blutigen Krieg gezeigt haben, und ich brauche Ihnen wohl kaum zu wiederholen, wie sehr ich Ihre Dienste bewundere, die denen meiner treuen und tapferen Soldaten, deren Leiden in so barmherziger Weise zu lindern Sie das Privileg hatten, in allem gleich sind. Es ist mir aber ein großes Anliegen, meinen Gefühlen in einer Weise Ausdruck zu verleihen, von der ich meine, dass sie Ihnen genehm ist, und darum sende ich mit diesem Brief eine Brosche, deren Form und Embleme an Ihr großes und segensreiches Werk erinnern und von der ich hoffe, dass Sie sie als Zeichen hoher Anerkennung Ihrer Herrscherin tragen werden.

Es wird mir, sobald Sie an diese Küste zurückkehren, eine sehr große Genugtuung sein, Ihre Bekanntschaft zu machen, die Sie unserem Geschlecht ein so leuchtendes Beispiel gegeben haben.

Seit der Mitte der fünfziger Jahre planen Victoria und Albert zunehmend die eheliche Zukunft der Kinder. Vicky, die Älteste, heiratet am 25. Januar 1858, noch nicht achtzehn Jahre alt, Friedrich Wilhelm (Fritz), den Sohn des preußischen Kronprinzen. Victoria macht sie hinfort zu dem, was ihr immer gefehlt hat, zur Vertrauten und Freundin, die sie mütterlich bevormundet, der sie aber auch ihre durchaus nicht prüden Gedanken zu Kindern, Schwangerschaft und – viktorianisch verhüllt – Sex anvertraut.

KÖNIG LEOPOLD VON BELGIEN

BALMORAL, 22. SEPTEMBER 1855

Ich mache mir Deinen Kurier zunutze, um Dir, und Dir allein anzuvertrauen, und zwar mit der Bitte, es gegenüber Deinen Kindern nicht zu erwähnen, dass unsere Wünsche in Bezug auf Vickys zukünftige Heirat in der erfreulichsten und zufriedenstellendsten Weise sich erfüllt haben.

Am Donnerstag, dem 20., sagte Fritz Wilhelm, er wolle unbedingt über ein Thema sprechen, von dem er wisse, dass es seine Eltern uns gegenüber nie angeschnitten hätten – nämlich, zu unserer Familie zu gehören; das wäre schon lange sein Wunsch gewesen; dass er das völlige Einverständnis und die Zustimmung nicht nur seiner Eltern, sondern auch des Königs habe – und dass er, da er Vicky *so allerliebst** finde, nicht länger warten könne, seinen Antrag zu machen. Ich brauche Dir nicht zu sagen, wie freudig wir ihn, was uns betrifft, annahmen; aber das Kind soll nichts davon erfahren bis nach ihrer Konfirmation, die nächste Ostern stattfinden wird, wenn er vermutlich herüberkommt, da er selbst ihr den Antrag machen will, den sie freilich, da habe ich nur geringen, in der Tat keinen Zweifel, freudig annehmen wird. Er ist ein lieber, ausgezeichneter, bezaubernder junger Mann, dem wir unser geliebtes Kind mit absolutem Vertrauen geben werden. Was uns sehr erfreut ist, dass er von Vicky ganz entzückt ist.

MEMORANDUM

29. SEPTEMBER 1855

Ich muss sogleich aufschreiben, was geschehen ist – was ich fühle, und wie dankbar ich Gott für einen der glücklichsten Tage meines Lebens bin! Als wir am Nachmittag von den Ponys stiegen, bedeutete mir Fritz mit einem Blick, dass sein kleiner Antrag an Vicky, den er gebeten hatte machen zu dürfen, Erfolg gehabt hat … Auf meine Frage, ob etwas geschehen sei, antwortete er: ja, dass, während er neben ihr ritt, ganz am Anfang, er von Deutschland gesprochen habe

Photographie der Princess Royal, aufgenommen in Osborne, 1855

und seiner Hoffnung, dass sie dorthin kommen und bleiben werde. Tatsächlich wurden sie dreimal unterbrochen, einmal, um ein wenig weisses Heidekraut zu pflücken, was, so sagte er, Glück bringe, und das wünschte er ihr und sie ihm. Gegen Ende des Ritts wiederholte er schliesslich seine Bemerkung über Preussen; sie antwortete, dass sie gerne ein Jahr lang bleiben würde. Er fügte hinzu, er hoffe für immer, für immer – worauf sie sehr rot wurde. Er fuhr fort, er hoffe, dass er nichts gesagt habe, was sie verstimme – worauf sie antwortete: »Oh, nein!« Darauf schüttelte er ihr die Hand – und sagte, dass dies einer der glücklichsten Tage seines Lebens sei. Ich erzähle all dieses in grosser Eile. Wir billigen alles … Vicky kam in mein Zimmer, in dem wir beide waren … sie schien sehr aufgeregt … Ihr Vater fragte sie, ob sie nichts zu erzählen habe. »Oh doch, sehr viel.« Wir drängten sie zu erzählen, und sie sagte: »Oh, es handelt sich darum, dass ich den Prinzen sehr mag.« Wir küssten sie und nahmen das arme Kind in den Arm, und Albert erzählte ihr dann, dass der Prinz … am 20. mit uns gesprochen habe …, wie sehr er sie tagtäglich mehr zu sehen wünsche. Ich fragte sie, ob sie das Gleiche wünsche. »Oh, ja, jeden Tag.« Und sie schaute freudig und glücklich zu mir auf – sie kniete. Ob sie ihn immer geliebt habe? »Oh, immer« … Albert kam, um zu sagen, dass Fritz da sei, und ich führte sie hinein. Sie war nervös, aber weder zögerte sie, noch war sie unsicher, als sie ihm ihre klare Antwort gab … Er küsste ihr zweimal die Hand, ich küsste ihn, und als er ihr nochmals die Hand küsste … warf sie sich ihm in die Arme und küsste ihn mit Inbrunst, die Fritz wieder und wieder erwiderte – nicht um alles in der Welt hätte ich diesen anrührenden und schönen Anblick versäumen wollen … Sie ist seine erste Liebe! Vickys grosse Jugend macht alles umso eindrucksvoller, aber sie benahm sich, als sei sie 18, so natürlich, so ruhig und sittsam – und zeigte doch, wie stark ihre Gefühle sind.

Prinzessin Augusta von Preussen

Windsor Castle, 22. Oktober 1855

Der 20. September wird mir bis zur letzten Stunde meines Lebens teuer bleiben! Diese reine, heiße, schöne Liebe zweier so lieber, unschuldiger junger Herzen war rührend und erhebend anzusehen. Dabei haben sie uns soviel Vertrauen geschenkt, Fritz ebenso sehr wie Vicky, dass ich mit Dir sage: man kann Gott nicht genug dafür danken, dass alles so gekommen ist! Der liebe Fritz! Wie fühle ich für ihn die Unannehmlichkeiten, die er durchzumachen hat! Doch weiß er, dass alle Versuche, sein Glück zu stören, ohnmächtig sind, da der Bund geschlossen ist, und er weiß, wie sie ihn liebt und dass wir Eltern unseren Segen dazu geben! Allgemein wird diese Verbindung gern gesehen, außer von der infamen, aber durch ihre Gemeinheit und Übertreibung ohnmächtig gewordenen ›Times‹. Alle Leute sind im höchsten Grade empört über die »Schmähartikel« ...

Sie [Vicky] hat sich in der letzten Zeit sehr vorteilhaft entwickelt, und die Reise nach Frankreich war in jeder Beziehung nützlich. Sie ist jetzt etwas größer als ich und wächst »zusehends«. Für mich ist sie jetzt eine sehr angenehme Gesellschafterin, da dieser wichtige Lebensabschnitt uns viel näher zusammenbringt; ich empfinde alles mit, was sie fühlt, und da ich mich noch jung fühle, ist das Verhältnis zwischen uns fast ein schwesterliches.

LORD PALMERSTON

26. MÄRZ 1856

Der Kanzler spricht davon, dass Kommentare abgegeben werden, es sei falsch, die Princess Royal [Titel der ältesten Tochter eines Königs oder einer Königin] in so jungem Alter in einem Kontrakt an eine Ehe in anderthalb Jahren zu binden, da dies ihren zukünftigen Weg einschränken könne, sie aber ihren freien Willen haben sollte.

Es ist ihm freilich möglicherweise unbekannt, dass die Wahl der Prinzessin, wiewohl diese mit der Zustimmung und dem Einverständnis ihrer Eltern getroffen wurde, gänzlich ihrem eigenen Herzen entsprang und dass sie sich so ernsthaft aus eigenem freien Wunsch und Willen Prinz Friedrich Wilhelm von Preußen versprochen hat, wie dies nur geschehen mag, und dass sie ihr Wort vor Gott gegeben hat. Deshalb kann sie, ob dieses nun öffentlich angekündigt wird oder nicht, ihr feierliches Versprechen nicht brechen. Die Prinzessin ist nun konfirmiert und alt genug, um ihre eigenen Gefühle und Wünsche zu kennen, mag sie auch nicht alt genug sein, die Ehe zu vollziehen und ihr Elternhaus zu verlassen.

PRINZESSIN AUGUSTA VON PREUSSEN

BUCKINGHAM PALACE, 15. APRIL 1856

Meine teure Freundin! Habe tausendmal Dank für Deinen so lieben und herzlichen Brief vom 12.! Wie glücklich Deine Briefe mich immer machen, weißt Du ja, und jetzt natürlich mehr als je! Wie wohltuend ist für uns das Gefühl, dass unsere beiden lieben Kinder uns gegenseitig angehö-

Photographie von Victoria mit Königin Augusta von Preußen, aufgenommen vermutlich in Tragmore, 1867

ren, und wie gern werden wir alles tun, um für ihr zukünftiges Glück zu sorgen! Wie gut und lieb ist es von Dir zu sagen, dass Ihr Fritz mit so vollem Vertrauen in unsere Familie eintreten lasst! In aufrichtiger Wahrheit kann ich Dir, teuerste Freundin, dagegen sagen, dass wir Vicky auch mit voller Zuversicht dem vortrefflichen Fritz hingeben und zu Euch als Eltern werden ziehen sehen. Doch kann ich nicht leugnen, dass ich mit Bangigkeit und inniger mütterlicher Besorgnis an ihre große Jugend denke! Ich rechne darum auf Deine mütterliche Güte und Deinen Rat, sonst wäre es für ein ganz unerfahrenes 17-jähriges Kind, das immer von uns bewacht worden ist, zu gewagt, in einem ganz fremden Lande unter lauter Fremden auftreten zu müssen.

Prinzessin Augusta von Preussen

Balmoral, 6. Oktober 1856

Mit mir ist das Verhältnis ganz verschieden, ich sehe die Kinder viel weniger, und selbst hier, wo Albert nun sehr oft fast den ganzen Tag aus ist, finde ich keine besondere Freude oder Ersatz an der Gesellschaft der älteren Kinder. Du wirst Dich erinnern, da ich Dir das in Osborne gesagt habe. Sie gehen (meistens Vicky, oder auch die anderen) gewöhnlich mit mir nachmittags aus (und auch zuweilen morgens, wenn ich ausfahre oder -gehe oder -reite ...). Nur ausnahmsweise finde ich den vertrauteren Umgang mit ihnen angenehm oder leicht. Du wirst dies nicht begreifen, es rührt aber von verschiedenen Ursachen her. Zuerst bin ich eigentlich nur wirklich *à mon aise* und ganz glücklich, wenn Albert mit mir ist; zweitens bin ich gewohnt, meine vielen Geschäfte ruhig für mich zu treiben; dann bin ich ganz allein aufgewachsen und immer an den Umgang mit erwachsenen (und gar nicht mit jüngeren) Personen gewöhnt – und zuletzt kann ich mich noch nicht ganz daran gewöhnen, dass Vicky fast erwachsen ist. Sie kommt mir immer noch wie das Kind vor, das in Ordnung gehalten werden und mir daher nicht zu nahe treten muss. Hier ist die aufrichtige Darstellung meiner Gefühle, im Gegensatz zu den Deinigen, und warum auch für mich die Trennung, wenngleich in vieler Beziehung sehr schwer und schmerzlich, doch nicht dermaßen fürchterlich sein wird, wie es bei Dir der Fall ist, was eigentlich ein Glück ist. Dazu muss ich auch sagen, dass ich eine solche Sukzession von Kindern habe, dass ich auf viele Jahre mit meinen Kindern versorgt bin.

Prinzessin Augusta von Preussen

Windsor Castle, 28. Dezember 1857

Einen Gegenstand nämlich möchte ich Deiner und des Prinzen Beobachtung empfehlen. In der Anordnung der Tage für Victorias Reise usw., welche Fritz für mich aufgeschrieben hat, finde ich angeführt: Sonntag, den 7., Kirchgang und Théâtre Paré. Nun wird sicherlich Victoria niemals Schwierigkeiten machen, wenn es sich um Befolgung der Sitten und Gebräuche ihres neuen Vaterlandes handelt, noch wird sie ihren eigenen Gewohnheiten einen Einfluss auf dieselben gestatten, und das umso weniger, als dieselben wirklich weder gegen ihr noch gegen mein eigenes Gefühl gehen. Aber ich muss sagen, dass, wenn Victorias erstes öffentliches Erscheinen im Theater am Sonntag stattfindet, dies hierzulande – wo, wie Du weißt, viele die extremsten Ansichten über die Heilighaltung des »Tages des Herrn« haben (Ansichten, die ich nie teilen konnte) und wo alle ihn als einen Tag der vollkommenen Ruhe beobachten – das Gefühl der Leute in einem solchen Grade verletzen würde, dass es Victoria selbst und Fritz schaden und eine Missstimmung gegen Deutschland im Allgemeinen hervorbringen müsste. Man würde das natürlich als eine absichtliche Demonstration ansehen. Man würde entweder sagen, dass, nachdem sie kaum ihr Vaterland verlassen, sie sofort all ihre religiösen Pflichten, alle Lehren ihrer Kindheit und die Achtung, die sie denselben schuldig ist, vergisst, oder man würde sagen, dass man auf eine sehr ungeneröse Art ihren Gefühlen Gewalt angetan und sie gezwungen hätte, etwas zu tun, wovon sie sich sagen musste, dass es unrecht ist ... Irgendetwas anderes auf Sonntag als Theater und Ball würde nichts zu sagen haben, aber das gegenwärtige Arrangement würde sicherlich für Victorias Début höchst unglücklich gewählt sein.

KÖNIG LEOPOLD VON BELGIEN

WINDSOR CASTLE, 12. JANUAR 1858

Dies ist eine Zeit des ungeheuren Durcheinanders und der Aufregung; ich fühle, dass es schrecklich ist, das eigene arme Kind loszulassen, und fühle, wie mich das Kommende und die Abreise sehr nervös machen. Aber es freut mich zu sehen, dass es Vicky wieder gut geht und sie *unberufen** ihre Erkältung auskuriert hat und wohlauf ist. Aber seit Januar '57 hat sie so viele verschiedene Gefühle und Abschiede durchlebt – wie sie eine jede mitnehmen würden, besonders aber ein so junges Mädchen so voller gewaltiger Gefühlsregungen. Sie hat so viel Selbstbeherrschung gelernt und ist *so* gescheit (ich möchte sagen: ganz wunderbar gescheit) und so vernünftig, dass wir mit ihr über alles reden können – und darum wird sie uns sehr, sehr fehlen.

PRINCESS ROYAL

BUCKINGHAM PALACE, 25. JANUAR 1858

Dies war ein sehr anstrengender Tag für Dich, mein liebstes Kind, und Du hast Dich so überaus gut benommen, dass Du die Liebe und Zuneigung, die so viele Dir entgegenbringen, nur noch vermehrt hast. [Eine Hochzeit] ist ein überaus feierlicher Akt, der wichtigste in aller Leben, aber für eine Frau noch viel mehr als für einen Mann. Ich habe den gesegneten Tag, der mich mit Deinem geliebten und vollkommenen Vater vereinte, immer als den Quell meines eigenen Glücks (ein Glück, welches wenige, wenn überhaupt jemand sonst, genießen) angesehen und als den Tag, der diesem Land Glück und Segen brachte! Auch Du bist mit einem teuren, lieben und vortrefflichen Ehemann gesegnet, der Dich zärtlich und hingebungsvoll liebt. Es sei der Sinn und Zweck all Deines Strebens, sein Leben und sein Heim friedlich und glücklich zu machen, ihm zu dienen als Stütze und Trost auf jede erdenkliche Weise. Heilig und innig ist diese Verbindung von Mann und Weib, wie es keine andere sein kann, und Du kannst Deinen Eltern kein größeres Glück bereiten als durch die Gewissheit, dass Du Deinem teuren Gemahl eine wahrhaft hingebungsvolle, liebende und nützliche Frau bist.

PRINZESSIN AUGUSTA VON PREUSSEN

WINDSOR CASTLE, 28. JANUAR 1858

... es ist eine solche Seligkeit, die teuren Kinder so glücklich zu sehen; Vicky ist charmant in ihrer einfachen Unbefangenheit und strahlenden Glückseligkeit und benimmt sich, als ob sie schon lang verheiratet gewesen wäre; mir sagte sie gestern: »Statt mich Dir zu entfernen, liebe Mama, bin ich Dir viel näher gekommen!« So ist es auch, und ich danke Gott tausend- und tausendmal für diese Überzeugung und für diese innere Ruhe, die ich jetzt empfinde. Seit meiner eigenen Heirat habe ich ein so seliges Gefühl nicht empfunden als jetzt beim Anblick der Liebe dieser beiden reinen jungen Seelen. Ohne Rührung kann ich nicht davon schreiben, wie meine zitternde schlechte Schrift beweist.

PRINCESS ROYAL

BUCKINGHAM PALACE, 6. FEBRUAR 1858

Mühe Dich nicht mit Beschreibungen von Staatsangelegenheiten. Überlass das Jane C[hurchill] und Lord Sydney [beide begleiteten Vicky nach Berlin] und den Zeitungen. Aber berichte mir über Deine Gefühle, Deine Eindrücke von Personen, kleine Details und Einblicke.

1. Welches Kleid und welchen Hut trugst Du bei der Landung? Und welchen Hut in den nächsten 2 Tagen?
2. Wie war Eure Unterbringung in Köln und Magdeburg?
3. Hast Du mit Deinen Leuten in Köln diniert und in Magdeburg um 12 Uhr zu Abend gegessen?
4. Welchen Mantel trugst Du unterwegs, und hast Du etwas gezeichnet?
5. Wie schmeckt Dir das deutsche Essen? Und wie kommen Deine Dienerinnen mit der Hektik zurecht? ...

Niemand teilt uns mit, wie bei Euch das Wetter ist; bitte telegraphiere mir doch. Ich denke so oft an Deine Ankunft in Potsdam und bin so dankbar, dass Deine Reise ihrem

Ende entgegengeht. Wenn wir uns doch nur unter die Menge mischen könnten, um die Ankunft meines liebsten Schatzes zu sehen.

Princess Royal

Buckingham Palace, 15. Februar 1858

Ich halte es nicht für vernünftig, die ganze Zeit zwischen Viertel nach 9 und 5 Uhr nichts zu sich zu nehmen. Ich kann Dir nur davon abraten, besonders wenn Du Dich schwach und hungrig fühlst. Iß doch einen Keks oder etwas trockenes Brot. Du trinkst doch, so nehme ich an, eine Tasse Tee am Abend?

Denke daran, dass Du, je enger Du mit der königlichen Familie und dem Hof vertraut wirst, desto mehr aufpassen und Dich unter Kontrolle halten musst. Keine Vertraulichkeiten – kein lautes Gelächter! Du weißt, Liebste, wie wichtig Selbstkontrolle ist, so anstrengend sie auch sein mag. Liebenswürdigkeit, Freundlichkeit und Höflichkeit, aber keine Vertraulichkeiten außer mit Deinen Schwiegereltern ...

Dass Du so glücklich bist, ist uns eine große Freude und ein großer Trost. Und dennoch schmerzt es auch zu wissen und zu fühlen, dass mein eigenes Kind nun mit einem anderen so viel glücklicher ist als jemals zuvor. Aber so muss es sein; denn dies ist ein Glück von so anderer Art, die Hilfe, der Trost und die Innigkeit sind so vollkommen anders als das, was einem ehedem großes Glück bedeutete. Sich ganz jemandem hinzugeben, der dieser Zuneigung würdig ist, ist eine große Gnade und ein großer Segen. Freilich: Männer sind sehr egoistisch, und die Hingabe einer Frau ist immer Unterwerfung, was unser armes Geschlecht so wenig beneidenswert macht. Später wirst auch Du dies so empfinden, das weiß ich; es lässt sich jedoch nicht ändern, weil es Gottes Wille ist ...

Du weißt, meine Liebste, ich werde nie zugeben, dass eine andere Frau so glücklich wie ich sein könne. Deshalb kann ich einen Vergleich nicht gestatten, denn ich behaupte, dass Papa gänzlich anders ist als irgendein anderer Mann, der jetzt lebt, je gelebt hat oder leben wird.

PRINCESS ROYAL

BUCKINGHAM PALACE, 22. FEBRUAR 1858

Ich muss Dir nun auch noch sagen, dass Du die Seiten Deines Briefs falsch nummeriert hast. Und dann muss ich auch ein wenig mit Dir schimpfen, weil Du auf einige Fragen nicht antwortest, besonders aber, weil Du mir nicht schreibst, was Du so machst. Mein liebes, gutes Kind interessierte sich ja noch nie für das Alltägliche, aber Deine Mutter ist sehr daran interessiert, und wenn Lady Churchill Dich verlässt, werde ich nicht mehr wissen, was bei Dir vor sich geht, und das macht mich traurig. Ich schreibe Dir alles, was passiert, so dass Du unserem Tagesablauf folgen kannst, und ich wünsche, dass Du von nun an Deine Briefe auf folgende Weise einleitest.

Gestern oder vorgestern taten wir dies und das, aßen hier oder dort und anschließend, wo Ihr den Abend verbrachtet. Wenn Du einmal – und dann für mehrere Tage, wie es schon passiert ist – vergisst, mir zu schreiben, wie Du Deine Tage verbringst, verliere ich die Übersicht, und das macht mich traurig, und ich fühle die Trennung von Dir dann ganz schmerzlich. Du musst mir das versprechen, meine Liebste. Veranlasse auch Deine Hofdamen, mir Deine neuen Kleider zu beschreiben, und zwar regelmäßig, wozu Deine

Zofen womöglich nicht in der Lage sind ... Und schließlich wünsche ich, dass Deine Damen mir eine vollständige Liste aller offiziellen Geschenke, die Du bekommen hast (und auch der privaten von Verwandten), schicken.

Bitte, liebstes Kind, vergiss diese Dinge nicht, da sie mir so wichtig sind.

Princess Royal

Osborne, 1. März 1858

Ach, es ist sehr traurig, wenn eine Tochter von zu Hause weggerissen und in ein neues Heim gebracht wird! Schlimm gerade für die armen Eltern und die Geschwister! Ihr (ich meine meine Töchter) habt alle einen Nachteil, den ich nicht habe: den Zwang, in der Fremde leben zu müssen, fern von unserem Heimatland. Dies ist eine traurige Notwendigkeit. Dafür habt ihr jedoch auch mir gegenüber einen großen Vorteil: Ihr seid nicht in der anormalen Position, in der ich bin – als regierende Königin. Obgleich unser teurer Papa – Gott weiß – alles tut, ist es eine Verkehrung der rechten Ordnung der Dinge, die mich sehr mitnimmt und die niemand als ein solch vollkommenes Wesen, ein solcher Engel, wie Papa es ist, ertragen könnte.

Princess Royal

Osborne, 8. März 1858

Alles, was Du über die [preußische Königs-]Familie sagst, erinnert mich sehr an das, was ich als Kind ertragen musste. Diese ständige Gereiztheit, und mit dem Rest der Familie wurde kaum gesprochen. Ich als kleines Kind befand mich zwischen den Fronten, wollte höflich sein und wurde dafür zu Hause gescholten. Oh, es war fürchterlich, und das hat mir Windsor so vergällt, dass ich mich dort heute noch nicht wohl fühle, und Du verstehst nun vielleicht wieso. Dann, als ich geheiratet hatte, benahmen sie sich empörend gegenüber unserem teuersten Papa, so dass ich immer mit der Familie in Fehde lag. Ich könnte Dir noch viele Geschichten aus dieser Zeit schreiben, aber die spare ich mir für die Zeit, wenn wir uns wieder sehen, als Ausgleich für Deine. Sei immer sehr höflich, aber wahre die Würde Deiner Stellung, genau wie Du sagst, auch immer eine gewisse Distanz, dann setzt Du Dich keinen unangemessenen Bemerkungen und Scherzen aus. Was Du über diese Dinge schreibst, ist sehr vernünftig.

Princess Royal

Windsor Castle, 24. März 1858

Dass Du manchmal schüchtern bist, kann ich gut verstehen. Mir geht es selbst heute noch genau so. Aber durch die Heirat nehmen wir nun mal – mehr als durch alles andere – unsere gesellschaftliche Stellung ein. Bedenke jedoch, wie schwer es für mich war, ganz allein als Mädchen von 18 Jahren Empfänge zu geben und überall den ersten Platz einzunehmen, wo ich doch nicht wie Du bei Hofe erzogen worden bin, sondern ganz schlicht im Kensington Palast mit all den Schwierigkeiten und Prüfungen. Nein, keiner kann erahnen, wie beschwerlich mein Leben war – und ist. Wie dankbar bin ich, dass niemand von Euch, so es Gott gefällt, je solch eine anormale und anstrengende Rolle übernehmen muss! Geh doch etwas mehr auf diese Probleme in

Deinen Briefen ein. Du tust das so selten und nur, um Fragen zu beantworten.

Nun zu Deiner Bemerkung, dass Du meinst, eine verheiratete Frau genieße größere Freiheiten als eine unverheiratete. In gewissem Sinne stimmt das wohl, aber andererseits – was ich meinte, war die körperliche Seite. Und wenn Du dann – wie ich in den ersten beiden Ehejahren – dauernd Schmerzen – Leiden und Beschwerden und Qualen – erdulden musst, gegen diese ankämpfen und Vergnügungen etc. aufgeben musst, andauernd Vorkehrungen zu treffen hast, dann wirst Du begreifen, welch Joch das Eheleben für eine Frau ist! Davon abgesehen ist es natürlich unbegrenztes Glück – wenn man einen Mann hat, den man anbetet! ...

Ich bin entzückt, dass Dich die Leute anstarren, wenn sie Dich mit Deinem Mann zusammen sehen. Fritz ist sicherlich kein Mann, sich dessen zu schämen, und die Bemerkung des armen Persigny, ich hätte »popularisé les bons ménages«, wird, so glaube ich fest, auch auf Deine Ehe zutreffen und wahrlich ein Segen sein. Ich bin erfreut zu hören, dass Du kein wandelndes Reserveheer wirst, wie einige Prinzessinnen bei Euch. Man kann sie [die Soldaten] auch so bewundern.

Princess Royal

Buckingham Palace, 21. April 1858

Liebstes Kind – jetzt, wo die Tage länger werden und das Wetter so schön ist, musst Du einfach mehr an die frische Luft gehen, und wenn Du nur einmal spazieren gehst und zweimal im offenen Wagen fährst. Dir hat das Fahren im offenen Wagen doch nie etwas ausgemacht, selbst wenn es sehr kalt war, und Du hast Dich nie so warm angezogen wie ich! Bitte, geh mehr an die frische Luft! All die Abende außer Haus und in der Öffentlichkeit sind alles andere als gesund. Ich kann Dir gar nicht sagen, wie sehr ich mich freue, dass Du noch nicht in wenig beneidenswerten Umständen bist. Ich kann mich nie freuen, wenn ich höre, wie so ein junges Ding von dieser Prüfung niedergedrückt wird.

Ich gebe ja zu, dass gute und liebenswürdige Kinder Segen und Trost sind – aber sie sind auch schreckliche Plagen und bereiten einem immer Kummer, für den sie einem nur sehr wenig Dankbarkeit zollen! Mich machte es elend und unglücklich, dass meine ersten beiden Ehejahre so vollkommen verdorben wurden durch diese Beschäftigung! Keinerlei Vergnügungen waren mir noch vergönnt, ich konnte nicht reisen oder Papa begleiten, und wenn ich mir ein Jahr Zeit gelassen hätte (was Du hoffentlich tun wirst), wäre alles anders gewesen.

PRINCESS ROYAL

BUCKINGHAM PALACE, 3. MAI 1858

Ich denke, es wird viel zu viel geheiratet; die Ehe ist doch wahrlich eine Lotterie und für die arme Frau ein sehr zweifelhaftes Glück.

PRINCESS ROYAL

OSBORNE, 29. MAI 1858

Du tust mir so leid! Gut, dass Fritz jetzt nicht hier ist; denn ich würde ihn nicht freundlich empfangen. Sag ihm, dass, wenn er Dich noch mal für 14 Tage allein lassen sollte (er versprach, das nie zu tun, wenn seine Mutter, seine Schwester oder wir nicht bei Dir sein können), ich ihn nicht länger als meinen Sohn betrachten würde, denn er hätte dann diesen Anspruch verwirkt! Eine fürchterliche Drohung, nicht wahr? Wir sagen allen, es sei Dein Fuß, der Dich hindere, nach Coburg zu reisen, dass Dich die Zeit im Bett geschwächt habe. Ich hoffe, du hältst es ebenso und dass Fritz niemandem gestattet, über solche Themen [Schwangerschaft] zu sprechen. Es ist so unfein; Papa hat es nie gestattet, und ich wäre außer mir gewesen.

PRINCESS ROYAL

BUCKINGHAM PALACE, 9. JUNI 1858

Was Du über Deine Gefühle zu Deinem Mann schreibst, entspricht genau dem, was ich fühle und immer fühlen werde! Aber ich kann nicht glauben und auch nicht zugeben, dass irgendeine Frau mit solch einem Gemahl, solch einem vollendeten Mann gesegnet ist wie ich; denn Papa war und ist mein ein und alles. Als Kind war mein Leben so unglücklich; meine mächtigen Liebesgefühle hatten kein Ziel; ich hatte keine Brüder oder Schwestern, mit denen ich mein Leben teilen konnte, hatte nie einen Vater und durch unglückliche Umstände auch kein angenehmes, inniges, vertrauensvolles Verhältnis zur Mutter (so anders als Deines zu mir), so sehr ich sie jetzt auch liebe ... Ich kannte kein glückliches Familienleben! Das vollkommene Gegenbild zu Deiner Kindheit und zu Deinem Heim! Ich verdanke mithin alles unserem liebsten Papa. Er war mir Vater, Beschützer, Mentor und Berater in allen Dingen, fast möchte ich sagen: meine Mutter genau so wie mein Mann. Mir scheint, nie ist jemand so vollkommen verändert und verwandelt worden wie ich durch den segensreichen Einfluss unseres liebsten Papas.

Princess Royal

Kenilworth, 15. Juni 1858

Was Du über den Stolz, einer unsterblichen Seele das Leben zu schenken, schreibst, meine Liebe, ist ja gut und schön, aber ich muss gestehen, dass ich Dir da nicht ganz folgen kann. Ich meine, wir sind eher wie Kühe oder Hunde in solchen Momenten, wenn unser Wesen so animalisch und freudlos wird. Für Dich jedoch, sofern Du vernünftig bist, nicht in Ekstase gerätst und Dein Leben nicht nur mit Ammen und Kindermädchen verbringst (was schon manch kluge und kultivierte junge Dame verdorben hat, ohne dass sie dadurch ihren wirklichen mütterlichen Pflichten besser nachgekommen wäre), für Dich kann ein Kind ein wahrer Segen sein. Vor allem aber, Liebe, denke daran, nie die Sittsamkeit eines jungen Mädchens andern gegenüber zu verlieren (ohne dabei prüde zu sein). Obwohl Du verheiratet bist, werde nicht gleich zur Matrone, der man alles erzählen kann und der alles über die Zunge geht. Ich bin in dieser Beziehung immer eigen gewesen (und bin es noch), und oftmals bin ich schockiert über die Vertraulichkeiten anderer verheirateter Frauen. Ich fürchte, dass man im Ausland sehr taktlos in solchen Dingen ist.

Princess Royal

Balmoral, 4. Oktober 1858

Von all den seltsamen deutschen Vorstellungen scheint mir diejenige, dass eine Dame in anderen Umständen nicht Taufpatin sein darf, die außergewöhnlichste zu sein, von der ich je hörte! Ist eine Frau denn tatsächlich verhext oder besessen, dass man sie wie ein böses Omen behandelt? Für mich ist das nur eine preußische (oder russische?) Absurdität, da ich von so vielen Taufen im Ausland gehört habe, wo Frauen in anderen Umständen Pate standen. Ich hoffe, dass Du mit diesem Vorurteil brechen wirst. Aber vor allen Dingen versprich mir, dass Du nie so unschicklich sein wirst und während der Taufe im Morgenmantel auf dem Sofa liegst! Dies würde die Menschen hier sehr schockieren, und als meine Tochter und eine englische Prinzessin erwarte ich von Dir, dass Du dies unterlässt ... Auch Königin Charlotte lag im Bett, als ihre Kinder getauft wurden! Deutsche Damen sollen machen, was sie wollen, eine englische Prinzessin hingegen darf das nicht!

Princess Royal

Windsor Castle, 27. Oktober 1858

Ich hoffe, Fritz ist wenigstens gehörig bestürzt darüber, wie Du leiden musst; denn diese eigensüchtigen Männer würden keine Minute die Schmerzen ertragen, die wir armen Sklavinnen erdulden müssen. Aber fürchte Dich nicht vor der Entbindung, das ist nicht nötig. Und sprich nicht mit den Hofdamen darüber, weil sie Dich nur beunruhigen würden, besonders im Ausland, wo so viel Aufhebens um eine vollkommen natürliche und gewöhnliche Sache gemacht wird …

Wieso Du Windsor als »teuer« bezeichnest, verstehe ich nicht. Es ist wie ein Gefängnis – so groß und düster. Für mich ist es schrecklich trist nach Balmoral, ein Sprung vom Tag in die Nacht, so prächtig wie es auch ist.

PRINCESS ROYAL

WINDSOR CASTLE, 17. NOVEMBER 1858

Ich weiß, dass das kleine Geschöpf Dir eine große Freude sein wird nach all den Mühen und Leiden. Aber ich weiß auch, meine Liebe, dass Du an Dein Versprechen denken wirst, nicht in Baby-Anbetung zu verfallen, und dass Du Deine anderen, größeren Pflichten nicht vergessen wirst, um bloß noch Amme zu sein. Du weißt, wie vielfältig Deine Pflichten sind, und da mein liebes Kind etwas sorglos mit seiner Zeit umgeht, fürchte ich, dass Du zu viel Zeit vertrödeln könntest, wenn Du Deine Begeisterung für das Kinderzimmer übertreibst. Keine Dame und schon gar keine Prinzessin wird ihren Pflichten gegenüber Ehemann und Rang gerecht, wenn sie das tut. Ich weiß, meine Liebe, dass Du Dich davor in Acht nehmen wirst, aber ich wollte Dich trotzdem daran erinnern und Dich warnen, da es bei Deiner großen Liebe zu kleinen Kindern (die ja in den ersten sechs Monaten recht eigentlich bloße Pflanzen sind) nur natürlich wäre, wenn Du überwältigt würdest von den Freuden der Mutterschaft.

Princess Royal

Buckingham Palace, 2. April 1859

Bevor ich mich einem anderen Thema zuwende, lass mich noch mal auf die Sache zurückkommen, die ich schon letztes Jahr erwähnte, als es um Euer Heim ging, was sich dann aber glücklicherweise von selbst geregelt hat. Es handelt sich um die notwendigen [sanitären] Einrichtungen, die in Deutschland ja vollkommen fehlen und daher das Leben so unbequem und ungesund machen ...

In Schottland gab und gibt es ja noch viele alte Häuser mit dem gleichen Mangel, z. B. den Holyrood-Palast. Aber in Holyrood haben wir uns eine [Toilette] neben unserem Schlafzimmer installieren lassen, auch in Claremont und im Kensington-Palast, der ja ebenfalls sehr alt ist. Louis Philippe ließ sie in alle seine Paläste einbauen, und ich glaube, Du würdest ganz Deutschland einen guten Dienst erweisen, wenn sie allgemein eingeführt würden ... Das war viel zu viel zu einem überaus scheußlichen Thema, aber ich hielt es für das beste, Dir direkt darüber zu schreiben.

Princess Royal

Windsor Castle, 15. Juni 1859

Nun muss ich Dich aber doch etwas schelten für Deine Äußerung, die im Widerspruch zu dem steht, was Du früher geschrieben hast. Du sagst, »wie glücklich« Ada [von Hohenlohe, Nichte Victorias] »sein muss«, dass sie schon wieder in diesen ganz entzückenden Umständen ist, von denen Du selbst im letzten Jahr häufig sagtest, was für ein Elend sie seien. Wie kann irgendjemand, der nicht einmal mehr als zwei Dreivierteljahre verheiratet ist (wie Ada), sich darüber freuen, zum dritten Mal in anderen Umständen zu sein? Ich finde Frauen, die andauernd *enceinte* sind, wirklich ekelig. Sie gleichen eher Kaninchen oder Meerschweinchen als irgendetwas anderem, und das ist wirklich nicht sehr schön. Nimm zum Beispiel Lady Kildare, die zwei im Jahr bekommt, eins im Januar und eins im Dezember, und die immer in anderen Umständen ist, wenn man sie trifft! Und alle machen sich über sie lustig!

Princess Royal

Osborne, 10. August 1859

Die Verachtung für unser armes, missbrauchtes Geschlecht (denn was sonst sollte es sein, wo uns armen Kreaturen, geboren nur zum Vergnügen und Amüsement der Männer, nichts bestimmt ist als endlose Leiden und Prüfungen?), diese Verachtung ist ein wenig Teil der Natur eines jeden klugen Mannes. Selbst unser teurer Papa ist nicht ganz frei davon, obwohl er es nie zugeben würde. Aber auch er lacht und spottet andauernd über Frauen, über unsere unvermeidbaren Unpässlichkeiten etc. Doch hasst er fehlende Zuwendung, wenn Frauen nicht die gebührende Aufmerksamkeit gezollt wird, wenn man sie nicht schützt. Und er sagt, dass Männer, die alle Familienangelegenheiten, selbst die Erziehung der Kinder, nur den Frauen überlassen, ihre wichtigste Pflicht vernachlässigen.

Princess Royal

Buckingham Palace, 16. Mai 1860

Heiraten ist immer ein Lotteriespiel – und Glück ist ein Tauschgeschäft, selbst wenn es ein glückliches ist, ist die arme Frau körperlich und moralisch die Sklavin des Mannes. Das kann ich nur schwer schlucken. Wenn ich an ein fröhliches, glückliches, freies junges Mädchen denke und dann die Leiden und Schmerzen sehe, zu denen eine junge Ehefrau üblicherweise verdammt ist. Das ist – Du kannst es nicht leugnen – die Strafe für die Ehe.

Princess Royal

Osborne, 11. Juli 1860

O wenn diese egoistischen Männer, die all unser Leid verursachen, bloß wüssten, was ihre armen Sklavinnen alles durchmachen müssen! Was für ein Leid, was für eine Demütigung der zarten Gefühle von uns armen Frauen, zumal der jungen, besonders bei diesen widerwärtigen Ärzten. Weißt Du, ich fand einige Kapitel in Dr. Coombes Buch zu diesem Thema so widerlich ekelig, dass ich es mit Abscheu im Wandschrank verschloss! Besonders die Schauergeschichten über dieses höchst unschickliche Stillen (die viel schlimmer als alle anderen Teile sind).

Auch die zweite Tochter, Alice, wird unter die Haube gebracht – nicht ohne ein protofeministisches Unbehagen Victorias. Wenig erfolgreich verläuft hingegen die Erziehung des Kronprinzen

Edward Albert (Bertie), der, von den strengen Erziehungsplänen des Vaters und dessen Zucht überfordert, sein geselliges, weltoffenes Wesen nicht entfalten kann.

Princess Royal

Windsor Castle, 20. April 1859

Ja, Liebste, es ist ein schrecklicher Augenblick, wenn man sein unschuldiges Kind einem Mann ausliefern muss, so freundlich und gut er auch sein mag, und wenn man daran denkt, was sie alles durchmachen muss! Ich kann gar nicht sagen, was ich litt, was ich fühlte und wie sehr ich mit mir ringen musste (ja, eigentlich bin ich heute noch nicht darüber hinweg). Und dann die letzte Nacht, als wir Dich in Dein Zimmer brachten und Du so bitterlich weintest, da sagte ich zu Papa, als wir zurückgingen: »Letztlich ist es doch, als ob man ein armes Lamm zur Opferbank führt.« Nun weißt Du, was ich meinte, Liebes. Ich weiß, dass es Gottes Wille ist und dass dies Prüfungen sind, die wir armen Frauen auf uns nehmen müssen. Kein Vater, kein Mann kann das nachempfinden. Papa wollte überhaupt nie etwas davon wissen! Wie er auch nie mit meinen heftigen Gefühlen zurechtkommt. Mir läuft wirklich ein Schauer über den Rücken, wenn ich um mich herum all Deine süßen, glücklichen und unschuldigen Schwestern sehe und daran denke, dass ich sie alle hergeben muss – eine nach der anderen!!

PRINCESS ROYAL

WINDSOR CASTLE, 1. DEZEMBER 1860

Ich wollte Dir eigentlich einen langen Brief schreiben, aber ich bin so aufgeregt und begeistert, dass es gestern zum glücklichen »dénouement« gekommen ist, und außerdem habe ich noch so viele Briefe zu schreiben, dass ich diesen schnell herunterschreiben muss. Seit Mittwoch strebte die Angelegenheit langsam ihrem Höhepunkt entgegen, so dass ich Papa endlich mit einigem Drängen nach unserer Rückkehr von Aldershot, wo wir ein paar Stunden verbracht hatten, dazu bringen konnte, zu Louis zu gehen, um das Eis zu brechen. Papa fand ihn schrecklich nervös und aufgeregt vor. Papa sagte ihm dann, er werde mir sein Anliegen mitteilen und dafür sorgen, dass er schnell Gelegenheit erhalte, um Alice gegenüber seinen Hoffnungen Ausdruck zu verleihen. Beim Diner sah ich dann, wie aufgeregt Louis war, und danach, als ich mit einigen der Herren sprach und Louis mit Alice zufällig allein am Kamin stand, ergriff er die Gelegenheit (obwohl Papa in seiner ruhigen Art dachte, er könne auch noch bis heute oder morgen warten – als ob Menschen, die sich so gewaltig lieben, auf irgendwelche festgelegten Zeiten Rücksicht nehmen können), und als ich an ihnen vorbei in das andere Zimmer gehen wollte, flüsterten Alice und Louis mir etwas zu. Wir mussten dann ruhig sitzen und häkeln, bis der Abend verstrichen war und Alice in unser Schlafzimmer kam. Sie war ganz aufgewühlt, und wir erzählten alles Papa. Dann ließen wir den teuren Louis in Papas Zimmer rufen ... Dort wurde alles, was stattgefunden hatte, bestätigt, was sehr bewegend war, da der arme Louis von seinen Gefühlen so vollkommen überwältigt war, dass er kein Wort herausbrachte, er schien regelrecht übermannt. Auch Alice war sehr bewegt, aber trotzdem sehr ruhig und so vernünftig und einsichtig.

PRINCESS ROYAL

OSBORNE, 8. MÄRZ 1858

Affie [Alfred] kommt wunderbar voran. Er kommt heute, an diesem wirklich herrlichen Tag hier in Osborne, zum Mittagessen. Aber ach, wenn ich ihn sehe oder Arthur und dann – (Du weißt schon, was ich meine), dann bin ich tief verzweifelt. Dieser systematische Müßiggang, die chronische Faulheit, die dauernde Missachtung von allem und jedem brechen mir das Herz und treiben mich zur Empörung. Alice geht so bewunderungswürdig damit um, und sie hat so viel Einfluss auf ihn, aber Dir gestehe ich: Ich bin ganz elend deswegen. Aber erwähne es gegenüber keiner Menschenseele!

PRINCESS ROYAL

WINDSOR CASTLE, 31. MÄRZ 1858

Heute schreibe ich Dir einen meiner langen, vertraulichen Briefe. Ich bin gerade unterbrochen worden, als ich Deinen lieben, vergnüglichen und sehr zufriedenstellenden Brief vom 29. erhielt. Es fehlte nur etwas Kleister, sonst schien er gut verschlossen zu sein. Das Silberpapier sollte so geklebt werden, dass man es leicht abreißt, wie bei meinen Briefen … Natürlich werde ich Deine Nachricht an Bertie weitergeben. Ach! Ich bin so traurig und besorgt um ihn: Er ist so faul und schwach! Gebe Gott, dass er sich seinen Aufgaben in der Zukunft ernsthafter widmet und an Kraft gewinnt. Er ist von Herzen gut, liebevoll und zärtlich – wenn er doch nur mehr nachdenken würde, kraftvoller wäre und sich besser unter Kontrolle hätte. Indes: Eine höhere Macht wacht über ihn und wird uns allen helfen …

Bitte vergiss nicht, Erkundigungen über die junge Prinzessin von Hessen einzuholen. Wir müssen uns nach einer Braut für Bertie umsehen – sie sollte höchstens zwei Jahre jünger sein als er, d. h. 14 oder 15 zum jetzigen Zeitpunkt, hübsch, zurückhaltend, klug und vernünftig. Oh, wenn Du nur eine passende für uns finden würdest!

Princess Royal

Windsor Castle, 17. November 1858

Der arme Bertie! Er verdrießt uns gewaltig. Es gibt überhaupt gar nichts, worüber er auch nur ein wenig nachdenkt, dem er etwas Aufmerksamkeit schenkt außer der Kleidung! Nicht das kleinste bisschen Interesse zu lernen, ganz im Gegenteil – sobald irgend etwas Interessantes angesprochen wird, *il se bouche les oreilles* [hält er sich die Ohren zu]! Ich hoffe nur, dass ihm das Leben bald eine harte Lektion erteilt, um ihm die Ignoranz und Blödheit mit Schimpf und Schande auszutreiben.

Princess Royal

Windsor Castle, 27. April 1859

Du … bist so gelehrt und magst tiefsinnige philosophische Bücher, so dass Du mir ganz überlegen bist – den Geschmack hast Du ganz sicher nicht von mir geerbt; denn, um der Wahrheit die Ehre zu geben, schon der Anblick eines Professors oder Gelehrten beunruhigt mich und ist mir nicht sympathisch. Immerhin mag ich sie und vor allem ihre Bücher viel lieber als früher. Aber Du wirst nun verstehen, warum Bertie sie nicht mag. Er ist mein Zerrbild, das ist das Unglück, und bei einem Mann ist das viel schlimmer. Du bist ganz Papas liebes, geliebtes Kind!

Princess Royal

Windsor Castle, 7. April 1860

Bertie freut sich schon darauf, Dich zu sehen, worauf ich recht eifersüchtig bin. Er sieht überhaupt nicht gut aus. Seine Nase und sein Mund sind viel zu riesig, und er trägt sein Haar nun platt auf den Schädel gekleistert, und dann seine schrecklichen Kleider – er ist wirklich alles andere als gut aussehend. Seine Frisur ist einfach zu scheußlich bei seinem kleinen Kopf und den groben Gesichtszügen. Er ist jedoch noch gewachsen.

Princess Royal

Windsor Castle, 18. Dezember 1860

Wir sind ganz erpicht darauf, so viel wie möglich über Prinzessin Elisabeth von Wied und Anna von Hessen zu erfahren, da Bertie wohl zwischen diesen beiden seine Wahl treffen muss. Dein Bericht über Anna, nachdem Du sie im letzten Jahr in Darmstadt getroffen hattest, war ja sehr günstig (ich habe ihn vor kurzem noch mal gelesen). Meinst Du, sie hat sich in diesem Jahr noch mal zum Positiven verändert oder nicht? Hat sie einen hübschen Teint und eine gute Figur? Hat sie eine so schnelle Auffassungsgabe wie Louis? Du weißt, Liebste, wie wichtig Berties Wahl ist, und die dänische Schönheit [Prinzessin Alexandra, die spätere Gattin des Kronprinzen] entspricht gar nicht unseren Wünschen. Ich wünschte, jemand ginge hin und würde sie sofort wegheiraten. Wenn Bertie nur eine von den anderen zuerst treffen und mögen könnte, wären wir gerettet, davon bin ich überzeugt.

Am 27. Januar 1859 wird Vickys erstes Kind, der spätere Kaiser Wilhelm II., geboren – auch aufgrund ärztlicher Inkompetenz stirbt Vicky beinahe im Kindbett, und Wilhelms linker Arm bleibt lebenslang geschädigt. Victoria und Albert betrachten ihn als ihren Lieblingsenkel; Victoria begleitet ihn bis zu ihrem Tod mit brieflichen Ratschlägen, Lob und Tadel. Freilich wird das Verhältnis zwischen beiden in den Jahren nach der Thronbesteigung Wilhelms (1888) auch durch das Auf und Ab der deutsch-englischen Beziehungen zunehmend problematisch.

Princess Royal

Buckingham Palace, 30. Juni 1858

Ich freue mich sehr darauf, Großmutter zu werden, und das, so Gott will, schon im Alter von 39 Jahren, und mich dabei noch jung zu fühlen und auch noch jung auszusehen, das ist ein großes Vergnügen. Wenn ich es doch nur an Deiner Stelle erleiden und Dir all die Kümmernisse abnehmen könnte. Aber daran ist nichts zu ändern. Ich denke daran, wie ich meinen nächsten Geburtstag mit meinen Kindern und einem Enkelkind feiern werde. Das wird ein Vergnügen! Natürlich wirst Du nie zulassen, dass man Deinen »kleinen Deutschen« so schrecklich behandelt, wie Du es mir beschriebst und aufzeichnetest. Du kannst eine Menge

Gutes bewirken, wenn Du hier mit gutem Beispiel vorangehst und vernünftige Gebräuche einführst, wie Du es ja in anderen Dingen schon getan hast.

Princess Royal

Windsor Castle, 29. Januar 1859

Der Herr sei gelobt für seine Gnade, dafür, dass er Dich sicher durch diese schreckliche Zeit geleitet hat! Unsere Freude, unsere Dankbarkeit kennen keine Grenzen.

Mein teurer Liebling, Du musstest soviel mehr leiden, als ich es je musste. Wie gern hätte ich Dir die Last erleichtert! Der liebe, arme Fritz, wie muss er mit Dir gelitten haben! Ich denke oft an ihn und fühle mit ihm. Wenn ich doch nur für eine Minute den lieben, kleinen Jungen sehen, Dir einen Kuss geben könnte. Es ist schon schwer, sehr schwer. Aber wir sind so glücklich, so dankbar! Alle sind hier ganz begeistert – solch eine Freude, solch eine Begeisterung –, so, als ob es ihr eigener Prinz wäre, und das ist er ja auch! Alle Kinder sind so begeistert! Du wirst und musst einfach dankbar sein, dass es vorüber ist! Aber mache Dir keine Sorgen um die Zukunft, so schlimm kann es nicht noch einmal werden. Am Donnerstag Abend haben wir auf Deine und Deines Kindes Gesundheit angestoßen.

Prinzessin Augusta von Preussen

Windsor Castle, 30. Januar 1859

Teuerste liebste Freundin! Durch Telegraph weißt Du schon, wie selig und wie dankbar wir gegen Gott für seine Gnade sind, und wie überglücklich die Geburt unseres ersten Enkelchen uns macht! Aber tief erschüttert und ungewiss sind wir durch die Details der schweren Leiden unseres teuren Kindes und der großen Gefahr, in welcher das arme Bübchen geschwebt hat! Gott, welche schweren, schweren Stunden müsst Ihr, Ihr Lieben, erlebt haben! Für Zuschauer, die nicht helfen können und dabei in großer Ungewissheit und Angst wegen des Ausgangs der ganzen Sache sind und doch ihre Gefühle der armen Gemarterten verbergen müssen, ist es fürchterlich! Für den armen Mann ist es eine schwere Prüfung, zum ersten Male eine solche fürchterliche Zeit mitzumachen, und ich bedaure unsern guten Fritz von Herzen!

Alle Ärzte sagen, dass ein solcher Zufall, der überhaupt selten ist, durchaus nicht zu explizieren sei, aber auch, dass es ohne Gefahr für die Mutter ist und dass es bei derselben Person nie wieder geschieht. Liebe, teure Augusta, wie kann ich Dir für den herrlichen, wenn auch sehr erschütternden Brief, den Du mir sogleich nach der erlebten Angst und Sorge schriebst, danken! Du bist eine so teure Schwester für mich, eine wirkliche zweite Mutter für unser teures, liebes Kind! Unser gemeinschaftlicher Enkel bindet uns und unsere Länder auch noch fester aneinander! Ich bin so dankbar, dass ich durchaus über nichts klagen möchte, aber es ist mir doppelt schmerzlich, meinem eigenen lieben Kinde in der schwersten Stunde ihres jungen Lebens nicht nah gewesen zu sein. Und jetzt hier in der Ferne sitzen zu müssen und sie und ihr Kindchen selbst nicht auf einige Augenblicke sehen zu können ist zu viel, fast unerträglich!

Princess Royal

Buckingham Palace, 9. März 1859

Mein armer Liebling! Du hast mir so leid getan! Es ist wirklich ein hartes, schreckliches Los, das wir durchleiden müssen, und die Männer sollten uns dafür bewundern und alles tun, um wieder gutzumachen, was sie schließlich ganz allein verursacht haben! Ich muss schon sagen, diese Dinge sind schlecht arrangiert, aber wir müssen sie in Ruhe und Geduld ertragen und einsehen, dass wir nichts daran ändern können, und darum müssen wir sie vergessen. Je mehr wir von unseren reinen, züchtigen Gefühlen bewahren, desto leichter kommen wir hinterher darüber hinweg. Ich fühle hier noch genauso wie ein junges Mädchen. Aber da ich eine erwachsene, verheiratete Tochter habe und junge verheiratete Verwandte, muss ich Dinge hören und über Details reden, die mir zuwider sind – aber dennoch unvermeidbar.

Princess Royal

Windsor Castle, 4. Mai 1859

Ich mag [Kinder] heute lieber als früher, sofern sie hübsch und niedlich sind, und mein Enkel würde mir auf jeden Fall gefallen. Allgemein gesprochen habe ich kein Faible für sie, bis sie ein wenig menschlich geworden sind. Ein hässliches Baby ist wirklich ein scheußliches Ding, und selbst das hübscheste ist schrecklich, wenn es nackt ist, bevor es so vier Monate alt ist, also so lange, wie sie ihren übergroßen Körper haben und die kleinen Gliedmaßen und diese schrecklichen froschartigen Bewegungen … Und, wie gesagt, Dein Kind würde mir in jedem Alter gefallen.

PRINCESS ROYAL

BRÜSSEL, 15. OKTOBER 1860

Liebstes Kind, es war für mich ein großes Glück, Dich zu sehen und mit Dir zusammen zu sein, zu sehen, dass Ihr beide so glücklich seid, und Deinen teuren, kleinen Liebling, diesen süßen, kleinen Jungen zu sehen, den ich so herzlich liebe. Ihn wieder verlassen zu müssen schmerzte mich sehr. Ich versichere Dir, dass wir beide Deinem kleinen Engel so überaus zugeneigt sind, diesem liebenswerten, charmanten kleinen Kerl. Gott segne ihn! Ich bin sicher, ich werde genau so viel Aufhebens um ihn und die kleine »Elizabeth« machen, wie man es von Großmüttern annimmt. Wie werde ich mich freuen, wenn wir sie – so Gott will – im nächsten Jahr bei uns haben werden.

PRINCESS ROYAL

OSBORNE, 27. JANUAR 1862

Wenn dieser Brief auch erst am Mittwoch abgeht, so will ich doch sogleich in des geliebten Papas Zimmer, an seinem Schreibtisch, zu schreiben beginnen. Und lass Dir in unserer beider Namen – denn dass Dir der liebe Papa Glück wünscht, fühle und weiß ich – zu unseres lieben, geliebten, kleinen Wilhelms Geburtstag, seinem dritten, Glück wünschen. Er liebte dieses liebe Kind so sehr, war so besorgt um ihn, war sich so sicher, dass er gescheit werden würde – was meine Liebe zu dem süßen Kind und mein Interesse an ihm nur vermehrt, das, wie Du weißt, mein Lieblingsenkel ist!

KÖNIG LEOPOLD VON BELGIEN

OSBORNE, 14. JULI 1864

Der liebe kleine Wilhelm, Vickys ältester Sohn, ein süßes, reizendes, viel versprechendes Kind, in den mein Liebster vernarrt war und der dieses Unglück mit seinem armen, kleinen, linken Arm hat, ist zur Luftveränderung hergekommen und um im Meer zu baden. Oh, wie mich dies an die Zeit vor drei Jahren erinnert, als wir alle zusammen den letzten friedlichen und glücklichen Sommer verbrachten (auch wenn uns der Verlust meiner teuren Mutter sehr betrübte). Und das liebe Kind erinnert sich an seinen teuren Großvater!

PRINCESS ROYAL

OSBORNE, 27. JANUAR 1865

Nimm heute meine allerbesten Wünsche für unsern lieben Wilhelm entgegen. Dieses geliebte und viel versprechende Kind war immer Papas großer Liebling. Er nahm (und nimmt immer noch, da bin ich sicher) größten Anteil an ihm, an seinem körperlichen und seelischen Wohlbefinden. [Wilhelm] ist so lieb und so gut, dass er mit Eurer Fürsorge und Gottes Gnade ein Segen für sein Land und eine Stütze für seine Eltern werden wird! Aber erziehe ihn einfach und schlicht, nicht mit diesem scheußlichen preußischen Stolz und Ehrgeiz, die unsern armen Papa so bekümmerten und die, wie er immer sagte, Preußen hindern, die Führung in Deutschland zu übernehmen, was er sich immer wünschte.

PRINCESS ROYAL

WINDSOR CASTLE, 25. APRIL 1865

Die Vorstellung, dem armen, kleinen Wilhelm den Nacken aufzuschneiden, um ihn in eine Maschine zu spannen, entsetzt mich. Ich habe dazu die Meinung von Sir James und W. Jenner eingeholt – aber Du kannst Dich darauf verlassen, dass ich niemandem davon erzählen werde und dass niemand das liebe Kind mit der schrecklichen Maschine sehen wird. Ich kann den Gedanken nicht ertragen, dass er dieser Folter ausgesetzt wird. Das arme, liebe Kind!

TAGEBUCH

OSBORNE, 27. JANUAR 1866

Des lieben kleinen Wilhelms Geburtstag. Möge Gott ihn beschützen, und möge er gut, klug und liberal in seinen Ansichten werden, seinem geliebten Großvater würdig, der sich so sehr um ihn sorgte, auf dass er nicht zu einem »eingebildeten Preußen« heranwachse.

PRINCESS ROYAL

LUZERN, 30. AUGUST 1868

Was Du über den lieben Willy schreibst, interessiert mich sehr. Ich teile Deine Sorge, besonders was Hochmut und Egoismus betrifft. Heutzutage, da ein Fürst seine Stellung nur noch durch seinen Charakter rechtfertigen kann, ist Hochmut überaus gefährlich. Und überdies bin ich auch der

Victoria mit ihrem Enkel Willi, dem späteren Wilhelm II., 1864

festen Überzeugung, dass wir vor Gott alle gleich sind und dass in jedem Augenblick der Höchste sich zu Füßen des Elendesten und Niedrigsten wiederfinden kann. Ich selbst fand schon die edelsten, feinsten und kultiviertesten Gefühle bei einfachsten, ungebildeten Menschen, und es ist absolut nötig, dass sich jeder Fürst dessen bewusst ist. Ich bin sicher, dass Du, Liebling, die Du nie eingebildet warst, das nachempfinden kannst und gut verstehen wirst.

KAISERIN AUGUSTA

BALMORAL, 5. SEPTEMBER 1874

Eine absolute Notwendigkeit ist es aber, dass Wilhelm noch Kind bleibt, denn ein Junge von ungefähr fünfzehneinhalb ist eigentlich wie ein Mädchen von zwölf, und nichts ist schlimmer und schädlicher, als junge Leute zu früh als »selbstständig« und erwachsen zu behandeln. Besonders für Prinzen. Je länger man sie zurückhalten kann, desto besser ist es. Vicky sagte mir, wie sehr Willy Dich liebe; aber mit aller Güte musst Du ihn nicht verziehen. Ich habe so viele Enkel, dass ich ziemlich viel Erfahrung darin habe ...

Bei aller politischen und familiären Geschäftigkeit finden Albert und Victoria Zeit, ihre, vor allem aber seine kulturellen Interessen gemeinsam zu verfolgen.

PRINCESS ROYAL

BUCKINGHAM PALACE, 21. APRIL 1858

Am Montag Abend sahen wir uns ›König Lear‹ an; ich schicke Dir einen Zeitungsbericht darüber und habe Mary Bulteel gebeten, selbst einen kleinen Bericht für Dich zu verfassen. Es war sehr schön, ist aber ein schrecklich schmerzliches Stück, wenn auch überaus großartig. Kean spielt wunderbar – und Kate Terry ist eine ganz entzückende, anrührende, liebliche Cordelia. Die Schlussszene ist einfach zu traurig, wie er sie hereinträgt, tot in seinen Armen liegend, wie ihr Kopf niedersank, die Art, wie ihre langen, blonden Haare fließend herunterhingen – all das erinnerte uns schmerzlich an den letzten, unvergesslichen Anblick unserer liebsten Tante Victoire.

Princess Royal

Buckingham Palace, 16. April 1859

Übrigens: Du hast Dir doch die ›Lustigen Weiber [von Windsor]‹ angesehen. Du musst das Stück als sehr derb empfunden haben. Sogar ich hatte nie den Mut, es mir anzusehen – wo mir alle gesagt haben, wie derb es ist; denn Dein angebeteter Shakespeare ist schrecklich, was das angeht, und in vielen seiner Stücke muss eine Menge ausgelassen werden.

Princess Royal

Windsor Castle, 20. April 1859

Dem, was Du über Shakespeare sagst, stimme ich voll zu. Du brauchst keine Angst zu haben, Dir den ›Faust‹ anzusehen. Ich bin bestimmt die schüchternste von allen, wo ich doch nun eine Matrone bin, was diese Dinge angeht. Aber es ist so ein schönes Stück, dass man sich darüber nicht ärgert. Ich rate Dir, Liebes, es Dir anzusehen. Auch französische Stücke solltest Du Dir anschauen. Es gibt wirklich viele, ja eine

Unmenge charmanter kleiner Stücke, und unser teurer Papa, der, wie Du ja weißt, alles andere als ein Franzosen-Freund ist, ergötzte sich sehr an französischen Stücken, mehr als an allen anderen. Und wir sind früher, als wir noch eine gute Schauspieltruppe hatten (was seit '54 nicht mehr der Fall ist), regelmäßig hingegangen und haben uns über alle Maßen amüsiert. Das ist richtig gute Sprachübung. Daher hoffe ich, meine Liebe, dass Du hingehst. Auch wenn man ein Volk nicht mag, sollte das einen nicht davon abhalten, das zu bewundern und zu genießen, was bei ihm gut, klug und amüsant ist.

Princess Royal

Buckingham Palace, 11. Februar 1860

Dein Bericht über den musikalischen Geschmack der Familie hat mich sehr amüsiert. Ich kann gar nicht verstehen, wieso sie Meyerbeer, Mendelssohn und Weber nicht bewundern; Mozart gefällt mir nicht immer, weil ich seine Orchestrierungen recht schwach finde (so waren sie nun mal zu seiner Zeit). Du solltest Dich nicht zu sehr gegen die italienische Musik sträuben, wo die Prinzessin sie so liebt und selbst Fritz sie mag. Einige von Bellinis Stücken sind wunderbar (selbst Papa mag viele davon). Auch ›Rigoletto‹ hat einige hübsche Passagen, nicht jedoch ›La Traviata‹ oder ›Ernani‹.

Princess Royal

Windsor Castle, 17. November 1860

Ich habe gerade [George Eliots] ›Die Mühle am Floss‹ gelesen, und ich muss sagen, dass es mich tief beeindruckt hat. Der Stil und die Gefühlsbeschreibungen sind wunderbar und schmerzlich! Die arme Maggie! Warum müssen sie nur ertrinken? Aber den armen Philip Wakem bedaure ich am meisten! Stephen hat sehr übel gehandelt; Tom hat durchaus gute Züge, ist aber zu streng.

Princess Royal

Windsor Castle, 19. Januar 1861

Papa ist einfach zu frech. Als er den Brief gelesen hatte, in dem Du schriebst, dass die arme Königin Dich darum beneide, wie leicht Du weinen kannst, sagte er, »dass Du sehr glücklich sein musst, wo Dir dieses doch ein Leichtes ist! und dass Lenchen eigens zu diesem Zwecke zu Dir geschickt werden sollte«. Gewiss hat unsere ganze Familie (selbst ich, obwohl nicht mehr so viel wie früher) sehr nah am Wasser gebaut: Affie ist da genau so wie wir alle. Aber das ist ein gutes Zeichen, es verrät ein warmes Herz, obwohl man sich natürlich zurückhalten muss, und wenn man nicht weint, heißt das nicht, dass man gefühlskalt ist. Hast Du schon die ›Bilder aus dem kirchlichen Leben‹ gelesen von George Eliot, die auch ›Adam Bede‹ schrieb und ›Die Mühle am Floss‹? Die ›Bilder‹ sind bewundernswert, besonders ›Mr. Gilfils Liebesgeschichte‹, welche überaus anrührend ist.

Zu Beginn des Jahres 1861 stirbt die Mutter. Die Diskrepanzen zwischen Tagebuch und den Briefen an Onkel bzw. Tochter lassen die Spannungen letztmalig sichtbar werden, die im Mutter-Tochter-Verhältnis vor und nach der Thronbesteigung aufbrachen und die Albert zu beseitigen sich bemüht hatte. Die Trauer Victorias erscheint ebenso exaltiert wie ritualisiert. »Viktorianischer« Totenkult und persönlicher Schmerz sind nicht zu trennen.

TAGEBUCH

15. MÄRZ 1861

O welche Pein, welche Verzweiflung ist dies gewesen [die Mutter sterben zu sehen]. Ich kniete vor ihr, küsste ihre liebe Hand und legte sie an meine Wange; aber obwohl sie die Augen öffnete, hat, glaube ich, sie mich nicht erkannt. Sie wischte die Hand weg, und ich musste als schreckliche Wahrheit einsehen, dass sie zum ersten Mal das Kind nicht erkannte, das sie sonst stets mit zärtlichem Lächeln empfangen hatte! Ich ging hinaus, um zu schluchzen ... Wie die Nacht zum Morgen wurde, legte ich mich auf das Sofa am Fußende des Bettes nieder ... Ich hörte jede Stunde schlagen ... Um vier ging ich wieder hinunter. Alles war still – nichts zu hören, außer dem schweren Atem und dem Schlagen der Viertelstunden durch die alte Repetieruhr, eine große Uhr in einem Schildpattetui, die meinem armen Vater gehört hatte, deren Klang all die Erinnerungen an meine Kindheit zurückbrachte ... Da ich mich schwach und erschöpft fühlte, ging ich wieder nach oben und legte mich in stummem Elend nieder ... Das schreckliche, entsetzliche Unglück ist uns zugestoßen, es scheint wie ein furchtbarer Traum ... O Gott! Wie furchtbar! Wie geheimnisvoll! ... Unablässig zu weinen, war mir Trost und Erleichterung ... aber ach! diese Pein!

Princess Royal

Frogmore, 16. März 1861

An diesem schrecklichsten Tag meines Lebens muss ich Dir eine Zeile schreiben! Die teure Lady Augusta (die für sie wie eine Tochter war) wird Dir einen ausführlichen Bericht senden, wozu ich im Moment nicht in der Lage bin, außer dass ihr Ende friedlich kam, sie keine Schmerzen hatte und ich ihre Hand bis zuletzt hielt. Doch, ach! der Schmerz ist unbeschreiblich, wenn man sieht, wie das Leben eines Menschen zur Neige geht, der einem so teuer, so wertvoll war. Ich war gerade noch mal bei ihr – wie friedlich, wie schön sie aussah! Und wenn ich daran denke, dass sie nie mehr zu mir sprechen kann, dass diese teure, liebende Stimme für immer stumm bleibt und diese Sonne der Liebe und Zuneigung nie mehr unser Leben erhellen kann, dann fühle ich, als ob mir das Herz bräche! Du, mein Liebling, hast schon ein Totenbett erlebt, ich noch nie. Aber Du hast nur den Tod eines Menschen erlebt, den Du kaum kanntest und der so lange schon ohne Bewusstsein war! Du kannst Dir nun vorstellen, was es bedeutet, wenn es der liebste Mensch (außer einem) ist, den Du besitzt! Ich werde diese fürchterlichen Nacht- und Morgenstunden nie vergessen. Aber Gottes Wille möge geschehen!

König Leopold von Belgien

Frogmore, 16. März 1861

An diesem, dem schrecklichsten Tag meines Lebens schreibt Dir Dein armes Kind mit gebrochenem Herzen eine Zeile der Liebe und Ergebenheit. Sie ist von uns gegangen! Die treue, innig geliebte, zärtliche Mutter – von der ich, von wenigen Monaten abgesehen, nie geschieden war – ohne die ich mir kein Leben vorstellen kann – ist uns genommen worden! Es ist zu schrecklich! Aber sie ruht in Frieden – hat Ruhe gefunden – ihr furchtbares Leiden ist zu Ende! Es war ganz schmerzlos – wenn wir auch ihr sehr peinigendes, herzergreifendes Atmen miterleben mussten. Ich hielt ihre liebe, liebe Hand bis zum Ende in der meinen, wofür ich wahrhaft dankbar bin! Aber mit anzusehen, wie dies teure Leben schwand, war furchtbar! Doch ach! sie erkannte mich nicht mehr! So wurde ihr der Trennungsschmerz erspart! Wie dies Dich bekümmern und peinigen wird! Dich, der Du uns nun doppelt teuer bist ... Ich fühle mich wahrhaft *Verwaiszt**.

KÖNIG LEOPOLD VON BELGIEN

BUCKINGHAM PALACE, 30. MÄRZ 1861

Es ist mir ein Trost, Dir zu schreiben, und ich glaube, dass es Dich freut, von Deinem armen mutterlosen Kind zu hören. Heute ist es schon vierzehn Tage her, aber es scheint wie gestern – alles steht mir vor den Augen, und gleichzeitig erscheint alles, alles als ganz unwirklich. Die Leere – die Verlassenheit – die fürchterliche und entsetzliche *Sehnsucht und Wehmuth** kehren mit doppelter Gewalt zurück, und die Tränen, die nun Tag für Tag willkommene Freunde sind, schaffen mir größte Erleichterung.

Wir haben immens viel zu tun – und alles ist in bester Ordnung; aber die Schubladen und Wäscheschränke zu öffnen und all ihre lieben Schmuckstücke und ihr Geschmeide anzuschauen, um alles zu identifizieren und ihre wirklich vorzügliche Dienerschaft von aller Verantwortung und

Sorge zu befreien, ist wie ein Sakrileg, und ich fühle, als ob mir das Herz zerrissen würde! So viele Erinnerungen an meine Kindheit kehren zurück, und diese stummen Erinnerungsstücke, die sie trug und gebrauchte und die so peinigend das überlebten, was wir so teuer und leidenschaftlich liebten, bringen Saiten in unseren Herzen und Seelen zum Erklingen, was überaus schmerzlich und doch auch wohltuend ist.

Zu Ende des Jahres, am 14. Dezember 1861, stirbt Albert. Sein Tod wirkt traumatisierend auf Victoria. Die leidenschaftliche Liebe mutiert zu ebenso leidenschaftlicher Trauer. Victoria definiert sich hinfort als Witwe, der zum einen die Trauer um ihren »Engel«, zum anderen die Verwirklichung von Alberts Wünschen, Vorstellungen und Plänen Lebensinhalt und Gesetz wird. Sie zieht sich nahezu gänzlich aus dem öffentlichen Leben, von ihren repräsentativen Pflichten zurück. Ihren monarchisch-politischen hingegen kommt sie im Sinne Alberts eifersüchtig und penibel nach.

KÖNIG LEOPOLD VON BELGIEN

BUCKINGHAM PALACE, 9. FEBRUAR 1858

Morgen ist der achtzehnte Jahrestag meiner gesegneten Hochzeit, die so segensreich für alle in diesem Land und Europa war. Denn was hat mein geliebter und vollkommener Albert nicht alles getan! Die Monarchie in den Zenit der Hochachtung erhoben und sie beim Volke so beliebt gemacht, wie sie nie zuvor in diesem Lande war!

PRINCESS ROYAL

BUCKINGHAM PALACE, 16. FEBRUAR 1861

Unser armer lieber Vater leidet seit drei Tagen an schlimmen Zahnschmerzen, was ihn schrecklich mitnimmt und peinigt; sie scheinen überaus hartnäckig zu sein. Eine Wurzel hat sich entzündet; leichte Schmerzen hatte er schon im letzten Herbst auf der Reise nach Coburg und auch in Babelsberg 1858, aber es war nicht annähernd so schlimm wie jetzt. Ich hoffe jedoch, dass es ihm heute schon etwas besser geht. Aber der teure Papa würde nie sagen, dass er sich besser fühlt, oder versuchen dagegen anzugehen, er schaut vielmehr so elend drein, dass alle immer denken, er sei sehr krank. Bei mir ist es genau umgekehrt. Vor anderen verhalte ich mich ganz normal und zeige nicht das Geringste, so dass nie jemand glaubt, ich sei krank oder leide. Seine Nerven sind so sensibel und reizbar, und alles und jedes wirft ihn völlig aus der Bahn.

PRINCESS ROYAL

BALMORAL, 1. OKTOBER 1861

Du schreibst, niemand sei vollkommen außer Papa. Aber auch er hat seine Fehler. Er ist oftmals sehr anstrengend mit seiner Hektik und seinem übermäßigen Interesse am Regierungsgeschäft. Und ich glaube, auch Du würdest es anstrengend finden, wenn Fritz so barsch und ungeduldig wäre, wie er es ist (wenn auch nur manchmal und unabsichtlich)!

PRINCESS ROYAL

WINDSOR CASTLE, 4. DEZEMBER 1861

Du weißt aus dem letzten Jahr, was es heißt, einem geliebten Kranken Gesellschaft zu leisten. Daher kann ich Dir nur ein paar Zeilen schreiben und sagen, dass unser geliebter Papa auf dem Wege der Besserung ist, und ich hoffe, dass es nun mit jedem Tag einen deutlichen Schritt vorwärts geht. Aber er ist so depressiv und niedergeschlagen, was immer sehr bedrückend ist. Und die vielen schlaflosen Nächte haben ihm sehr zugesetzt, wie auch die Tatsache, dass er keinerlei Essen zu sich nehmen kann, was überaus ärgerlich ist. Diesmal ist mit dem Gedärm alles in Ordnung. Er mag es, wenn man ihm dauernd vorliest. Unseren Gästen für morgen musste ich absagen.

KÖNIG LEOPOLD VON BELGIEN

WINDSOR CASTLE, 4. DEZEMBER 1861

Ich muss mich vielmals entschuldigen, dass ich gestern nicht geschrieben habe, aber ich hatte viel zu tun, da meines teuren Alberts Rheumatismus sich zu einer ausgewachsenen Grippe entwickelte, die ihn sehr niedergedrückt und geschwächt hat. Seit Montag hat er sein Zimmer nicht verlassen. Sein Appetit und Schlaf sind davon betroffen, was sehr unangenehm ist, und Du weißt, dass er immer so niedergeschlagen ist, wenn etwas mit ihm nicht in Ordnung ist. Wie auch immer: Es geht ihm heute entschieden besser … Es ist äußerst ärgerlich, da es ihm ganz besonders gut ging, bevor er sich diese Erkältung einfing als Folge verschiedener Unannehmlichkeiten.

KÖNIG LEOPOLD VON BELGIEN

WINDSOR CASTLE, 6. DEZEMBER 1861

Es freut mich, dass ich entschieden Besseres von meinem geliebten Albert berichten kann. Er hat seit gestern Abend mehr geschlafen und viel mehr Nahrung zu sich genommen. Insgesamt befindet er sich mit dieser widerlichen fiebrigen Grippe und der Magenverstimmung auf dem Wege der Besserung, aber dies wird langsam und mühselig sein, und wenn es auch kein einziges alarmierendes Symptom gegeben hat, so litt er doch unter solcher Ruhelosigkeit, solcher Schlaflosigkeit und (bis heute) solch totaler Appetitlosigkeit, dass dies mich sehr, sehr ängstlich machte, und ich kann die Angst nicht beschreiben, in der ich mich befand! Ich fühle mich heute ganz erheblich mitgenommen, denn in vier Nächten habe ich nur zwei oder drei Stunden geschlafen. Freilich haben wir jetzt Grund zu hoffen, dass die Erholung, mag sie auch einigermaßen mühselig sein, nicht zu lange auf sich warten lassen wird. Morgen hörst Du wieder von mir.

TAGEBUCH

WINDSOR CASTLE, 7. DEZEMBER 1861

Ich ging auf mein Zimmer und weinte schrecklich und fühlte mich, ach! als ob mein Herz brechen müsste – ach! solche Pein, die jedes Leid in diesem Jahr übertraf. O Gott! hilf ihm und schütze ihn! ... Mir scheint, ich lebe in einem schrecklichen Traum. Mein Engel lag im Schlafzimmer auf dem Bett, und ich saß und wachte bei ihm, und die Tränen flossen schnell ... sah Dr. James und Dr. Jenner, besprach mit ihnen, was die Ursachen von diesem sein könnten. Große Sorgen und allzu lange, viel zu anstrengende Arbeit! Das muss aufhören!

PRINCESS ROYAL

WINDSOR CASTLE, 8. DEZEMBER 1861

Unserem liebsten Papa geht es so gut, wie man nur wünschen kann, und, so Gott will, werden keine Rückschläge auftreten. Dann können wir auch die Langwierigkeit [der Krankheit] in Geduld ertragen. Aber das Ganze ist wie ein böser Traum: ihn so gebeugt, ausgezehrt und schwach zu sehen, so vollkommen hilflos und kaum je lächelnd – das ist fürchterlich.

TAGEBUCH

WINDSOR CASTLE, 9. DEZEMBER 1861

Er phantasiert oft, aber sie sagen, das bedeute nichts, auch wenn es peinigend ist, da es gar nicht meinem Engel entspricht. Er war so lieb, mich »*gutes Weibchen*«* zu nennen, und wünschte, dass ich seine liebe Hand halte. Oh, es ist eine bange, bange Zeit, aber Gott wird uns hindurchhelfen.

PRINCESS ROYAL

WINDSOR CASTLE, 10. DEZEMBER 1861

Gott sei Dank! Unser geliebter Papa hatte wieder eine ruhige Nacht, und es geht ihm zufrieden stellend. Gegenüber gestern sieht man eine deutliche Besserung und einige zufrieden stellende Anzeichen. Im Moment ist er im Bett, und er verbringt nur einige Stunden am Tag auf dem Sofa, das wir als Bett zurechtmachen ließen. Er nimmt reichlich Nahrung zu sich und ist wirklich sehr geduldig. Aber es dauert eben noch einige Tage, bis das Fieber nachlässt. Es ist eine sehr, sehr schwere Prüfung, all dies mit ansehen und beobachten zu müssen. Ich gehe andauernd in sein Zimmer und bin lange bei ihm. Das ist meine größte Freude, mein größter Trost. Aber dies ist ein Leben voller Sorge und verlangt viel Mut.

KÖNIG LEOPOLD VON BELGIEN

WINDSOR CASTLE, 11. DEZEMBER 1861

Ich kann von einer weiteren guten Nacht berichten, von keinem Kraftverlust und gleichbleibend zufrieden stellenden Symptomen. Aber mehr wagen wir für einige Tage nicht zu hoffen; sofern wir keinen Boden verlieren, bedeutet das im Augenblick täglichen Gewinn ... Es ist ihm angenehm, wenn ihm vorgelesen wird, da es ihn beruhigt. Auch aus W[alter] Scott wird ihm vorgelesen. Du sollst morgen wieder von mir hören, liebster Onkel, und möge jeder Tag, so es Gott gefällt, Erfreulicheres bringen.

KÖNIG LEOPOLD VON BELGIEN

WINDSOR CASTLE, 12. DEZEMBER 1861

Ich kann wiederum von unserem überaus teuren Kranken Günstiges berichten. Er hält sich gut – hatte eine weitere, sehr gute Nacht – nimmt viel Nahrung zu sich und zeigt eine überraschend starke Kondition. Ich bin, so oft es geht, bei ihm, aber seit jenen ersten vier schrecklichen Nächten letzte Woche, bevor sie feststellten, dass es ein gastrisches Fieber ist, wache ich nicht mehr die Nächte bei ihm, da ich von keinem Nutzen bin; und es gibt nichts, um beunruhigt zu sein. Zweimal am Tag gehe ich für eine Stunde spazieren. Es ist eine sehr beschwerliche Zeit, da solch ein Fieber mit all seiner Verzweiflung, Schwäche und gelegentlichen und immer gleichen Delirien höchst peinigend zu beobachten ist – aber wir hatten nie auch nur ein einziges ungünstiges Symptom; morgen, vom 22. an gerechnet, als mein teurer Albert krank wurde, nachdem er an einem nassen Tag einige Gebäude besichtigt hatte und zudem wegen anderem Ärger unterschiedlichster Art ganz außergewöhnlich niedergedrückt war, ist die dritte Woche zu Ende; danach dürfen wir auf Besserung hoffen, aber die Doktoren sagen, dass sie überhaupt nicht enttäuscht wären, wenn diese erst nach dem Ende der vierten Woche sich einstellte.

TAGEBUCH

WINDSOR CASTLE, 14. DEZEMBER 1861

Ging um 7 hinüber wie üblich. Es war ein klarer Morgen; die Sonne ging gerade auf und schien hell ... Niemals werde ich vergessen, wie schön mein Liebster aussah, wie er so dalag, das Gesicht von der aufgehenden Sonne erleuchtet, die Augen ungewöhnlich hell, als ob sie unsichtbare Dinge betrachteten, ohne von mir Notiz zu nehmen ... Sir James war sehr hoffnungsvoll, wie auch Dr. Jenner, und sagte, dies sei eine »entscheidende Besserung«, aber sie seien alle »sehr, sehr besorgt« ... Ich fragte, ob ich nach draußen gehen könne, um frische Luft zu schnappen. Die Doktoren antworteten: »Ja, in unmittelbarer Nähe, auf eine halbe Stunde!« ... Ich ging mit Alice auf die Terrasse. Die Militärkapelle spielte in einiger Entfernung, und ich brach in Tränen aus und ging wieder hinein ... Sir James war sehr hoffnungsvoll; er habe viel schlimmere Fälle gesehen. Aber das Atmen war das, was alarmierte – so schnell, ich glaube, 60 Respirationen in der Minute ... Ich beugte mich über ihn und sagte: »*Es ist Kleines Fräuchen*«*, und er neigte den Kopf; ich fragte ihn, ob er mir »*ein[en] Kuss*«* geben wolle, und er tat es. Er schien halb vor sich hin zu dösen, ganz ruhig ... Ich verließ für einen Augenblick das Zimmer und setzte mich völlig verzweifelt auf den Boden. Jeder Versuch anderer, mich zu trösten, verschlimmerte nur alles ... Alice sagte mir, ich solle hereinkommen ... und ich nahm seine liebe linke Hand, die schon kalt war, auch wenn der Atem ganz sanft ging, und kniete bei ihm nieder ... Alice war auf der anderen Seite, Bertie und Lenchen ... knieten am Fußende des Bettes ... Zwei, drei lange, aber vollkommen sanfte Atemzüge, seine Hand umklammerte meine und ... alles, alles war vorbei. Ich stand auf, küsste seine liebe, himmlische Stirn und rief in bitterer Agonie: »O mein teurer Liebster!«

Princess Royal

W**INDSOR** C**ASTLE**, 18. D**EZEMBER** 1861

Gott segne Dich für Deinen schönen Brief vom Sonntag, der gestern hier ankam. Oh! mein armes Kind, wie wahr – »Warum verschlingt uns die Erde nicht?« Warum nicht? Wie kann ich noch leben nach dem, was ich erleben musste? Ach, mir das, die ich doch immer betete, dass wir zusammen sterben mögen und ich ihn nicht überleben möge! Wo ich doch immer fühlte, dass nichts uns trennen könne, wenn seine gesegneten Arme mich umfingen und fest hielten in den heiligen Stunden der Nacht, wenn die ganze Welt nur uns zu gehören schien. Ich fühlte mich so sicher und wiederholte immerzu: »Der Herr wird uns beschützen«, obwohl ich immer um seine Sicherheit zitterte, wenn er nur eine Minute nicht bei mir war. Ich konnte mir die physische Möglichkeit dieses Schicksalsschlags nicht im Traum vorstellen – so eine fürchterliche Katastrophe für mich, für alle. Was soll bloß werden aus uns, aus diesem unglücklichen Land, aus Europa, aus der Welt? Für Euch ist der Verlust solch eines Vaters unersetzlich! Ich werde alles tun, was in meiner Macht steht, um alle seine Wünsche zu befolgen – um für Euch und meine Pflicht zu leben. Aber wie soll ich weiterleben, wie mich verhalten und mir helfen in schwierigen Momenten, wo ich mich in allen Dingen auf ihn verließ, wo ich nichts ohne ihn tat, nicht einen Finger krumm machte, keinen Druck, keine Photographie einordnete, kein Kleid anzog oder Hut aufsetzte, ohne dass er es guthieß. Wie werde ich mich nach seinem Rat sehnen! Ach! Es ist allzu beschwerlich. Die Tage, die Nächte (besonders die Nächte) sind viel zu traurig, viel zu beschwerlich. Die Tage scheinen nie zu vergehen! Ich versuche so zu fühlen und zu denken, als lebte ich auch weiter mit ihm zusammen, als ob sein reiner, vollkommener Geist mich führt und leitet und inspiriert. Aber mein liebes Kind, seiner so würdig, im Geiste ihm so verwandt – mein Leben, so wie ich es verstand, ist nun vorbei, vergangen, abgeschlossen! Freude, Vergnügen – alles für immer vorbei ...

Die süße, kleine Beatrice kommt jeden Morgen zu mir ins Bett, was mich sehr tröstet. Ich sehne mich so danach, einen geliebten Menschen zu umarmen, mich an ihn anzulehnen. Ach, wie ich Papa bewunderte! Wie sehr liebte ich ihn! Wie war alles an ihm schön und teuer in meinen Augen! Ach, wie sehr, wie sehr werde ich alles vermissen, alles! ach! ach! die Bitternis – die Bitternis dieses Leids! Zweimal ging ich am Sonntag zu ihm – schön wie Marmor war er – sein Gesicht vollendet und gleichwohl so mager. Er war von Blumen umgeben. Ich ging nicht wieder ...

Heute Morgen habe ich einen Platz in Frogmore Gardens für unser Mausoleum ausgesucht.

KÖNIG LEOPOLD VON BELGIEN

OSBORNE, 24. DEZEMBER 1861

Auch wenn ich, so es Gott gefällt, Dich bald sehen werde, muss ich Dir diese wenigen Zeilen schreiben, um Dich darauf vorzubereiten, wie beschwerlich und traurig die Lage ist, in der Du Dein armes, verlassenes, trostloses Kind vorfinden wirst – das sich in einem öden, freudlosen Leben dahinschleppt! Es ist mir zudem wichtig, eines zu wiederholen, und das ist mein fester Entschluss, meine unwiderrufliche Entscheidung, dass nämlich *seine* Wünsche – *seine* Pläne – zu allem, alle seine Ansichten mir Gesetz sein sollen! Und keine menschliche Macht wird mich dazu bringen, von dem abzuweichen, was er beschlossen hatte und wünschte –, und

›Die Königin in Osborne‹. Stich von W. Holl nach einem Gemälde von A. Graefle, 1864

von Dir erhoffe ich hierbei Unterstützung und Hilfe. Dies gilt besonders für unsere Kinder – Bertie usw. –, für deren Zukunft er alles so sorgfältig entworfen hatte. Ich bin auch entschlossen, dass keiner meiner Diener, mag er noch so gut, mag er mir noch so ergeben sein, mich führen oder leiten oder mir befehlen soll. Ich weiß, wie sehr er dies missbilligen würde. Und ich lebe mit ihm, für ihn weiter; in der Tat bin ich nur äußerlich von ihm getrennt, und das nur für kurze Zeit.

LORD PALMERSTON

26. DEZEMBER 1861

An Arbeit kann [die Königin] noch gar nicht denken; denn ihre ganze Seele, verletzt und zerschmettert wie sie ist, und ihr gänzlich gebrochenes Herz leben nur in jener zukünftigen Welt, die ihr jetzt näher denn je ist, da sie ihn beherbergt, der ihres Lebens Leben war, den Sonnenschein ihres Seins, ihren Führer, ihre Stütze – ihr Alles, der zu rein, zu vollkommen für diese Welt war. Die Königin fühlt, dass ihr Leben – aus weltlicher Sicht – zu Ende ist; es ist ihr Wunsch, es bald zu verlassen, um mit ihm zu sein, für den sie ihres hundertmal gegeben hätte, dem sie barfuß durch die Welt gefolgt wäre! Wenn sie denn ihr Leben freudlos und öde dahinschleppen muss, dann um seinem segensreichen Beispiel zu folgen, seinen Wünschen, den großen wie den kleinen, und sie weiß dann, dass sie das Rechte tut! Vor allem hat sie, was seine armen Kinder betrifft, nur ein Ziel vor Augen, und das ist, seinen Ansichten zu folgen, seinen Plänen für deren Zukunft und deren Bestes, und zwar ohne die kleinste Abweichung. Seine Wünsche sind ihr Gesetz, und das muss und wird ihr Ziel, ihr heilige Pflicht sein! Pflicht und Selbstaufopferung waren seine Prinzipien, und er hat sein teures Leben durch Überanstrengung für das Wohl des Landes und der Menschheit im Allgemeinen verkürzt! Möge dieses Land, das nie einen so großen, so reinen und so vollkommenen Fürsten besaß, sich seiner wert erweisen.

TAGEBUCH

OSBORNE, 1. JANUAR 1862

War unfähig, mein Tagebuch zu führen seit dem Tag, an dem mein Geliebter uns verlassen hat, und mit welch schwerem, gebrochenem Herzen beginne ich ein neues Jahr ohne ihn! Mein schreckliches und überwältigendes Unglück macht, dass ich so viel zu tun habe, dass ich mich fortan auf Notizen zu meinem traurigen und einsamen Leben beschränken muss. An diesem Tag vor einem Jahr waren wir so vollkommen glücklich – und jetzt! Vor einem Jahr weckte uns Musik; kleine Geschenke, Glückwünsche zum Neuen Jahr, von der Zofe hereingebracht und dann an den liebsten Albert weitergegeben, die Kinder, die mit ihren Geschenken im Zimmer nebenan warteten – all diese Erinnerungen stürzten überwältigend auf mich ein. Alice schlief in meinem Zimmer, und Baby [Prinzessin Beatrice], die liebe, kam früh herunter. Fühlte mich, als ob ich in einem schrecklichen Traum lebte.

PRINCESS ROYAL

OSBORNE, 11. JANUAR 1862

Sprich nicht von weiteren zwanzig Jahren – das genügt, um mich verrückt zu machen. Auf meinen Knien flehe ich zu Gott, dass es nur noch sehr, sehr wenige sein mögen, wenn auch noch einige! Aber ich spüre, dass sich meine Lebensreise zum Ende neigt. Ich muss immer nur arbeiten und finde keine Ruhe mehr, und die Last der Arbeit ist größer, als ich ertragen kann. Ich, die ich die Regierungsgeschäfte immer hasste, habe nunmehr nichts als diese! Öffentlich und privat, alles bleibt an mir hängen! Er, mein Liebling, erleichterte mir alles, nahm mir jede Mühe und Sorge ab, und nun muss ich mich alleine plagen.

PRINCESS ROYAL

OSBORNE, 7. FEBRUAR 1862

Diese absurde Geschichte, auf die Du neulich anspieltest, dass man Gott mehr als alle Menschen lieben müsse, fand Papa immer höchst lächerlich! Er sagte immer, dass die Liebe zu Gott von ganz anderer Art sei: nämlich Glaube und Vertrauen zu einem großen, unbegreiflichen Geist, dessen Verehrung! Nicht die Liebe, die aus der gegenseitigen innigen Kenntnis herrührt, eine Liebe, so wie man sie auf Erden erreicht, die immer reiner wird! Ja, ich habe unsern vergötterten Papa immer mehr geliebt und werde ihn immer mehr lieben als alles andere im Himmel oder auf Erden, und Gott sieht dies, weiß es und heißt es gut, denn er hat mir mein Herz gegeben, meine Gefühle der Liebe und jenen gesegneten, teuren Menschen, um nur ihn anzusehen und über alles zu lieben …

LORD DERBY

OSBORNE, 17. FEBRUAR 1862

Die Königin wünscht, Lord Derby für die Abschrift seiner Rede persönlich zu danken, und ihre Genugtuung darüber auszudrücken, dass er in der Kommission für die Gedenkstätte, die ihr so sehr am gebrochenen Herzen liegt, mitarbeitet ...

Sie sieht, wie die Bäume ausschlagen, wie die Tage länger werden, wie die Primeln herauskommen; aber sie meint immer noch im Monat Dezember zu sein. Die Königin müht sich von früh bis spät, geht zweimal am Tag aus, tut alles, was ihre Ärzte von ihr begehren, aber sie verschmachtet und vergeht, und in ihrer innersten Seele ist das, was ihr Sein zu untergraben scheint.

PRINCESS ROYAL

BALMORAL, 20. MAI 1862

Ich bemühe mich, alle bösartigen Gefühle (damit meine ich alle Schwächen und Hinfälligkeiten, besonders den Egoismus) und meine Gereiztheit zu bekämpfen, so schwer dies auch bei meinem großen Kummer und Leid ist. Aber ein Leben tiefster Niedergeschlagenheit, der freudlosen Ziellosigkeit ist schrecklich und reibt mich auf! Alles hier erscheint mir platt und bedeutungslos, obwohl die Natur doch so schön ist! Das frische Grün der Lärchen und Birken vermischt mit den Farben der Wildblumen, die liebliche Luft und die höchsten Berge, noch mit Schnee bedeckt – all das bewundere ich. Sonst aber hat es keine Wirkung, gibt mir weder Vergnügen noch Befriedigung.

Prinzessin Augusta von Preussen

Balmoral, 26. Mai 1862

Teure Augusta! Du verzeihst mir wohl, dass ich nicht früher auf Deine zwei so lieben Briefe vom 1. und vom 29. März geantwortet habe! Allein meine Briefe sind jetzt so inhaltslos, so traurig und wehmütig, und die Welt und ihr wildes Treiben ist mir jetzt so einerlei, ich bin so gänzlich abgestorben für alles, was sonst die Menschheit beschäftigt, dass ich fürchte, Dich, geliebte Freundin, dadurch nur zu belästigen! Deine lieben Zeilen vom 20. zu meinem armen unglücklichen Geburtstag sind aber so liebevoll und teilnehmend, dass ich nicht länger zögern wollte, sondern heute gleich Dich herzlich umarme und Dir tausendmal dafür und für das hübsche Bildchen danke.

Teure Augusta, für mich ist alles hin! Ich lebe bloß durch Ihn, den himmlischen Engel. Ein solches Vertrauen, eine solche Verbindung und Einigkeit gibt es kaum je wieder! Ich kann sagen, dass Er mein ganzes Ich, mein Leben, meine Seele, ja mein Gewissen, wenn ich es so ausdrücken könnte, war! Ich dachte durch ihn, er leitete mich, beschützte mich, führte mich, belehrte, beruhigte und ermunterte mich und erheiterte und beseelte das ganze Haus durch seine heitere, stets gleiche Laune und durch seinen seltenen wunderbaren Geist!

Jetzt bin ich wie tot! Ich suche das Rechte zu tun und wenigstens alles zu verhindern, was nicht nach seinen Wünschen sein könnte, aber die Lebenskraft ist hin; entmutigt, interesselos und freudenlos suche ich mein trübes, finsteres Leben fortzuführen, mit dem einzigen Wunsch, bald, bald zu ihm zu gehen! Je länger es dauert, je mehr werden die Nerven erschüttert und angegriffen! Die Zeit reibt mich nur immer mehr auf! Ich suche mich etwas zu beruhigen durch den Gedanken an seine Seligkeit, an den Genuss von allem Schönen, Großen und Geistigen, was Ihm jetzt zuteil wird, und an seine unsichtbare Nähe und an unsere einstige noch vollkommenere und ewige Vereinigung! Aber meine Natur ist zu heftig, meine Gefühle zu warm und dabei eine, die sich an jemand festklammern muss, um sich damit trösten und beruhigen zu können! Die Sehnsucht nach dem sicheren Umgang, ihn zu sehen, zu hören, mich in seine Arme zu werfen und dort (wie es während 22 Jahren der Fall war) Sicherheit und Ruhe zu finden, ist zu furchtbar, Tag und Nacht, um nicht ganz aufreibend zu sein!

Ich gebe Dir eine traurige Schilderung, sie ist aber eine wahre! Die Kinder sind lieb und gut, aber der Umgang mit ihnen ist ganz anders und ist keine Stütze.

König Leopold von Belgien

Windsor Castle, 14. Februar 1863

Du sagst, dass Arbeit mir gut tut; aber tatsächlich ist das Gegenteil bei mir der Fall, da ich alles allein machen muss und meine Ärzte mich ständig drängen, mich auszuruhen ... Gewöhnliche mechanische Arbeit mag Leuten mit großem Kummer gut tun, aber nicht stete Sorge, Verantwortung und Störungen aller Art, wodurch immer wieder das Herz zerschmettert und die Wunde neu geöffnet wird! Zu offensichtlich fühle ich, wie ich für die Arbeit sehr viel weniger geeignet bin als früher. Gestern war mir aufgrund der Aufregung und Überanstrengung, die zu meinem grenzenlosen Kummer hinzukamen, sehr unwohl. Ach, was gäbe ich für eine Stunde mit meinem Liebsten! Ich gehe jeden Tag in das geliebte Mausoleum, wo nichts als Frieden und Ruhe ist! Ach, wäre ich nur bald dort!

PRINCESS ROYAL

WINDSOR CASTLE, 18. APRIL 1863

Sie [Beatrice, die jüngste Tochter] ist das Einzige, von dem ich meine, dass es mich am Leben erhält, denn nur sie braucht mich wirklich. Sie, vielleicht auch das arme Lenchen, sind die Einzigen, die mich über alles lieben; denn alle anderen haben anderes. Die verheirateten Töchter kümmern sich (selbstverständlich) viel mehr um ihre Männer und Kinder – und die elende, gebrochene Mutter, die so viele Jahre von zweien [= Albert und der Mutter] am heißesten geliebt wurde, lernt nun Tag um Tag, dass sie in der zärtlichen Liebe anderer tatsächlich nur die Nummer 3 oder 4 ist. Und, liebes Kind, das ist nur recht und natürlich, mir aber bereitet es den heftigsten Schmerz ... Du, liebes Kind, kannst Dir nicht vorstellen, was ich hier beschrieben habe, aber das ist es, was so schrecklich ist – zu niemandem mehr zu gehören. Ich weiß, wie Ihr mich alle liebt, aber ich sehe und fühle mit meinem schrecklich empfindsamen Gefühl, dass ich meinen verheirateten Kindern ständig *de trop* bin und dass ich alles, was ich liebe, aufgeben muss!

PRINCESS ROYAL

WINDSOR CASTLE, 22. APRIL 1863

Ich bin so schrecklich überarbeitet, dass ich mich nur noch mit einem gejagten Hasen vergleichen kann. Ich bin vollkommen erschöpft, und dann kommen diese Kopfschmerzen, Vergesslichkeit und Verwirrung und solch eine Sehnsucht, ein wildes Verlangen nach Papa. Und die Arbeit häuft sich, was so ärgerlich und belastend ist, und ich schaffe nie das, was ich mir vornehme und was mir etwas Trost geben würde. Ich hoffe, dass ich in Balmoral etwas Ruhe finde.

Prinzessin Augusta von Preussen

Balmoral, 26. September 1863

Wie traurig, verlassen und wehmütig ich bin, kann ich nicht beschreiben. Mein Leben ist freudenleer, und nichts, nichts kann je einen Strahl des verlorenen Glücks wiederbringen! O mein Gott, warum muss es so sein? Die Sehnsucht ist so folternd! Hier sehe ich, höre ich Ihn und suche Ihn überall! Ich bin mehr draußen und sitze sogar auf meinem Pony (da der Arzt so sehr darauf dringt) und ergehe mich etwas in den schönen Bergen; und während ich draußen bin und alles um mich wie früher ist, kann ich durchaus nicht glauben, dass mein geliebter Albert nicht auf der Jagd ist wie immer – und dann kommt die schreckliche Heimkehr jeden Abend, wovor mir graut! Das Haus ist öde, leer, still! Wo ist Er? Ich lausche immer in der Hoffnung, immer noch, Er möchte doch noch hereinkommen, Seine Tür aufgehen, und Er mit seinem Engelsangesicht würde und muss, wie es oft der Fall war, von seinem Hallooing nach Hause kehren! Rasend könnte ich werden vor Sehnsucht und Verlangen!

Prinzessin Augusta von Preussen

Balmoral, 31. Mai 1865

Meine politischen und regierenden Pflichten sind die härtesten für mich. Nur das Pflichtgefühl und das Bewusstsein, dass mein Engel es wünscht und dass ich ihm verantwortlich bin, fordern mich auf, sie zu vollbringen. Mehr als je möchte ich ein Privatleben für die Armen und Kranken leben; alles, was mir Mühe kostet, tue ich allein aus dem einen Gedanken, dass es Ihm recht ist, und wo ich weiß und fühle, dass ich Gutes stiften, Ordnung halten, Böses verhindern und das allgemeine Wohl befördern kann; da bin ich immer bereit, alles zu tun, was meine schwachen und gänzlich zerrütteten Nerven aushalten können!

Nun ganz auf sich gestellt, wird für Victoria die Sorge um die Kinder auch – zumindest unterschwellig – zur Sorge um sich. Hochzeiten, Geburten, Krankheiten und immer wieder die Sorge um den Thronfolger, der so gar nicht seinem Vater intellektuell oder moralisch nachzuleben bestrebt ist, beschäftigen (im doppelten Wortsinne) Victoria.

PRINCESS ROYAL

REINHARDTSBRUNN, 8. SEPTEMBER 1862

Von Alix bzw. Alexandra hast Du nicht zu viel versprochen. Nein, sie ist ein liebes, liebreizendes Geschöpf, dessen strahlendes Bild, vermischt mit dem des liebsten Papas, mir vor den armen, tränentrüben Augen zu schweben scheint! Liebstes Kind! Gerade unseres armen Berties Aussicht auf Glück im Eheleben geht mir – wiewohl ich Gott dafür danke – quälend zu Herzen, das mit Schmerzen und Verlangen durchbohrt zu sein scheint. Ich bin, zu meinem Leide! nicht alt, und meine Gefühle sind stark und heiß, meine Liebe ist glühend.

Lord Palmerston

Reinhardtsbrunn, 11. September 1862

Der Prince of Wales ist seit Dienstag mit Prinzessin Alexandra von Dänemark verlobt, und die Königin hofft und vertraut darauf, dass sich diese Heirat, die von unserem geliebten Prinz[gemahl] gewünscht und tatsächlich beinahe vereinbart worden war, für den Prince of Wales und das Land als segensreich erweisen möge. Die junge Prinzessin ist wirklich ein liebreizendes, süßes Geschöpf, und es ist unmöglich, von ihr nicht angenehm berührt und eingenommen zu sein. Der armen Königin kann dieses Ereignis nicht länger Freude bereiten, denn alle Freude ist auf immer aus ihrem Herzen gewichen! Aber sie ist um ihres Sohnes und des Landes willen dankbar, da sie denkt, dass eine reale Aussicht auf Glück besteht und dass sie – so es Gott gefällt, in nicht allzu ferner Zukunft – ihre Augen in Frieden und Sicherheit schließen kann.

Tagebuch

Windsor Castle, 10. März 1863

Alles ist vorüber, und dieser (für mich) überaus beschwerliche Tag ist vorbei gleich einem Traum, denn alles scheint jetzt ein Traum zu sein und hinterlässt in meinem armen Geist und gebrochenem Herzen kaum eine Spur! Hier sitze ich, einsam und verlassen, die so sehr der Liebe und Zärtlichkeit bedarf, während unsere zwei Töchter ihre liebevollen Männer haben und Bertie seine liebreizende, reine, süße Braut nach Osborne mitgenommen hat – ein Juwel, das zu gewinnen er sich glücklich schätzen kann. Inständig bete ich zu Gott, dass er sie stets segnen möge! Oh, wie habe ich in der Kirche gelitten, wo all das, was am 28. Januar '58 [dem Hochzeitstag Vickys und Friedrich Wilhelms] Freude, Stolz und Glück gewesen, sich wiederholte, ohne dass die Hauptfigur, der Schutzengel der Familie, anwesend war. Es war unbeschreiblich. Für einen Augenblick, als ich die Fanfaren der Trompeten hörte, die mir die ganzen zwanzig Lebensjahre an seiner teuren Seite, heil, stolz, sicher und glücklich, in Erinnerung riefen, glaubte ich zuerst, ohnmächtig zu werden. Nur mit allergrößter Anstrengung gelang es mir, meine Gefühle zu beherrschen!

KÖNIG LEOPOLD VON BELGIEN

BALMORAL, 18. MAI 1863

Alices Abreise ist ein großer Verlust und steigert meine Einsamkeit und Verlassenheit! Sie ist ein sehr liebes, gutes Kind, und es gibt gar nichts, was ich ihr nicht erzählen kann ... Eine verheiratete Tochter *muss* hier bei mir leben, und ich darf nicht länger ständig um Hilfe Ausschau halten und mich irgendwie behelfen müssen – das ist zu schrecklich! Ich beabsichtige (und sie wünscht es selbst), in ein, zwei Jahren (denn bevor sie neunzehn oder zwanzig ist, meine ich nicht, dass sie heiraten solle) nach einem jungen, vernünftigen Prinzen für Lenchen Ausschau zu halten, der, solange ich lebe, seinen Hauptwohnsitz in meinem Haus nimmt. Lenchen ist so nützlich und ihr ganzes Wesen so gut geeignet, im Hause zu leben, so dass (es sei denn Alice lebte ständig bei mir, was sie nicht will) ich gar nicht von ihr lassen könnte, ohne dass ich unter der Bürde meiner Einsamkeit zusammenbrechen würde. Ein ausreichendes Vermögen, um, sollte ich sterben, davon leben zu können, und viel Vernunft sowie eine hohe Moral sind die einzigen notwendigen Voraussetzungen. Er braucht nicht einem der regierenden Häuser anzugehören.

PRINCESS ROYAL

FROGMORE, 24. JUNI 1863

Der arme kleine Leopold [geb. 1853, Victorias vierter Sohn] (der wohlauf und kräftig war) liegt seit gestern wieder mit inneren Blutungen darnieder. Wir können es uns nur damit erklären, dass es vom Reiten kommt, das dem armen Jungen doch so gut gefiel und das er nun wohl für ein weiteres Jahr wird aufgeben müssen (außer im Schritt-Tempo)! Das ist alles sehr traurig, und ich vermisse Papa wieder so fürchterlich. O wie ihm die Krankheit Sorgen bereitete! Ich glaube, all diese Sorgen sind eine Prüfung, die mit Geduld ertragen werden muss! Aber, ach, die Krankheit eines guten Kindes ist nichts im Vergleich zur Sündhaftigkeit der eigenen Söhne – wie die Deiner beiden ältesten Brüder. Ach, dann spürt man, dass ein reiner Tod so viel besser ist als ein Leben in Sünd und Schande.

Ich zittre dauernd vor Angst, dass Affie (der sich sehr gebessert hat und klug, fleißig und liebenswert geworden ist) wieder aus Schwäche der Sünde verfällt! Er muss früh heiraten (das sieht er selbst genauso).

Princess Royal

Windsor Castle, 27. Juni 1863

Ich fürchte [Alexandra] wird nie so sein, wie sie sein könnte, wenn sie einen klugen, vernünftigen und gebildeten Ehemann hätte anstatt eines schwachen und fürchterlich frivolen [wie Bertie]! Ach! was wird aus diesem armen Land werden, wenn ich sterbe! Wenn B[ertie] mir auf den Thron folgt, sehe ich nichts als Elend voraus, denn er denkt niemals nach, hört nicht einen Moment zu und würde alles machen, was man ihm sagt. Er würde sein Leben in einem Strudel von Vergnügungen verplempern, genau wie er es jetzt tut! Das macht mich traurig und wütend.

Princess Royal

Osborne, 21. April 1866

Ich wünschte, wir fänden mehr schwarzäugige Prinzen und Prinzessinnen für unsere Kinder! Ich muss immer daran denken, was Papa sagte, dass es nämlich wirklich ein Segen ist, wenn die reine königliche Linie ein wenig unsauber ist und sich etwas frisches Blut hineinmischt. Im Fall des Prinzen Teck ist das eine gute Sache und ebenso in dem Christians. Ich wünschte nur, seine Mutter wäre dunkel gewesen, denn dieses ewige blonde Haar und die blauen Augen machen das Blut so wässrig. Die liebe Alix hat der Familie keine neue Kraft gebracht. Wenn man doch nur für Affie (falls er sich nicht für Elisabeth Wied entscheidet) eine dunkeläugige, hübsche und liebenswerte Prinzessin aus einem mediatisierten Haus finden könnte – eine, in die er sich wirklich verlieben würde! Kannst Du keine für ihn finden?

Ich muss diesen etwas seltsamen Brief nun beenden, aber die Sache ist nicht so unwichtig, wie Du vielleicht denkst, denn unser geliebter Papa sagte oft mit großer Vehemenz, dass »wir starkes dunkles Blut brauchen«; und tatsächlich sind ja alle protestantischen Königshäuser wieder und wieder miteinander verwandt.

Princess Royal

Osborne, 10. Juli 1868

Alix geht es immer besser, aber ich fand, sie sah noch blass und erschöpft aus. Das Baby war – soweit ich sehen konnte – bloß ein kleiner roter Klumpen. Ich fürchte, die siebte Enkeltochter und das vierzehnte Enkelkind ist recht uninteressant. Denn es scheint mir hier zuzugehen wie bei den Karnickeln im Park von Windsor!

Edward, Prince of Wales

Windsor Castle, 9. März 1868

Ich habe von Mr. Disraeli bezüglich Deiner Reise nach Irland gehört, und, da die Regierung dies sehr zu wünschen scheint und meint, es werde viel Gutes bewirken, werde ich sie natürlich gutheißen. Aber ich bedaure sehr, dass Pferderennen der gewählte Anlass sind, da dies natürlich die Vorstellungen stärkt, die bereits jetzt allzu sehr vorherrschen, dass Amüsement Dein Lebensinhalt sei. Und Pferderennen sind in der letzten Zeit so in Verruf geraten, und die Beschäftigung mit ihnen hat so viele junge Leute in den Ruin getrieben und die Herzen so vieler zärtlicher und liebender Eltern gebrochen, dass es mir ein besonderes Anliegen ist, Du mögest sie weder gutheißen noch ermutigen.

EDWARD, PRINCE OF WALES

CLAREMONT, 29. NOVEMBER 1869

Es gibt nichts, was mir mehr am Herzen liegt, als dass Du und ich bei einem so wichtigen Thema wie Louises Zukunft zusammenhalten. Wogegen ich unwiderruflich bin, das ist die preußische Verbindung, und ich habe allen Grund anzunehmen, dass Du mir zustimmst.

Das, wogegen Du bist, wird – des bin ich sicher – Louise [Victorias sechstes Kind, geb. 1848] zum Glück und der Familie zu Ruhe und Frieden gereichen.

Die Zeiten haben sich sehr geändert; Allianzen mit großen ausländischen Häusern werden als Ursachen von Problemen und Sorgen betrachtet und sind zu nichts nütze. Was konnte schmerzlicher sein als die Lage, in die unsere Familie durch die Kriege mit Dänemark und zwischen Preußen und Österreich geriet? Jegliches Familiengefühl wurde zerrissen, und wir waren machtlos. Die preußische Heirat – vorausgesetzt, Louise wünschte sie und mag den Prinzen, wohingegen sie ihn seit ihrer Kindheit nicht einmal gesehen hat – wäre eine, die nichts als Probleme und Unannehmlichkeiten und Unglück verursachen und der ich niemals zustimmen würde. Nichts ist hier unpopulärer oder auch für mich und alle anderen unerfreulicher als der lange Aufenthalt unserer verheirateten, ausländischen Töchter in meinem Haus – samt der großen Zahl der Fremden, die sie mitbringen, und der fremden Ansichten, die sie zu allem haben. Zu des geliebten Papas Lebzeiten war all dies noch völlig anders, und außerdem hatte Preußen noch nicht alles verschlungen. Es ist Dir vielleicht nicht bewusst, mit welcher Abneigung Ehen zwischen Prinzessinnen der königlichen Familie und deutschen Kleinstaatenprinzen – deutschen Bettlern, wie sie höchst beleidigend genannt wurden – betrachtet wurden und wie früher viele unserer Staatsmänner wie Mr. Fox, Lord Melbourne und Lord Holland solche Ehen schmähten und sagten, dass es falsch sei, dass Verbindungen mit Adligen von hohem Rang und Vermögen, wie sie früher gang und gäbe gewesen und wie sie völlig legal seien, nun vom Herrscher nicht mehr gestattet würden. Nun, da die königliche Familie so groß ist – Du hast bereits fünf, und was wird aus ihnen, wenn Deine Brüder heiraten? – und Du heute vom Parlament verlangst, all den Prinzessinnen Geld auszusetzen, das dann im Ausland ausgegeben wird, wenn sie genauso gut hier heiraten könnten und die Kinder genauso in der Erbfolge berücksichtigt würden, als wenn sie die Kinder von Prinzen und Prinzessinnen wären, da können wir dieses exklusive Prinzip nicht aufrecht erhalten.

PRINCESS ROYAL

BALMORAL, 11. OKTOBER 1870

Ich berichte Dir nun von einem Familienereignis, das sich eben ereignet hat und mit Gottes Segen hoffentlich unsere teure Louise glücklich machen wird. Sie hat sich mit Lord Lorne verlobt. Ich weiß natürlich nur zu gut, dass so eine Ehe im Ausland Erstaunen hervorrufen wird, so lange man das noch nicht richtig verstanden hat. Aber es ist genau so gekommen, wie ich es schon lange erwartet habe. Große Allianzen wie Deine sind richtig und gut für einige Familienmitglieder – wiewohl ich fürchte, dass sie nur noch geringes politisches Gewicht haben und die Handlungen von Regierungen und Nationen kaum mehr beeinflussen können, wodurch sie häufig unvorhersehbares Leid für die königlichen Familien selbst verursachen, weil man sie – wie wir beide wohl wissen – unangemessener Vorlieben und Einflussnahmen verdächtigt. Aber kleine, ausländische Fürsten (ohne Geld) sind hierzulande sehr unbeliebt; Katholiken sind illegal und uns verhasst. Deshalb wendet man sich natürlich denen im eigenen Land zu, die große Vermögen besitzen und rangmäßig deutschen Duodezfürsten ebenbürtig sind.

TAGEBUCH

BALMORAL, 22. NOVEMBER 1871

Hörte, dass der liebe Bertie »leichtes Typhusfieber« hat, und beschloss sofort, Sir William Jenner nach Sandringham zu schicken. Dies wurde von Alix dankbar akzeptiert. Fühlte große Besorgnis. Dieses fürchterliche Fieber, und das zu dieser Jahreszeit! Alle sehr besorgt.

TAGEBUCH

SANDRINGHAM, 11. DEZEMBER 1871

Dies war ein schrecklicher Tag. Um halb sechs wurde ich durch eine Nachricht von Sir William Jenner geweckt, nämlich, dass der liebe Bertie einen sehr heftigen Anfall gehabt habe, der sie sehr beunruhigt habe, nun aber vorüber sei. Ich hatte die Nachricht kaum bekommen, bevor Sir William zurückkehrte und sagte, dass es einen weiteren gegeben habe. Ich eilte sofort zu ihm, und er sagte mir, dass der Anfall so heftig gewesen sei, dass der liebe Bertie in jedem Moment dahinscheiden könne, so dass es besser wäre, ich käme sofort. Ich stand schleunigst auf, zog den Morgenmantel an und ging zu dem Zimmer ... Es war dunkel, die Kerzen brannten, alles sehr trostlos. Der arme, liebe Bertie lag schwer atmend da, als ob er in jedem Augenblick ersticken müsse ... Nach kurzer Zeit schien es ihm besser zu gehen, so dass die Ärzte uns empfahlen zu gehen.

TAGEBUCH

SANDRINGHAM, 13. DEZEMBER 1871

Dies war wirklich der schrecklichste Tag von allen, und, da er so nahe an dem traurigen 14. [dem Todestag Alberts] ist, erfüllte er uns und, so glaube ich, das ganze Land mit schrecklichen Ahnungen und der größten Sorge. Dem ersten Bericht in der Früh zufolge schien Bertie sehr schwach zu sein und der Atem sehr stockend und schwach. Seine Kraft kehrte aber wieder zurück. Auf Grund der ständigen Delirien hatte er die ganze Nacht über keine Ruhe gefunden. Der Puls schwankte, was dessen Stärke betrifft, in Abständen von Stunde zu Stunde. Stand auf und zog mich schnell an, nahm einen Bissen zum Frühstück und eilte zu Berties Zimmer ... Ich ging ans Bett und nahm seine arme Hand, küsste sie und streichelte seinen Arm. Er drehte sich um, sah mich mit wildem Blick an und sagte: »Wer bist Du?« und »Es ist Mama.« »Liebes Kind«, antwortete ich ...

Als ich zurückkam, atmete Bertie sehr schwer und mit großer Mühe. Ein weiteres Symptom, das mich entsetzlich erschreckte, war, dass er sein Bettzeug packte und nach Dingen zu greifen schien, die nicht existierten. Wie er zwischen jedem Wort keuchte, war quälend. Der 14. kam immer näher, und es schien zunehmend wie vor zehn Jahren, und doch war es auch ganz anders.

PRINCESS ROYAL

WINDSOR CASTLE, 20. DEZEMBER 1871

Wir fühlen alle, dass Gott [Berties] Leben nur geschont hat, auf dass es ihm möglich sei, ein neues Leben zu beginnen. Und wenn er diese große Warnung nicht beachtet und all das Mitgefühl, die Hingabe der ganzen Nation nicht eine grundlegende Wandlung bewirken, dann wird es schlimmer als vorher sein, sein endgültiger Untergang ...

Es war für uns *alle* eine heilsame Lektion, als wir sahen, wie selbst der Höchste, umgeben von all dem Luxus, den sich ein Sterblicher nur wünschen kann, darniederliegt so hilflos und elend wie der ärmste Bauer. Wie vollkommen nichtig sind wir armen Sterblichen doch! Das sollte uns den Stolz und Hochmut gegenüber denen, die unter uns sind, austreiben. Von einer Minute zur anderen können die Niedrigsten im Jenseits über uns stehen!

PRINCESS ROYAL

GLASSALT SHIEL, 7. NOVEMBER 1876

Denk nur, wie entsetzt ich war, dass Bertie, ohne auch nur ein Wort zu sagen, den Prinz von Oranien nach Sandringham eingeladen hat!! Was für ein Unterschied zum »edlen Leben« [seines Vaters], das nun überall bewundert wird als das reinste und beste! Ich bete oft, dass er mich nicht überleben möge, denn ich weiß nicht, was dann geschehen würde.

Princess Royal

Osborne, 25. Juli 1877

Ich kann mich über Deine Klagen über Charlotte [Vickys älteste Tochter] nur amüsieren. Sowohl ich als auch Papa (vielleicht sogar noch mehr als ich) missbilligten die Idee völliger Intimität vor der Ehe, und, was das betrifft, muss ich sagen, dass Du uns nie Grund zur Sorge gabst oder Ärger bereitetest, aber Fritz schon, was mich sehr erzürnte. Bei anderen Dingen warst Du auch sehr schwierig, nicht jedoch was das betrifft. Ich meine, es zeugt von einem großen Mangel an Anstand und Feingefühl, ja auch Pflichtvergessenheit, wenn man seinen Bräutigam (mit einer Ausnahme) so behandelt, als sei er der Ehemann. Papa war davon fest überzeugt, und das gilt noch mehr für lange Verlobungen wie die Deine oder die Deiner Schwester oder Charlottes. Im Laufe der Zeit wirst Du Deine Ehebegeisterung noch ablegen. Du wirst verstehen, was für eine große Veränderung eine Ehe für die Mutter bedeutet, aber auch für den Vater! Hier haben die jungen Frauen jeden Anstand verloren, denn sie fahren nicht nur alleine aus, flanieren oder machen Besuche, sie haben sich nun sogar angewöhnt, überallhin zusammen auszugehen, was noch vor einem Jahr keine junge Verlobte gewagt hätte. Sie präsentieren sich regelrecht, werden ausgelacht und begafft! Kurz und gut, ich fürchte, die jungen Leute werden in ihren Gewohnheiten und Ansichten immer amerikanischer.

Zwei Männer sind es zunächst, die Victoria helfen, sich der Welt wieder zuzuwenden: John Brown, ihr schottischer Leibdiener (was wohl auch wörtlich zu nehmen ist), und Benjamin Disraeli, ihr Premier, der sie zur Feenkönigin verklärt und ihr als Kaiserin von Indien zu imperialem Glanz verhilft.

KÖNIG LEOPOLD VON BELGIEN

WINDSOR CASTLE, 24. FEBRUAR 1865

Ich reite weiterhin täglich auf meinem Pony aus (heute, fürchte ich, werde ich es nicht können) und habe nun meinen ausgezeichneten Hochland-Diener [John Brown] ernannt, auf dass er mich *immer* und überall draußen begleite, sei es beim Reiten oder Ausfahren oder Spazieren gehen. Und dies ist mir wirklich ein Trost, denn er ist mir so ergeben – so schlicht, so intelligent, so anders als ein normaler Diener und so gut gelaunt und aufmerksam ...

Ach! das Leben geht weiter; die jungen Leute sind glücklich, und ich betrachte im Alter von fünfundvierzigeinhalb das Leben als beendet! Vergangenen Freitag war unser lieber Hochzeitstag, und es wäre der unserer *Silbernen Hochzeit*★ gewesen! Ach – und jetzt?

PRINCESS ROYAL

WINDSOR CASTLE, 5. APRIL 1865

Ich habe Dir, glaube ich, noch nicht erzählt, dass ich den guten J[ohn] Brown nun vollkommen und dauerhaft zu meinem persönlichen Diener für alle außerhäuslichen Tätigkeiten ... erkoren habe, weil ich es so praktisch finde,

Photographie von John Brown aus dem Jahr 1865

immer die gleiche Person um mich zu haben, wenn ich ausfahre ... Er kommt nach dem Frühstück und Mittagessen in mein Zimmer und empfängt seine Befehle und macht alles richtig. Er ist so ruhig, hat einen so klugen Kopf und ein so gutes Gedächtnis und ist mir zudem so ergeben und zugetan und wundersam fähig, all meine Wünsche zu erkennen. Er ist für mich ein wirklicher Schatz, und ich wünschte, höher stehende Menschen hätten seinen Verstand und seine Diskretion und dass ich eine ebenso gute Zofe hätte. Er führt jetzt den Titel »Ihrer Majestät Hochland-Diener«, wird (wie Löhlein – nur in einer niedrigeren Position auf der Ebene der Lakaien) aus der königlichen Schatulle bezahlt und untersteht keinem anderen Diener. Das ist ein vortreffliches Arrangement, weil ich spüre, dass ich nun hier im Haus immer eine treue Seele ... habe, deren einziges Ziel und Interesse es ist, mir zu dienen, und Gott weiß, wie sehr ich Fürsorge brauche.

Princess Royal

Windsor Castle, 12. April 1865

Das Arrangement mit J. Brown ist mir eines von größter Annehmlichkeit. Er ist tatsächlich ganz außergewöhnlich, da er Gefühle und Eigenschaften besitzt, die des größten Fürsten Stolz sein könnten – als da sind: unerschütterlicher Freimut sowie Redlichkeit; Selbstlosigkeit und seltene Diskretion und Ergebenheit. Und dies ganz unabhängig von seiner hervorragenden Eignung als guter, geschickter und aufmerksamer Diener. Und eine solche Person ist in diesem Haus, in dem so viele Leute sind und häufig so große Indiskretion und das nun kein wirkliches Haupt mehr hat, unschätzbar.

Princess Royal

Windsor Castle, 5. Dezember 1865

Ich muss Dir sagen, wie bewegend mein armer, treuer Brown gestern [dem Todestag Alberts] mit mir gesprochen hat. Er war morgens im Mausoleum – natürlich zum ersten Mal –, und als er später in mein Zimmer kam, war er sehr betroffen. Er sagte auf seine einfache, ausdrucksstarke Art, mit solch einem zarten Blick des Mitgefühls, während ihm die Tränen die Wangen hinabrollten: »Es hat mir nicht gefallen, Sie heute Morgen in Frogmore zu sehen. Sie haben mir leid getan. Sie mit Ihren Töchtern kommen zu sehen, und der Mann liegt da – eine Hochzeit hier und der Tod da –, nein, es hat mir nicht gefallen, Sie zu sehen. Sie haben mir sehr leid getan. Ich weiß genau, was Sie fühlen – die doch so glücklich war. Es gibt keine Freude für Sie, arme Königin, und Sie tun mir leid – aber was kann ich für Sie tun? Ich könnte für Sie sterben.« ... Es tut meinem Herzen gut zu sehen, dass mein Kummer so schlicht und bewegend gewürdigt wird, und es ist besonders anrührend, dies bei einem starken, robusten Mann, einem Sohn der Berge, zu sehen.

Princess Royal

Osborne, 11. August 1866

Du sprichst von Mitgefühl und seiner lindernden Macht. Es gibt einen Menschen, dessen Mitgefühl mir mehr geholfen hat – und weiterhin hilft – als das von nahezu allen anderen, und das ist der gute, redliche Brown. Du kennst ihn nur als tatkräftigen, fürsorglichen, treuen und nützlichen Diener, aber Du weißt nicht, was für ein Herz und was für einen

Verstand er hat, welch wahren, schlichten Glauben, welch gesunden Menschenverstand und welche Urteilskraft er besitzt. Er hat mir, als ich sehr traurig und einsam war, wieder und wieder mit kraftvollen, freundlichen, schlichten Worten – so wahr und weise und mutig – unendlich viel geholfen (und das würde er für alle Sorgen- und Mühbeladenen tun). Ich erwähnte dies gegenüber unserem guten, freundlichen und – unter seiner rauen Schale – warmherzigen Dekan, und er schreibt mir in einem Brief in Antwort auf verschiedene Dinge, die ich ihn gefragt und zu denen ich geschrieben hatte und in dem ich darauf hinwies, dass ich es beinahe bedauerte, dass mein Kummer nicht mehr so bitter, nicht mehr intensiv wild sei: »Es sollte kein Grund für Selbstvorwürfe sein, dass der erste scharfe Kummer nun einer stetigen, trauernden Entsagung Platz gemacht hat, die sogar ein dauerhafterer Beweis für die Stärke der Zuneigung ist.«

TAGEBUCH/BRIEF (REKONSTRUKTION)

JUNI 1866

Mein lieber John sagte zu mir: »Ich möchte mich um meine liebe, gute Herrin kümmern, bis ich sterbe. Du wirst nie einen ehrlicheren Diener haben.« Ich ergriff und hielt seine liebe, teure Hand und sagte, ich hoffte, er möge noch lange leben, damit er mich trösten könne. Und er antwortete: »Aber wir alle *müssen* sterben.« Später sagte mein geliebter John noch: »Du hast keinen ergebeneren Diener als Brown« – und ach! *wie* sehr ich das spüre!

Später sagte ich ihm immer wieder, dass ihn niemand mehr lieben könne als ich und dass er keine bessere Freundin habe als mich, und er antwortete: »Und Du keinen besseren als mich. Keiner liebt Dich so stark.«

TAGEBUCH

WINDSOR CASTLE, 24. NOVEMBER 1875

Erhielt einen [Dokumenten-]Kasten von Mr. Disraeli mit der höchst bedeutsamen Nachricht, dass die Regierung für vier Millionen die Suezkanal-Aktien des Vizekönigs von Ägypten gekauft hat, was uns absolute Sicherheit für Indien gibt und uns insgesamt eine sehr sichere Position verschafft! Eine ungeheure Sache. Dies ist ganz allein Mr. Disraelis Werk. Es war nur vor drei oder vier Tagen, dass ich von dem Angebot hörte, und ich unterstützte und ermutigte ihn sofort, als es noch unsicher schien, und heute ist alles zufriedenstellend geregelt.

TAGEBUCH

WINDSOR CASTLE, 1. JANUAR 1877

Meine Gedanken sind sehr mit dem heutigen großen Ereignis in Delhi und in ganz Indien beschäftigt, wo ich zur Kaiserin von Indien ausgerufen werde, aber auch mit ernsten Sorgen um die Ostproblematik. Zum ersten Mal unterzeichne ich heute als V[ictoria] R[egina] & I[mperatrix].

BENJAMIN DISRAELI, EARL OF BEACONSFIELD

7. APRIL 1880

Es ist unmöglich einzuschätzen, was mir es bedeuten wird, Sie als [Premier-]Minister zu verlieren. Aber ich vertraue darauf, dass Sie mir immer ein Freund sein werden, an den ich mich wenden, auf den ich mich verlassen kann.

›New Crowns for Old Ones‹. Karikatur des ›Punch‹ anlässlich der Krönung Victorias zur Kaiserin von Indien 1876

Ich hoffe, dass Sie am Sonntag Vormittag nach Windsor kommen, den ganzen Tag, zum Abendessen und über Nacht bleiben werden.

OSBORNE, 19. APRIL 1881

Erhielt die traurige Nachricht, dass der teure Lord Beaconsfield [Disraeli, seit 1876 Lord Beaconsfield] verschieden ist. Ich bin schrecklich erschüttert und bekümmert, denn Lord Beaconsfield war einer meiner besten, ergebensten und gütigsten Freunde wie auch einer der weisesten Ratgeber. Sein Verlust ist für mich und das Land unersetzlich. Es ist schrecklich, eine solch starke Stütze, noch dazu in diesem Augenblick, zu verlieren!

KAISERIN AUGUSTA

OSBORNE, 22. APRIL 1881

Ich bin tief gebeugt und erschüttert! Ich und das ganze Land haben in dem großen, weisen und so sehr liebenswürdigen Staatsmann furchtbar viel verloren – mein teurer Freund! Es ist wohl wahr, dass seine Gesundheit in den letzten Jahren sehr schwach geworden ist und dass man mit 76 Jahren nicht hoffen durfte, ihn lang mehr im aktiven politischen Leben zu erhalten. Aber solang er noch da war, fühlte man sich wie bei dem alten Herzog von Wellington so sicher, einen weisen Ratgeber zu haben! Aber bei Lord Beaconsfield waren die persönliche Freundschaft mit mir sowie die politische Weisheit und der seltene Verstand weit größer. Er war mir persönlich so ungeheuer attachiert, er verstand mich so gut, und nie, nie kann ich meine Dankbarkeit hinreichend ausdrücken für alles, was er für mich »im privaten und öffentlichen Interesse« getan hat!

Benjamin Disraeli, Earl of Beaconsfield, 1881. Stich nach einem Gemälde von John Everett Millais

PRINCESS ROYAL

WINDSOR CASTLE, 19. APRIL 1882

Heute vor einer Woche waren wir im schönen Mentone, das wir nun sehr vermissen – der strahlende Sonnenschein und die See, Berge, Pflanzen, die frische Luft – alles so strahlend und fröhlich. Dennoch ist hier alles mindestens einen Monat früher dran als sonst. Der Flieder blüht und die Kastanien verblühen schon, die Dornbüsche, selbst viele Eichen tragen schon Blätter, und die Schlüsselblumen blühen immer noch. Von denen ließ ich heute, an seinem ersten Todestag, einen Kranz zum Grab meines teuren Freundes Lord Beaconsfield senden, der mir so fehlt und dem ich nachtraure. Als er noch lebte, schickte ich sie ihm, weil sie seine Lieblingsblumen waren.

Ach, wenn er doch noch da wäre, um Ordnung zu schaffen in der fürchterlichen Misswirtschaft der jetzigen Politiker, die wirklich entsetzlich ist. Ein Mord nach dem anderen in Irland, und keiner zahlt mehr Pacht.

TAGEBUCH

WINDSOR CASTLE, 29. MÄRZ 1883

Leopold kam in mein Ankleidezimmer und übermittelte mir die schreckliche Nachricht, dass mein guter, treuer Brown früh am Morgen verschieden sei. Bin völlig durcheinander durch diesen Verlust, der mir einen nimmt, der so ergeben war und sich meinem Dienst gewidmet hat und der so viel für mein persönliches Wohlbefinden getan hat. Dies ist der Verlust nicht nur eines Dieners, sondern eines wirklichen Freundes.

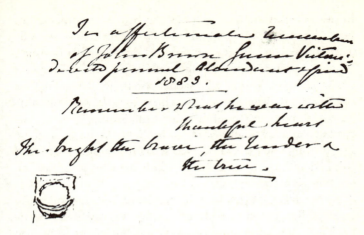

Victorias Entwurf für die Grabinschrift für John Brown

Princess Royal

Windsor Castle, 4. April 1883

Der schreckliche Schlag, der mich so unerwartet traf und mich niederstreckte, weil er mir nicht nur den ergebensten, treuesten, klügsten und zuverlässigsten Diener und Begleiter, der je für mich lebte und für mich starb (das kann ich wohl sagen, da er sich immer überarbeitete), sondern auch meinen teuersten und besten Freund entriss, hat mich so erschüttert, dass ich – immer noch hilflos [nach meinem Unfall] – am letzten Mittwoch nicht schreiben konnte ...

Schon vor vier Jahren in Baveno hatte er einen Anfall dieser schrecklichen Gürtelrose, aber er kam nach sechs Tagen darüber hinweg, ungefähr zur gleichen Zeit wie dieses Jahr. Damals dachten wir, die Ursache sei ein Insektenstich. Dies ist eine Krankheit, an der viele Leute sehr schwer leiden. Daher waren wir zwar beunruhigt, aber nie ohne Hoffnung.

Er aß viel und die Rose wuchs nie bis zur Kopfhaut. Am Dienstag waren wir viel zufriedener mit ihm, und Sir William Jenner, der ihn gut kannte und der nie allzu optimistisch ist oder uns irreführt, sagte mir abends um 10 Uhr, dass ich mir keine Sorgen zu machen brauche, dass sein Puls ruhiger sei, dass er gut gegessen habe und dass die Entzündung sich nicht ausgedehnt habe! Eine Stunde später, während er schlief, war alles vorbei! Der Schock, der Schlag, die Leere, nun da ich überall diesen starken, kräftigen Arm und Kopf missen muss – sie haben mich beinahe gelähmt. Ich bin wirklich überwältigt.

Alle zeigen Mitgefühl, schätzen seine noble, große und doch schlichte Seele – wahr und gut –, was mich sehr beruhigt. Dass ich an einen Stuhl gefesselt bin, nicht nach ihm sehen konnte, als er krank war, nicht mal von einem Stuhl zum anderen komme, hat mein Leiden und meinen Kummer beträchtlich verschlimmert.

TAGEBUCH

CIMIEZ, 19. APRIL 1897

Sechzehn Jahre ist es her, dass mein lieber Freund Lord Beaconsfield starb.

TAGEBUCH

CIMIEZ, 19. APRIL 1898

Schon siebzehn Jahre, dass der gute Lord Beaconsfield starb.

Das Gedenken an Albert und ihre mähliche Zuwendung zur Welt vermischen sich – und das ist ein neuer Zug in ihrem Verhalten – in Victorias geistlichen Meditationen und sozialen Analysen. Kein Thema ist ihr zu groß, kein Problem zu klein. Auch ihre politischen Interventionen werden hiervon beeinflusst.

Princess Royal

Windsor Castle, 2. April 1864

In der ›Times‹ von gestern findet sich ein sehr guter Brief zu dieser schrecklichen und unchristlichen Lehre von der ewigen Verdammnis, den Du unbedingt lesen solltest.

Tagebuch

Osborne, 29. April 1865

Schrieb an Mrs. Lincoln (die Witwe Präsident Lincolns), was von vielen gewünscht wurde, und war von einem Brief von Mr. Goldwin Smith (einem großen Demokraten) sehr gerührt, dem sehr daran gelegen war, dass ich schriebe, und der sagte, dies würde mehr als alles andere Gutes bewirken, da ich in den Vereinigten Staaten hoch angesehen sei. Beauftragte Gen[eral] Grey mit einer Antwort, dass ich mich der hohen Wertschätzung unwert fühle, aber dass es das Weiterkämpfen in diesem elenden Leben lohne, wenn ich von Nutzen sein, den Frieden bewahren und Balsam in verwundete Herzen gießen könne! Dass diese traurigen und erschütternden Ereignisse mich mehr und mehr von der absoluten Nichtigkeit dieser Welt, von der schrecklichen Unbeständigkeit allen irdischen Glücks und der völligen

Vergänglichkeit aller weltlichen Größe überzeugt hätten. Dass Tugend, Ehrlichkeit, Furchtlosigkeit, Wahrheit, Selbstlosigkeit und Liebe das seien, was einzig und wahrhaft groß und ewig sei, und zwar bei Hoch und Niedrig. Dass wir vor Gott alle gleich seien und dass, auch wenn Standes- und Rangunterschiede notwendig seien und aufrechterhalten werden müssten, niemand hinreichend liebevoll, freundlich und rücksichtsvoll zu denen unter einem sein könne. Ich fühle dies intensiv und dass Leid alle Unterschiede einebnet. Ich würde lieber die ärmste Witwe im Land an mein Herz drücken, sofern sie ihren Mann wahrhaft geliebt und mit mir gefühlt hat, als eine Königin oder eine andere von hohem Rang. Ich würde lieber die Hand des geringsten Bauern ergreifen, der für mich oder mit mir fühlt, als die des höchsten Fürsten!

PRINCESS ROYAL

OSBORNE, 18. DEZEMBER 1867

Was Du [zur Kluft zwischen Oben und Unten] gesagt hast, ist überaus richtig, aber leider ist das heute die große Gefahr in England, die alle klar denkenden, vernünftigen Leute beunruhigt.

Die höheren Klassen – besonders die Aristokraten (natürlich gibt es Ausnahmen und überaus ehrenwerte) – sind so frivol, vergnügungssüchtig, herzlos, selbstisch, unmoralisch und dem Glücksspiel verfallen, dass es mich an die Tage vor der Französischen Revolution erinnert. Die jungen Männer sind so ignorant, lüstern und selbstverliebt – die jungen Frauen so kess, frivol und leichtfertig, dass die Gefahr wirklich groß ist und man sie warnen sollte. Die niederen Klassen sind nun so gut informiert, intelligent, verdienen ihr

Brot und erwerben ihren Wohlstand so verdientermaßen, dass man sie nicht länger zurückhalten kann oder sollte, nur um sie den Erniedrigungen durch die elenden, ignoranten hochgeborenen Kreaturen, die nur ihre Zeit verplempern, auszusetzen. Man muss sie warnen, ihnen Angst machen, sonst wird eine große Katastrophe passieren. Ich tue, was ich kann, und werde es immer tun, aber Bertie sollte hier ein gutes Vorbild abgeben, indem er mit keinem einzigen dieser schrecklichen Menschen Umgang pflegt.

Lord Stanley

Osborne, 18. Juli 1867

Die Königin hat mit unbeschreiblichem Entsetzen die von Zeitungen berichteten Einzelheiten der Ermordung Kaiser Maximilians [des Habsburgers, der 1864 von der mexikanischen Notabelnversammlung als Kaiser von Mexiko ins Land geholt worden war] gelesen. Sie vertraut darauf, dass ihre Regierung nicht zaudern wird, dem allgemein verbreiteten Gefühl über diese Gräueltat dadurch Ausdruck zu verleihen, dass die gesamte Britische Botschaft sofort aus dem Land abberufen wird. Es wäre uns zur ewigen Schande, würden wir mit einer blutbefleckten Regierung wie der des Monsters Juarez und seiner Anhänger irgendwelche diplomatischen Beziehungen unterhalten.

Gathorne Gathorne-Hardy

Osborne, 20. Juli 1868

Die Königin sieht sich veranlasst, Mr. Hardys Aufmerksamkeit auf einen Artikel im heutigen ›Daily Telegraph‹ zur Tierquälerei zu lenken und ihn zu bitten, Erkundigungen zu dem Thema einzuziehen.

Nichts lässt Menschen mehr verrohen als Grausamkeit zu stummen Tieren, und diese ist zu Hunden, welche die Gefährten des Menschen sind, besonders abstoßend.

Die Königin bedauert, sagen zu müssen, dass sie meint, die Engländer neigten zu größerer Grausamkeit zu Tieren als andere zivilisierte Nationen.

Lord Charles FitzRoy

Balmoral, 6. Oktober 1868

Die Königin schreibt dies an Lord Charles FitzRoy, welcher der königlichen Hofhaltung vorsteht, um ihn zu bitten, darauf zu achten, dass das Raucherzimmer *immer* um 12 Uhr geschlossen wird. Dies war ihre ursprüngliche Absicht, desgleichen, dass 11 Uhr die Zeit ist, den Salon zu verlassen; aber sie hat nun gehört, dass noch bis sehr spät geraucht wird – etwas, was sie in *ihrem* Haus nicht beabsichtigt zu gestatten. Die Dienerschaft – so hat sie gehört – belasten diese späten Stunden sehr – und sie hat *nicht* Unrecht –, und sie muss sagen, dass dies eine schlechte Sache und ein schlechtes Beispiel für sie ist, besonders in der heutigen Zeit … Lord Charles wird der Königin zweifelsohne zustimmen und darauf achten, dass dies ganz im Stillen und wirksam getan wird, nämlich dadurch, dass jemand kommt und den Prinzen und die Herren daran erinnert, dass die Stunde gekommen ist, zu der die Lichter gelöscht werden.

WILLIAM EWART GLADSTONE

OSBORNE, 6. MAI 1870

Die Umstände bezüglich des Gesetzes, das Frauen die gleichen Rechte bei Parlamentswahlen geben will wie den Männern, veranlassen [die Königin] zu bemerken, dass sie seit einiger Zeit Mr. Gladstones Aufmerksamkeit auf die verrückten und völlig demoralisierenden gegenwärtigen Bestrebungen lenken wollte, welche Frauen die gleichen beruflichen Stellungen wie den Männern einräumen wollen, unter anderem in der Medizin ... Es liegt ihr sehr viel daran, dass bekannt wird, dass sie solche Versuche, welche jeden Anstand und jedes weibliche Gefühl zerstören – und das würde unvermeidlich das Ergebnis solcher Vorschläge sein –, nicht nur missbilligt, sondern verabscheut. Die Königin ist selbst eine Frau und weiß, wie anormal ihre eigene Stellung ist. Diese kann freilich mit Vernunft und Anstand in Einklang gebracht werden, wenn dies auch schrecklich beschwerlich und belastend ist. Aber alle Schranken niederzureißen und vorzuschlagen, dass [Frauen] gemeinsam mit Männern studieren, und zwar Dinge, die vor ihnen nicht benannt werden können, und gewiss nicht in gemischter Gesellschaft, bedeutete eine völlige Vernachlässigung all dessen, was als zu den Gesetzen und Prinzipien der Moral zugehörig betrachtet werden muss.

Der Königin Gefühle anlässlich dieses gefährlichen und unchristlichen und unnatürlichen Schlachtrufs und dieser Bewegung der »Rechte der Frauen« sind so heftig ..., dass ihr sehr daran liegt, dass Mr. Gladstone und andere etwas unternehmen, um diese alarmierende Gefahr zu bannen, wobei sie ihren Namen nach Belieben gebrauchen können ...

Frauen sollen das sein, was Gott vorsah: Gefährtinnen des Mannes, aber mit völlig unterschiedlichen Pflichten und Aufgaben.

Princess Royal

Windsor Castle, 10. Februar 1871

Ich möchte noch kurz auf das eingehen, was Du zu meinen Anmerkungen und Hoffnungen bezüglich Willy geantwortet hast ... Ich wollte eigentlich sagen, dass Fürsten und Fürstinnen (gerade bei Eurer Stellung in Preußen, wo Ihr immer nur im Palast lebt und wo man den Königen und Fürsten so eine hohe Stellung zuerkennt etc.) immer vollkommen freundlich und hilfsbereit sein sollten; sie dürfen nicht glauben, sie seien aus anderem Fleisch und Blut als die Armen, die Bauern, Arbeiter und Bediensteten und sollten wissen, dass Kontakt mit ihnen – so wie wir ihn schon immer pflegten und wie jede anständige Dame oder Herr ihn hier pflegen – überaus wichtig für den Charakter derer ist, die später regieren müssen.

Ihre Sorgen und Nöte zu hören, ihnen zu helfen, sich um sie zu kümmern und freundlich zu ihnen zu sein ... ist außerordentlich wichtig für die Charakterbildung von Kindern und Erwachsenen. Dabei erlernt man Nächstenliebe, Geduld, Ausdauer und Entsagung wie nirgendwo sonst. Nur mit Soldaten zusammenzukommen kann das nicht ersetzen und bewirkt sogar das Gegenteil. Denn die müssen bloß gehorchen, und von den niederen Rängen kann man keinen eigenständigen Charakter erwarten ...

Nun zu den Oberschichten: So wie deren Sünden und moralische Verfehlungen immer wieder übersehen, toleriert und vergeben werden – wo die Unterschichten schon für ein Drittel derselben hart bestraft werden –, darf man sich über demokratische Gefühle und Ressentiments nicht wundern. Ich bin sicher, Du wirst über Deinen lieben Sohn mit großer Umsicht wachen. Aber oftmals denke ich, dass zu viel Sorge und dauernde Kontrolle gerade die Gefahren heraufbeschwören, die man verhindern will. Es ist schrecklich schwer und eine fürchterliche Prüfung, ein Prinz zu sein.

WILLIAM EWART GLADSTONE

OSBORNE, 23. APRIL 1871

Was den Haushalt betrifft, so ist es schwer, nicht erhebliche Zweifel an der Weisheit einer Steuer auf Streichhölzer zu hegen, welche eine direkte Steuer ist und sofort von allen Klassen gefühlt werden wird, für die Streichhölzer zur Lebensnotwendigkeit geworden sind. Der erheblich gestiegene Preis wird aller Wahrscheinlichkeit nach für den Verbrauch der Reichen keinerlei Unterschied machen; doch die ärmeren Klassen werden von dem erhöhten Preis ständig verärgert und durch den Regierungsstempel auf der Schachtel ständig an die Steuer erinnert werden.

Vor allem aber scheint es gewiss, dass die Steuer die Herstellung und den Verkauf der Streichhölzer ernstlich beeinträchtigen wird, welch letzterer, so sagt man, das einzige Mittel des Lebensunterhalts einer großen Zahl der Allerärmsten und kleiner Kinder ist, so dass diese Steuer, welche alle gleich belasten soll, tatsächlich nur von den Armen empfindlich gespürt werden wird, was völlig ungerecht und im gegenwärtigen Augenblick politisch höchst unklug wäre.

Die Königin vertraut darauf, dass die Regierung den Vorschlag überprüfen und versuchen wird, einen anderen, der die Armen nicht belastet, an dessen Stelle zu machen.

Princess Royal

Windsor Castle, 26. Juni 1872

Ich komme nun zu dem sehr wichtigen Thema der Stellung der arbeitenden Klassen. Du weißt, dass ich dazu sehr heftige Gefühle hege. Ich meine, dass das Verhalten der heutigen Oberschicht sehr beunruhigend ist, denn es besteht von morgens bis abends nur aus Vergnügen und Frivolitäten, und das erzeugt Egoismus, und jedes Laster wird von ihnen ohne irgendwelche Konsequenzen geduldet. Die Armen und die Arbeiter dagegen, die so viel weniger Bildung haben und so viel mehr leiden müssen, werden schon bestraft, wenn sie sich nur ein Zehntel der Vergehen zuschulden kommen lassen, die die besseren Kreise ohne jeden Tadel begehen. Die sogenannte Unmoral der niederen Klassen kann man nicht in einen Topf werfen mit derjenigen der höheren und höchsten Klassen. Das bringt mein Blut in Wallung. Dafür werden sie noch bezahlen müssen …

Zur Sache der Frauen habe ich klare Überzeugungen. Ich glaube, sie sollten vernünftig erzogen und beschäftigt werden, wo immer sie sich nützlich machen können. Aber auf keinen Fall dürfen sie entweiblicht werden als Ärzte (mit der Ausnahme eines Faches), Anwälte, Wähler etc. Wenn das geschieht, verlieren sie ihr Anrecht darauf, vom männlichen Geschlecht beschützt zu werden.

PRINCESS ROYAL

OSBORNE, 26. JULI 1873

Ich stimme nicht ganz mit Deinen religiösen Vorstellungen überein, weil ich viel tiefere und intensivere Gefühle hege als Du. Nun, was Vorurteile angeht – ich kann nicht verstehen, wie man sagen kann, dass es »ein Vorurteil« sei, wenn man nicht wünscht, dass das eigene Kind einen Griechen heiratet. Empfindet nicht jeder aufrechte Protestant die Irrtümer einer abergläubischen Religion, deren seltsame Rituale der Schlichtheit der Lehre unseres Heilands entgegengesetzt sind? Denkst Du wirklich, dass es nur eine politische Notwendigkeit ist, Katholiken zu verbieten, jemand aus unserer Familie zu heiraten? Wenn man seine Kinder liebt und sie dann heiraten, ist es nicht eine schreckliche Barriere, wenn man mit ihnen nicht über religiöse Dinge sprechen kann, weil man ganz anders fühlt und weil man nicht wie sie empfindet?

PRINCESS ROYAL

WINDSOR CASTLE, 9. DEZEMBER 1874

Ich bin, wie Du weißt, keine große Befürworterin der Ehe als Selbstzweck. Wenn keine ehrliche Zuneigung besteht, ist sie zu grauenhaft, und ich meine, alle jungen Mädchen sollten so erzogen werden, dass sie die Ehe nicht als einziges Lebensziel betrachten. Davon bin ich von Tag zu Tag mehr überzeugt.

Princess Royal

Balmoral, 17. Juni 1878

Vielem, was Du über Philosophie und Religion schreibst, kann ich zustimmen. Alles Gute, Menschliche, Gütige, Selbstlose und Demütige im Menschen zu entwickeln sollte gewiss unsere vornehmste Pflicht sein. Aber um das zu verwirklichen, bedarf es der Anerkennung und Verehrung Gottes als allmächtigem Herrscher, der ja selbst die Liebe und Güte ist. Eine rein abstrakte Vorstellung des Guten, und das ist es recht genau, was die Philosophen bekennen und propagieren, ist nicht erstrebenswert und führt auch nicht zu der Vollendung, die sie anzustreben vorgibt. Nur wenn man auf Gottes gnädige Güte vertraut und den Lehren seines geliebten Sohnes folgt, können wir die Prüfungen, Sorgen und Schwierigkeiten dieses Lebens ertragen. Ohne diese Gewissheit führen die Prüfungen und Sorgen nur zu Verzweiflung und Verbitterung. Wenn man jedoch sagen kann: »Dein Wille, nicht meiner, geschehe« und »Gottes Wege sind nicht unsere Wege«, dann erfährt man einen Frieden und Trost sowie auch Mut ganz anderer Art als den Mut und das Pflichtgefühl eines Sokrates. Nur dadurch werden unser Leben und unsere Zukunftshoffnungen Wirklichkeit.

Daher halte ich es für falsch, wenn man die Massen anstachelt, die Geistlichkeit zu verachten und abzulehnen. Denn was nützt es ihnen (ich meine den Massen), wenn sie an nichts, was sie hören, glauben und wenn sie ihre eigenen abstrakten Vorstellungen vom Guten oder Wissen entwickeln und dies zu ihrem einzigen Ziel machen? Die Wissenschaft ist wahrlich bewunderungswürdig und sollte gefördert werden, aber wenn sie den Platz unseres Schöpfers einnimmt und wenn Philosophen und Gelehrte alles erklären wollen und alles ablehnen, was sie nicht beweisen können, halte ich sie für ein großes Übel und nicht für einen großen Segen. Der Glaube an die ewige Verdammnis ist fast vollkommen verschwunden und war in seiner alten Form sicher auch absurd und monströs. Wenn man eine aufgeklärte und geläuterte Geistlichkeit hätte, ohne diese gefährlichen Ansichten zu fördern, wäre das sicher der beste Weg, um die Massen wieder der wahren Religion zuzuführen – und nicht indem man sie [die Geistlichkeit] lächerlich macht und in den Schmutz zieht. Die Missachtung der Eltern, der älteren Menschen und der Autoritäten ist unvermeidlich, wo kein Glaube, keine Achtung des Himmlischen Vaters ist ... Ein Reich ohne Religion ist wie ein Haus, das auf Sand gebaut wurde.

WILLIAM EWART GLADSTONE

BALMORAL, 11. JUNI 1880

[Die Königin] bedauert die zusätzliche Einkommenssteuer, da sie Leute mit kleinen Einkommen – Gehältern usw. – schwer belastet ... Sie bedauert gleichfalls die Steuer auf Bier, da die Armen nie Wein trinken und sie den Verzicht auf Bier tief fühlen werden. Die reichen Klassen, die Wein trinken und deren Wohlleben in keiner Weise eingeschränkt wird, können es sich unschwer leisten, Wein zu kaufen. Die Armen können sich eine zusätzliche Steuer auf das, was vielerorten ihr einziges Getränk ist, nur schwerlich leisten.

William Ewart Gladstone

Balmoral, 30. Oktober 1883

Die Königin ist durch all das, was sie jüngst über den beklagenswerten Zustand der Behausungen der Armen gehört und gelesen hat, sehr bedrückt ... Es fällt ihr schwer, nicht zu meinen, dass es Fragen von geringerem Gewicht als diese gibt, die erörtert werden und die hätten warten können, bis eine, welche das Leben von Tausenden, nein Millionen, betrifft, die volle Aufmerksamkeit der Regierung erhalten hat.

William Ewart Gladstone

Osborne, 11. Februar 1886

Die Königin vermag kaum Worte zu finden, um ihrer Empörung über den ungeheuerlichen Aufruhr Ausdruck zugeben, der jüngst in London stattfand und das Leben der Menschen in Gefahr brachte und zu einem kurzfristigen Triumph des Sozialismus führte und eine Schande für die Hauptstadt war. Wenn nicht schnell Maßnahmen – und zwar machtvolle – eingeleitet werden, um diese Vorgänge mit Stärke zu beenden, um die wirklichen Rädelsführer streng zu bestrafen und »der ganzen Sache auf den Grund zu gehen«, wie Mr. Gladstone es versprochen hat, wird die Regierung schweren Schaden nehmen. Die Wirkung im Ausland ist für das Land bereits sehr demütigend.

MEMORANDUM

OSBORNE, 14. AUGUST 1886

Die Königin wünscht, schriftlich diejenigen Punkte erneut zu formulieren, die sie unbedingt verwirklicht sehen will, 1. bezüglich der Hunde und 2. bezüglich der Grausamkeit zu Tieren im Allgemeinen.

1. Was ihre armen, teuren Freunde, die Hunde, betrifft, möchte sie wiederholen, dass kein Hund je von der Polizei getötet werden sollte, sofern er nicht von einem Tierarzt für tollwütig erklärt worden ist ...
2. Das Heim für Hunde sollte besser ausgestattet und vergrößert werden und die Verweildauer beträchtlich verlängert.
3. Maulkörbe sollten, außer für sehr wilde Hunde, nicht benutzt werden; auch sollten Hunde nicht verfolgt und gejagt werden, um sie einzufangen.
4. Der beste Tierarzt sollte hinzugezogen werden, um herauszufinden, was am besten getan werden kann. Kein Hund sollte aber getötet werden, bevor es nicht feststeht, dass er tollwütig ist. Krämpfe sind hierfür kein Beweis.
II. Was die Grausamkeit zu Tieren im Allgemeinen betrifft, so meint die Königin, dass ein Inspekteur ernannt werden sollte, um die Zustände in den Schlachthäusern zu untersuchen. Diese sollten groß sein. Die Tiere sollten nicht in völliger Erschöpfung bis zum Ende warten müssen, sondern sollten ausreichend Wasser und sogar Futter haben, sofern sie länger gehalten werden.
2. Sie sollten in keine großen Entfernungen getrieben oder gar geschlagen werden, und eine Aufsicht sollte darauf achten, dass die Treiber keine grausamen Schlächter oder grausamen Männer sind. Gleichfalls sollten Grausamkeiten beim Töten strikt vermieden und unter Strafe gestellt

werden. Die Königin weiß, dass Kälber und Gänse und Schweine früher – wenn auch in minderem Maße – höchst grausam und sehr langsam umgebracht wurden, gleichfalls Fische, und zwar nur um der Farbe ihres Fleisches willen.

Erneut berichtet Victoria von ihren Lektüren – und es sind große Texte, die sie liest – und sucht Kontakt mit Geistesgrößen ihrer Zeit.

PRINCESS ROYAL

WINDSOR CASTLE, 1. MÄRZ 1865

Ich wollte Dich schon öfter fragen, ob Du jemals dieses außergewöhnliche Gedicht von einer verstorbenen Dame, einer Mrs. Browning (Augusta Stanley kannte sie), mit dem Titel ›Aurora Leigh‹ gelesen hast? Die Gräfin las es mir vor. Es ist überaus befremdlich, sehr originell, voller Talent und mit einigen schönen Stellen – aber zuweilen schrecklich gewöhnlich, obwohl es in seiner Zielsetzung sehr moralisch ist. Unglaublich, dass eine Frau solch ein Buch geschrieben hat! Es würde Dich interessieren, so dachten wir beide, weil es voller Genie steckt.

TAGEBUCH

BUCKINGHAM PALACE, 4. MÄRZ 1869

Fuhr zum Amtssitz des Dekans in Westminster, wo er und Augusta die folgenden Berühmtheiten zu einer Begegnung mit mir eingeladen hatten: Mr. Carlyle, den Historiker, einen seltsam aussehenden, exzentrischen alten Schotten, der mit schleppender, melancholischer Stimme und mit breitem schottischen Akzent lange Reden zu Schottland und dem totalen Niedergang von allem und jedem hält; Mr. and Mrs. Grote, alte Bekannte aus den Kensington-Tagen, unverändert, sie sehr eigenartig, gescheit und männlich, er auch ein Historiker der alten Schule; Sir C[harles] und Lady Lyell, er ein alter Bekannter, überaus liebenswürdig, und sie sehr angenehm; Mr. Browning, den Dichter, ein höchst liebenswürdiger Mann. Es war zunächst sehr scheue Mühe, mit ihnen zu reden, als sie alle vor mir standen; später aber, als wir Tee tranken, ließ Augusta sie zu mir kommen und sich setzen, und sie waren sehr liebenswürdig und plauderten sehr unterhaltsam.

TAGEBUCH

BUCKINGHAM PALACE, 9. MÄRZ 1870

Ich empfing heute Abend um halb sieben ... Mr. Dickens, den berühmten Autor ... Er ist sehr liebenswürdig, mit angenehmer Stimme und Manieren. Er erzählte von seinen letzten Werken, von Amerika, den Seltsamkeiten der Leute dort, der Trennung der Klassen in England, von der er hoffte, dass sie in Zukunft verbessert würde. Er war sich sicher, dass dies schrittweise geschehen würde.

TAGEBUCH

BALMORAL, 11. JUNI 1870

Ich vergaß, die Nachricht vom Tode Mr. Dickens' an dem Tage einzukleben, an dem ich sie erhielt. Mr. Helps telegrafierte sie. Er ist ein sehr großer Verlust. Er hatte einen umfassenden und liebevollen Geist und das stärkste Mitgefühl mit den ärmeren Klassen. Er war sich sicher, dass ein besseres Verständnis und eine viel größere Eintracht zwischen den Klassen sich beizeiten ergeben werde. Und ich bete inständig zu Gott, dass dies geschehen möge.

PRINCESS ROYAL

BALMORAL, 16. SEPTEMBER 1876

Bitte schick mir doch, was von Wagners neuer Oper an Musik veröffentlicht worden ist, da ich seine Opern sehr bewundere. Ich wäre sehr dankbar, wenn Du sie mir schicken könntest, denn Beatrice würde sie mir vorspielen. *Lohengrin* ist unsere Lieblingsoper, aber Gounod gefällt mir auch sehr gut. Sein ›Faust‹, ›Romeo und Julia‹, ›Mireille‹ und ›Johanna von Orléans‹ sind so schön.

Der preußisch-österreichische Krieg von 1866 und damit die gewaltsame Lösung der deutschen Frage zugunsten einer preußischen Dominanz lief englischen Zielsetzungen zuwider. Weitsichtig kritisiert Victoria die gefährlichen Tendenzen, welche die deutsche Politik unter diesen Auspizien nehmen könnte und schreibt alle Fehlentwicklungen einem Manne persönlich zu: Bismarck.

PRINCESS ROYAL

WINDSOR CASTLE, 5. MÄRZ 1866

Ich bin zutiefst beunruhigt und verstört über Eure Angelegenheiten. Louise schlug vor, dass Lenchen wie Herodias B[ismarck]s Kopf verlangen solle [als Hochzeitsgeschenk des Königs von Preußen!]. Ich halte dies für eine ihrer cleveren Ideen. Sie ist so überaus amüsant und originell.

KÖNIG WILHELM I. VON PREUSSEN

WINDSOR CASTLE, 10. APRIL 1866

Teurer, verehrter Bruder! In diesem ernsten und entsetzlichen Augenblick ist es mir unmöglich zu schweigen. Ich beschwöre Dich im Namen alles dessen, was Dir heilig ist, von dem schrecklichen Gedanken des Krieges abzustehen! In Deiner Macht steht es, den Krieg zu verhindern; Dein Gefühl muss Dir selbst sagen, welch fürchterliche Folgen ein solcher nach sich zöge, und die tausend und abertausend unschuldigen Menschenleben, die geopfert würden. Wie entsetzlich wäre ein Bruderkrieg! Der Krieg ist immer furchtbar, aber ein Krieg, der rein nur aus ehrgeizigen Gründen und auf Grund erdichteter Beleidigungen geführt wird, kann absolut nicht verteidigt werden. Man täuscht Dich, man zwingt Dich zu glauben, dass Du angegriffen werden sollst.

Ich, Deine treueste Freundin und Schwester, muss hören, wie man Deinen, meines Bruders Namen angreift, verleumdet, und nur, weil andere Dich hintergehen; ein Mann allein trägt die Schuld an all diesem Unheil. Da Du die heiligen Rechte eines Monarchen schätzest, musst Du einsehen, dass der Friede der Welt, das Glück Deines eigenen Landes sowie von ganz Deutschland nur von Dir abhängt.

Ehe Du einen so entsetzlichen Schritt tust, dessen Verantwortung einzig und allein auf Dir beruhen wird, und wenn Du noch Wert legst auf meine Freundschaft und Liebe und die meines teuren Entschlafenen, so stehe ab von so verderblichen Gedanken! Du bist ja bekannt durch Deine Herzensgüte, und ich habe nie an Deinen Grundsätzen eines wahren Christen gezweifelt. Ich kann nicht, will nicht glauben, dass ich Dich umsonst angefleht habe!

Ewig Deine treue unglückliche Schwester und Freundin
V. R.

Princess Royal

Osborne, 25. April 1866

Der Stand der Dinge ist immer noch sehr Besorgnis erregend; denn ich bin sicher, dass dieses Monster [Bismarck] den Krieg anstrebt, selbst wenn der Frieden greifbar nahe liegt! Die beste Nachricht war, dass Fritz sagte, Bismarck sei wirklich ernsthaft krank. Hoffentlich bleibt er es!

Prinzessin Augusta von Preussen

Osborne, 8. August 1866

Ich will kein Wort über den jetzigen entsetzlichen verworrenen Zustand fällen, außer eins, und das ist, was mein geliebter Albert immer sagte und Du einst in ein Stammbuch unseres Fritzens einschriebst: »Möge Preußen in Deutschland aufgehen, nicht Deutschland in Preußen!« Jetzt ist wieder der Augenblick, wo es ein großes vereinigtes Deutschland mit Preußen an der Spitze geben könnte! Wird man das aber bei Euch in Deutschland verstehen?

PRINCESS ROYAL

OSBORNE, 11. AUGUST 1866

Ach, wenn doch nur Papas große Idee verwirklicht würde und Preußen in Deutschland aufginge und ein großes deutsches Reich entstünde, und nicht nur ein großes Preußen mit Annexionen, das den Süden Deutschlands ausschließt.

Im preußisch-französischen Krieg 1870-71 unterstützt Victoria die Sache Preußens, auch nachdem sich in England die Sympathien auf Grund des preußischen Friedensdiktats merklich abgekühlt haben. Es sind nicht nur die familiären Ängste um Friedrich, es ist auch Alberts Vision eines geeinten Deutschlands, welche Victorias Denken und Fühlen bestimmen – und zwar so sehr, dass der Tod ihrer einstmals innig geliebten Gouvernante zur Randnotiz wird. Viele Hintergründe des Krieges, etwa die Intrigen beider Seiten, vor allem Bismarcks und der Emser Depesche, bleiben Victoria verborgen.

PRINCESS ROYAL

OSBORNE, 20. JULI 1870

Mein armes, teures, geliebtes Kind, mir fehlen die Worte, um zu beschreiben, was ich für Dich empfinde und was ich von unseren Nachbarn denke!!! Wir müssen so lange neutral bleiben, wie wir können, aber niemand hier hält mit seiner Meinung hinter dem Berg über die extreme Schändlichkeit dieses Krieges und über das ungerechtfertigte Verhalten der Franzosen. Freilich, mehr können wir öffentlich nicht sagen, aber die Menschen hier, das ganze Land fühlt mit Dir, was nicht immer so war. Und muss ich Dir noch sagen, was ich fühle? Mein ganzes Herz und meine inbrünstigen Gebete sind mit meinem geliebten Deutschland! Sag das Fritz – aber er darf nichts davon weitersagen –, und sag ihm, dass ich schrecklich mit Euch leide, besonders wenn ich an unsern geliebten Papa denke, der an Eurer Seite in den Kampf gezogen wäre, wenn er gekonnt hätte. Ich bin überaus begierig zu erfahren, wie Eure Pläne für Verteidigung und Angriff aussehen – denn bis jetzt wissen wir gar nichts!

König Wilhelm I. von Preussen

Osborne, 22. Juli 1870

Teurer Bruder! Als eine alte Freundin kann ich Dich nicht in den Krieg ziehen sehen, ohne Dir von ganzem Herzen »Gott beschütze und segne Dich!« zuzurufen. Mein Herz ist recht schwer! Möge Gott alle Lieben und insbesondere unsern lieben Fritz gnädig beschirmen! Mehr vermag ich nicht zu sagen, aber meine Aufgabe ist eine recht schwere. Ewig Deine teure Schwester

Princess Royal

Balmoral, 22. August 1870

Die Lage der Franzosen scheint von Stunde zu Stunde schlimmer zu werden! So einen vollkommenen Zusammenbruch ihres Reiches und ihrer hochgelobten Armee hat man wirklich noch nie erlebt! Es gleicht einem Gottesurteil! Alles scheint ihnen zu misslingen. So widerlich arrogant, beleidigend und prahlerisch die Franzosen auch immer waren, so fällt es doch schwer, sie nicht zu bedauern. Denn wenn man eine große – oder doch zumindest mächtige – Nation so vollkommen am Boden sieht, ist das eine fürchterliche und traurige Sache. Und wie schrecklich ist der Verlust so vieler Leben!! Und wofür nur? Es schaudert einem! Der unglückselige Kaiser, der diese Sünde, diese Tausende von unschuldigen Leben auf seinem Gewissen hat!

Tagebuch

Balmoral, 3. September 1870

Eben, als ich ausgehen wollte, traf ein Telegramm ein, das einem nahezu den Atem nahm! Die ganze Armee MacMahons hat die Waffen gestreckt und kapituliert, während der Kaiser sich dem König von Preußen ergeben hat, der ihn sofort zu sehen wünschte. Mein erster Gedanke, wie der von vielen, war, dass dies Frieden bringen könne.

MEMORANDUM

BALMORAL, 9. SEPTEMBER 1870

Offenbar wünschen die Franzosen den Frieden und benötigen ihn dringendst, aber scheinen immer noch zu denken, sie könnten die Bedingungen diktieren! Dies ist Irrsinn!

TAGEBUCH

BALMORAL, 12. SEPTEMBER 1870

Vergaß zu erwähnen, dass meine teuerste, liebste Freundin, die liebe, alte Lehzen, am 9. ganz ruhig und friedlich verschied. Die letzten beiden Jahre war sie, als Folge einer gebrochenen Hüfte, ganz und gar bettlägerig. Auch wenn ihr Geist in letzter Zeit nicht mehr klar war, gab es immer noch Tage, an denen sie ständig von mir sprach, die sie vom Alter von sechs Monaten an gekannt hatte. Sie hatte von meinem fünften bis zu meinem achtzehnten Lebensjahr ihr Leben mir gewidmet – mit höchst erstaunlicher Selbstverleugnung, ohne auch nur einen einzigen Tag Urlaub zu nehmen! Nachdem ich den Thron bestiegen hatte, stellte sie meine Geduld zunehmend auf die Probe, vor allem nach meiner Heirat, aber nie mit böser Absicht, sondern aus verfehltem Pflichtgefühl und aus Zuneigung zu mir. Sie war eine hervorragende Gouvernante, und ich liebte sie heiß, fürchtete sie aber auch.

Princess Royal

Windsor Castle, 10. Dezember 1870

Du sagst, dass die Deutschen davon überzeugt sind, dass die Franzosen einen neuen Krieg führen werden, sobald sie dies könnten, und dass Elsass und Lothringen deswegen notwendig seien, um die Grenze zu begradigen und zu befestigen. Hier hingegen sagen alle, dass der einzige Grund gegen eine Annexion des Elsasses und Lothringens der ist, dass es, sofern diese annektiert werden, keinen dauerhaften Frieden geben wird, weil die Franzosen sie immer zurückhaben wollen und keine Ruhe geben werden, bis sie sie zurückbekommen!

König Wilhelm I. von Preussen

Windsor Castle, 18. Dezember 1870

Wenn ich Dir auch nicht wieder geschrieben habe, wirst Du doch durch Fritz erfahren haben, welch regen Anteil ich an Deinem großen Siege genommen, wie ich die Tapferkeit der deutschen Heere bewundert und auch die schweren Verluste tief beklagt habe und beklage. Doch möchte ich mich jetzt an Deine Großmut und christliche Barmherzigkeit wenden. Das Blut der Deutschen fließt beinah ebenso reichlich wie das der unglücklichen Franzosen; wäre es Dir denn nicht möglich, jetzt innezuhalten und Frieden zu machen? Die unglücklichen, verblendeten Franzosen werden fortkämpfen, und wozu soll das führen? Dass ein so furchtbarer Krieg in unsern Zeiten so lange dauern kann, ist doch zu jammervoll, und es würde ja so christlich und großmütig sein, wenn man in dieser heiligen Weihnachtszeit mit Wahrheit sagen könnte: »Ehre sei Gott, Frieden auf Erden!«

TAGEBUCH

OSBORNE, 8. APRIL 1871

Neue Schreckensnachrichten aus Paris. Die Kommune handelt, wie's ihr gefällt, und sie agieren ganz wie in den Tagen der alten Revolution im vergangenen Jahrhundert, wenn sie auch noch nicht die gleichen Gräueltaten verübt haben. Sie haben freilich Priester ins Gefängnis geworfen usw. Sie haben die Guillotine verbrannt und erschießen die Leute stattdessen. Ich bin so froh, dass ich Paris nochmals gesehen habe, wenn ich auch keinerlei Lust habe, es wiederum zu tun.

TAGEBUCH

BALMORAL, 27. MAI 1871

Schrecklichste Nachrichten aus Paris. Der unglückselige Erzbischof, noch ein Bischof, ein Curé und vierundsechzig weitere Gefangene sind von diesen grässlichen Kommunarden erschossen worden, bevor das Gefängnis eingenommen werden konnte.

TAGEBUCH

OSBORNE, 31. JULI 1871

Ein sehr schöner Tag. Frühstück im Zelt. Sah nachher den guten Fritz und redete mit ihm über den Krieg. Er ist so fair, freundlich und gut und hat den größten Abscheu vor Bismarck; sagt, dass dieser zweifelsohne tatkräftig und klug ist, aber auch schlecht, prinzipienlos und allmächtig; er ist in der Tat der Kaiser, was Fritzens Vater nicht gefällt, wogegen er aber dennoch nichts auszurichten vermag ... Dass er fühle, sie lebten auf einem Vulkan, und dass er nicht überrascht wäre, wenn Bismarck eines Tages versuchen würde, gegen England Krieg zu führen. Das bestätigt und rechtfertigt, was viele Leute hier gesagt haben.

In ihren in sich widersprüchlichen Einstellungen zu fremden Ethnien, einem Gemisch aus Einfühlung, Faszination und Herablassung, Exotismus und Imperialismus, ist Victoria durchaus exemplarisch »viktorianisch«. Ihre Phantasie wird frühzeitig (1854) durch den jungen Maharadscha Dhuleep Singh, den sie lebensgroß malen lässt, beflügelt. Immer wieder fasziniert sie stattliche Männlichkeit. Entschieden freilich setzt sie sich für Demonstrationen militärischer Stärke überall dort ein, wo ihr, wie bei den Aufständen in Indien 1857, Afghanistan 1879 oder im Sudan 1884, das Ansehen Großbritanniens auf dem Spiel zu stehen scheint.

LORD DALHOUSIE

BALMORAL, 2. OKTOBER 1854

Nichts ist allen schmerzlicher als der Gedanke, dass die eigenen Kinder und Enkel keine Zukunft haben und völlig zu Bettlern werden könnten. Um wie viel furchtbarer muss dies für stolze Leute sein, die wie Prinz Gholam die Söhne und Enkelsöhne großer Herrscher wie Hyder Ali und Tippu Sahib sind! Zudem ist die Königin der Meinung, dass, je freundlicher wir die indischen Fürsten behandeln, die wir unterworfen haben, und je mehr wir auf ihre Geburt und ihre einstige Größe Rücksicht nehmen, desto eher werden wir die indischen Fürsten und Regierungen uns geneigt machen und desto williger werden sie sein, sich unserer Herrschaft zu beugen.

Der zweite Fall ist der des jungen Maharadschas Dhuleep Singh (und die Königin sieht sich veranlasst zu bemerken, dass die günstige Meinung, die sie in ihrem letzten Brief an Lord Dalhousie ausdrückte, durch die nähere Bekanntschaft nur bestätigt und bestärkt wurde). Dieser junge Prinz hat die stärksten Ansprüche an unsere Großzügigkeit und Sympathie; schuldlos als kleiner Knabe im Alter von zehn Jahren abgesetzt, ist er so unschuldig an den Untaten, die uns zwangen, ihn abzusetzen und sein Land in Besitz zu nehmen, wie jeder Unbeteiligte. Er ist überdies seitdem Christ geworden, wodurch er auf ewig von seinem eigenen Volk geschieden ist … Die Vorstellung ist allzu schmerzlich, dass ein einst so mächtiger, junger, abgesetzter Herrscher eine Leibrente erhält und dass er keinerlei Gewissheit hat, dass seine Kinder und Nachkommen – und diese sind zudem Christen – ein Heim oder eine feste gesellschaftliche Position haben werden.

KÖNIG LEOPOLD VON BELGIEN

BALMORAL, 2. SEPTEMBER 1857

Wir sind zutiefst beunruhigt über Indien, das all unsere Aufmerksamkeit in Anspruch nimmt. Truppen können nicht schnell und zahlreich genug ausgehoben werden. Und die Gräuel, die den armen Frauen – Frauen und Kindern – zugefügt wurden, sind heutzutage unbekannt und lassen einem das Blut gerinnen. Die ganze Angelegenheit ist insgesamt sehr viel peinigender als die Krim – dort gab es

Ruhm und ehrenhaften Krieg, und die armen Frauen und Kinder waren sicher. Dazu kommt die Entfernung und die Schwierigkeit der Kommunikation, die uns allen zusätzliches Leid bringen. Ich weiß, dass Dein Mitgefühl uns allen gilt. Es gibt kaum eine Familie, die nicht in Kummer und Sorge um ihre Kinder lebt, und das in allen Ständen – Indien war eben *der* Ort, wo alle unbedingt einen Sohn unterbringen wollten.

LADY CANNING

WINDSOR CASTLE, 22. OKTOBER 1857

Ich kann Ihnen nicht sagen, wie dankbar ich Ihnen bin, dass Sie mir so regelmäßig mit jeder Post schreiben, und welche Freude und Genugtuung es mir ist, Ihre Briefe zu erhalten, die – ohne jede Schmeichelei – ganz allgemein als die besten gelten, die aus Indien kommen. Und ich hoffe, dass Sie mir auch künftig mit jeder Post schreiben werden, solange der ursprüngliche Zustand nicht wiederhergestellt worden ist wie vor diesem schrecklichen Aufstand ...

Gott sei Dank – die Berichte sind nun viel erfreulicher und die über Lucknow wirklich befreiend. Die ständige Ankunft von Truppen wird, so hoffe ich, von großem Nutzen sein und dass keine weiteren Aufstände und Gräueltaten geschehen. Was letztere betrifft, so wäre ich Ihnen und Lord Canning dankbar, wenn sie herausfinden könnten, inwieweit diese wahr sind. Gewisslich ist schon die bloße Ermordung – ich meine das Erschießen oder Erstechen – unschuldiger Frauen und Kinder an sich zutiefst empörend, aber sie ereignen sich halt in Bürgerkriegen, ja ich fürchte, dass sie unvermeidliche Begleiterscheinungen solcher Zustände sind und dass bei der normalen Einnahme von

Städten durch christliche Soldaten sich Schauspiele und Geschichten abspielen, die, würden sie in Zeitungen veröffentlicht, alle in Abscheu und Entrüstung ausbrechen ließen: Badajoz und San Sebastian [von britischen Truppen im Krieg gegen Napoleon eroberte spanische Städte] sind, so fürchte ich, zwei Beispiele, die in vielem dem gleichen, was in Indien passiert ist, und nicht einmal der Herzog von Wellington konnte sie verhindern. Und das waren die Taten britischer Soldaten, nicht von Schwarzblütigen. Ich erwähne dies nicht als Entschuldigung, sondern als Erklärung für etwas, was unseren Empfindungen so entsetzlich ist. Einige dieser Geschichten sind gewiss unwahr – wie zum Beispiel die von Colonel und Mrs. Fraquarson, von denen man erzählte, sie seien auseinander gesägt worden, was sich als schiere Erfindung entpuppte, da es in Indien gar keine solchen Menschen gab! Was ich wissen möchte ist, ob es verlässliche Augenzeugenberichte gibt – zu Schreckenstaten wie der, dass Menschen gezwungen worden seien, das Fleisch ihrer Kinder zu essen, und anderen unaussprechlichen und entsetzlichen Gräueln, die ich gar nicht niederschreiben kann? Oder beruhen diese nicht auf einheimischer Kunde und Zeugen, denen man nicht ohne weiteres vertrauen kann? Es sind so viele Flüchtlinge nach Kalkutta gekommen, dass Sie sicher zu einem beträchtlichen Teil herausfinden können, wie es wirklich steht.

Es freut mich zu hören, dass es Sir Colin Campbell, diesem höchst loyalen, ausgezeichneten Veteranen und Helden, gut geht und dass Sie ihn mögen; ich war mir sicher, dass dies so sein würde, da es unmöglich ist, nicht so zu reagieren. Und keinen Augenblick habe ich die schändlichen Lügen geglaubt, es gebe eine Missstimmung zwischen ihm und Lord Canning. Sofern er noch bei Ihnen ist, sagen Sie ihm viel Freundliches. Es freut mich auch zu hören, dass er jene blinde Abneigung gegen alle Braunhäutigen, die so überaus ungerecht ist, nicht teilt; denn die Einwohner haben, so scheint es, sich nicht an dieser rein militärischen Erhebung beteiligt. Und muss mit den aufrührerischen Sepoys leider auch kurzer Prozess gemacht werden, so vertraue ich doch darauf, dass er darauf achten wird, dass mit den Unschuldigen Nachsicht geübt wird und dass kein christlicher Soldat Frauen und Kinder behelligt.

Proklamation zur Königin von Indien

1. November 1858

Indem wir fest auf die Wahrheit des Christentums bauen und mit Dankbarkeit die Tröstungen der Religion anerkennen, entsagen wir sowohl dem Recht wie dem Bestreben, unsere Überzeugungen irgendeinem unserer Untertanen aufzuzwingen. Wir erklären, dass es unser königlicher Wunsch und Wille ist, dass niemand wegen seines Glaubens oder seiner religiösen Gebräuche begünstigt, behelligt oder eingeschüchtert wird, sondern dass alle gleichermaßen den gleichen und unparteiischen Schutz des Gesetzes genießen sollen.

Tagebuch

Windsor Castle, 22. März 1874

Empfing nach dem Mittagessen Sir G[arnet] Wolseley [den Befehlshaber der Expedition gegen die Aschanti in Südafrika]. Er sieht hager und grau, aber gut aus und ist ein tüchtiger, tatkräftiger, drahtiger Mann, voller Energie und ruhig und entschlossen. Er sagte, er habe seine Gesundheit wiedererlangt, doch das Klima sei schrecklich, einem immerwährenden Dampfbad vergleichbar. Dass Coomassie sehr ungesund sei, da die Toten, welche die Eingeborenen opferten, nicht begraben würden. Einer unserer Offiziere schlief – ohne es zu wissen – im Hause des Henkers, und es wurde ihm, als er fragte, ob es viele Hinrichtungen gebe, vom Henker gesagt, dass nur an zwei Tagen der Woche niemand getötet werde! Im Allgemeinen werden im Laufe des Jahres 1000 getötet, und zwar für das, was bei ihnen Fetisch heißt. Sir Garnet hat König Coffi nie gesehen und wartete vergeblich auf ihn. Dessen Mutter, die Königin, ist sehr klug und besitzt großen Einfluss auf ihn. Sie war über den Krieg sehr unglücklich und weinte viel. Sir Garnet wollte sie als Geisel nehmen, aber der König war nicht bereit, sie auszuliefern. Die Nachfolgeregelung ist sehr seltsam, sie erfolgt nicht vom Vater auf den Sohn, sondern immer über die Frau! Der Urwald ist sehr dicht, dickes Stechgras und enorm hohe Baumwollbäume. Das Verhalten des 42. Regiments war großartig. Sie nahmen die Pfeifer mit in den Kampf, die sich in vorderster Reihe aufstellten. Die Aschanti kämpften tapfer, aber ihre Munition und ihr Pulver waren von schlechter Qualität. Die Fantis waren schreckliche Feiglinge, nicht aber deren Frauen. Die Houssas waren sehr tapfer, wie auch die Cossoes, die tatsächlich Kannibalen sind und mit den Schwertern zwischen den Zähnen in den Kampf ziehen.

EARL OF CARNARVON

OSBORNE, 24. DEZEMBER 1874

Die Königin hat dem Bischof von Natal auf privatem Wege – durch einen gemeinsamen Freund – ihre Wertschätzung ausgedrückt für sein edles, selbstloses Verhalten bei der

Unterstützung der Eingeborenen, die so ungerecht behandelt worden sind, sowie zudem und ganz allgemein ihre sehr starke Überzeugung – und sie hat nur wenige stärkere –, dass die Eingeborenen und farbigen Rassen mit aller Freundlichkeit und Zuneigung behandelt werden sollten wie Brüder und nicht – wie es durch die Engländer leider allzu oft geschieht – wie Wesen, die ganz anders sind als wir und nur dazu da, um unterdrückt und abgeschossen zu werden!

BENJAMIN DISRAELI, EARL OF BEACONSFIELD

BALMORAL, 6. SEPTEMBER 1879

Wiewohl die Königin an Kopfweh leidet und nicht in der Lage ist, ausführlich zu schreiben, kann sie die Post nicht abgehen lassen, ohne ihr Entsetzen und ihren Schmerz angesichts der schrecklichen Katastrophe von Kabul auszudrücken. Wie konnte dies geschehen? Nachdem dies geschehen ist, werden wir möglicherweise Kabul einnehmen und besetzen müssen! Die Truppen sind zu schnell abgezogen worden, und die Residenz kann nicht ausreichend geschützt gewesen sein!

BENJAMIN DISRAELI, EARL OF BEACONSFIELD

BALMORAL, 11. SEPTEMBER 1879

Die Ereignisse in Indien sind überaus peinigend. [Die Königin] vertraut darauf, dass sie keine ernsthaften Folgen haben werden. Aber sie meint, dass wir eine Lehre aus ihnen ziehen sollten, nämlich, dass wir unsere Truppen nie übereilt abziehen und nie im voraus – um das Unterhaus zufrieden zu stellen (und das haben wir, wie Lord Beaconsfield sich erinnern wird, oft auch gegen seinen eigenen Willen und sein Gefühl, getrieben und gedrängt von seinen Kollegen, getan, was nichts wirklich Gutes hervorbringt) – versprechen sollten, dass wir nichts behalten werden.

Der Grund, warum wir diese Länder in Indien und anderswo behalten, ist allein – und wird es immer nur sein –, dass die einheimischen Herrscher ihre Autorität nicht aufrechterhalten können; so wie im Pundschab und Oudh, vor allem im Ersteren, als nach großem Blutvergießen der unter einer Regentschaft neu inthronisierte Maharadscha Duleep Singh – damals noch ein Kind – seine Versprechen nicht einhielt und wir gezwungen waren, nach einem weiteren Krieg von dem Land Besitz zu ergreifen. Nicht um der Machtvermehrung willen, sondern um Krieg und Blutvergießen zu verhindern, *müssen* wir dies tun.

TAGEBUCH

OSBORNE, 14. AUGUST 1882

Cetewayo [Häuptling der Zulus] ist ein sehr gut aussehender Mann – in seiner heimischen Kleidung bzw. Nicht-Kleidung. Er ist groß, überaus breit und stattlich, mit gutmütiger Miene und intelligentem Gesichtsausdruck. Unglücklicherweise kam er in einem hässlichen schwarzen Gehrock samt Hose, trug aber den Reif um den Kopf, der ihn als verheiratet ausweist. Seine Begleiter waren sehr schwarz, doch von gewöhnlichen Negern sehr verschieden. Durch Mr. Shepstone sagte ich, dass ich mich freute, ihn hier zu sehen, und dass ich in ihm einen großen Krieger erkennen würde, der gegen uns gekämpft habe, aber ich sei glücklich, dass wir jetzt Freunde seien. Er antwortete ungefähr dasselbe, gestikulierte nicht wenig beim Sprechen und erwähnte, dass er mein Bild gesehen habe und glücklich sei, mich *in persona* zu sehen. Ich fragte ihn nach seiner Reise und was er gesehen habe und stellte ihm dann meine drei Töchter vor, worauf er »Ah!« sagte. Nach weiteren gemeinplätzigen Bemerkungen endete das Gespräch.

WILLIAM EWART GLADSTONE

OSBORNE, 9. FEBRUAR 1884

[Die Königin] ist über den Sudan und Ägypten sehr besorgt und sieht sich veranlasst zu sagen, dass sie meint, dass ein Schlag geführt werden müsse, sonst werden wir die Mohammedaner nie überzeugen können, sie hätten uns nicht besiegt. Dies sind wilde Araber, und sie können regulären Truppen keinen Augenblick standhalten.

Wir müssen eine Demonstration der Stärke bieten und Entschlossenheit zeigen, und wir dürfen dieses herrliche und fruchtbare Land mit seinen friedlichen Einwohnern nicht dem Mord und Raub und völligen Chaos zum Opfer fallen lassen. Das wäre eine Schande für den britischen Namen, und das Land lässt sich das nicht bieten. Die Königin bangt um die Sicherheit General Gordons.

TAGEBUCH

OSBORNE, 5. FEBRUAR 1885

Schreckliche Nachrichten nach dem Frühstück. Khartum ist gefallen, das Schicksal Gordons ungewiss! Alle sehr verzweifelt. Ließ Sir H. Ponsonby [den Privatsekretär] kommen, der entsetzt war. Es ist zu schrecklich. Die Regierung ist allein schuld, da sie sich weigerte, ein Entsatzheer zu schicken, bis es zu spät war. Telegrafierte *en clair* [unverschlüsselt] an Mr. Gladstone, Lord Granville und Lord Hartington und drückte mein schockiertes Entsetzen über die Nachricht aus, das umso größer ist, als ich fühle, dass alles hätte verhindert werden können.

SIR HENRY PONSONBY

17. FEBRUAR 1885

Mr. Gladstone und die Regierung haben – der Königin ist dies schrecklich bewusst – Gordons unschuldiges, edles, heldenhaftes Blut auf dem Gewissen. Niemand, der darüber nachdenkt, wie er entsandt wurde, wie ihm alle Hilfe verweigert wurde, kann dies leugnen! Es ist entsetzlich.

TAGEBUCH

WINDSOR, 8. JULI 1886

Sah nach dem Mittagessen Sir H. Ponsonby wegen des interessanten Empfangs, der stattfinden soll, nämlich all der Völker, die bei der [Colonial and Indian] Exhibition mitwirkten oder etwas mit ihr zu tun hatten …

Die Inder kamen zuerst, einer hinter dem anderen … Sie alle, dreiundvierzig an der Zahl, knieten nieder und küssten und berührten meine Füße und Knie, und einige beugten sich tiefer als die anderen. Als sie aufstanden, hielten sie mir ihre Handflächen entgegen, damit ich die Geldstücke berühre, die sie hielten. Ihre verschiedenen, leuchtend farbigen Gewänder erzielten schönste Wirkung in dem hellen, sonnendurchfluteten Saal. Einer der Inder, ein Miniaturist, hielt eine Rede auf Hindustanisch und überreichte sie zusammen mit zwei wirklich wundervoll gemalten Miniaturen von mir.

Als nächstes folgten die Singalesen, zehn an der Zahl, komisch aussehende Männer, sehr schwarz, mit langem zurückgekämmtem Haar, hinten zusammengerollt wie das einer Frau und mit einem runden, hohen Schildpattkamm am Kopf festgesteckt. Sie alle trugen lange weiße Gewänder und eine bunte Schärpe, nur der Häuptling trug einen blauen Mantel mit vergoldeten Knöpfen über dem Rock ...

Dann folgten zwei Kaffern, einer ein prachtvoll aussehender Mann, den nur ein Umhang anmutig umhüllte, welcher die schönen bloßen Beine und die bronzefarbenen Arme sehen ließ. Sie sehen den Zulus sehr ähnlich. Sie verbeugten sich und streckten dreimal die Arme aus, wobei sie einen seltsamen Laut von sich gaben ...

Als nächstes kamen einige wirklich hässliche Eingeborene aus Britisch-Guyana, Abkömmlinge der nordamerikanischen Indianer, die tatsächlich keine Kleidung tragen außer einer Art Band um die Lenden, die Frauen kaum mehr. Sowohl die Männer wie die Frauen sind recht elend aussehende Gestalten, klein, kraftlos in den Gliedern ...

Zwei der Inder fragten, ob sie vorsingen dürften, und taten es im Sitzen und mit einem sehr komischen monotonen Näseln. Die Buschmänner fragten, ob sie auf ihren Pfeifen spielen dürften, und taten es sehr komisch, und die Kaffern spielten auch auf ihren Pfeifen. Schließlich schoss ein Indianer eine Art Pfeil, der im Krieg vergiftet ist, aus einem langen Rohr, welches Blasrohr heißt. Wir zogen uns dann zurück, während all die Leute sich verbeugten und »Salaam« grüßten, und sie wurden auf die Terrasse hinausgeführt, wo sie in verschiedenen Gruppierungen photographiert wurden.

TAGEBUCH

WINDSOR CASTLE, 23. JUNI 1887

Fuhr mit Beatrice nach Frogmore zum Frühstück und traf dort Vicky und die junge Vicky. Meine beiden indischen Diener waren da und warteten auf. Der eine, Mohammed Buxsh, sehr dunkel mit einem steten Lächeln im Gesicht, war zuvor Diener bei General Dennehy und auch bei der Rani von Dholpur, und der andere, viel jüngere, namens Abdul Karim, ist viel heller, groß und hat ein schönes, ernstes Gesicht. Sein Vater ist ein einheimischer Arzt in Agra. Beide küssten mir die Füße.

TAGEBUCH

OSBORNE, 3. AUGUST 1887

Lerne ein paar Brocken Hindustanisch, um mit meinen Dienern sprechen zu können. Das ist mir von großer Wichtigkeit, sowohl wegen der Sprache wie auch wegen des Volkes. Natürlich bin ich damit nie wirklich in Berührung gekommen.

TAGEBUCH

BUCKINGHAM PALACE, 25. FEBRUAR 1889

Abdul ist aus Indien von seinem Urlaub zurückgekehrt, und ich bin sehr froh, ihn zurückzuhaben und wieder mit ihm Hindustanisch lernen zu können.

TAGEBUCH

WINDSOR CASTLE, 24. FEBRUAR 1891

Diner mit der Herzogin von Roxburghe, Harriet P[hipps], Lord Lathom, Lord Cross, Sir H. Loch, dem Gouverneur und Hochkommissar am Kap, und Mr. Cecil Rhodes, dem Premierminister am Kap. Sir H. Loch sieht ausgezeichnet aus und erzählte mir viel über Mr. Rhodes, den er als einen sehr bemerkenswerten, ehrlichen, ergebenen Mann und einen eingefleischten Antirepublikaner bezeichnete; ein enorm starker Mann. Er ist ein Pfarrerssohn, ging als Knabe mit vierzehn zum Kap, dann zurück nach England, studierte in Cambridge [hier irrt Victoria: Oxford], kehrte zum Kap zurück, wo er großen Reichtum erwarb. Er hat alle Diamantenminen aufgekauft, und mit diesen und dem Diamantenverkauf arbeitet er mit der Afrikanischen [Gold-] Companie. Ich sprach einige Zeit mit Mr. Rhodes. Er sagte, dass Großbritannien als einziges Land befähigt sei zu kolonisieren, keine andere Nation habe Erfolg. Er hoffte, die englische Herrschaft sich beizeiten vom Kap bis Ägypten erstrecken zu sehen.

TAGEBUCH

WINDSOR CASTLE, 1. JULI 1891

Sah nach dem Mittagessen die arme Mrs. Grimwood, die aus Manipur entkam und ungefähr einen Monat zurück ist. Lady Cross führte sie herein, stellte sie vor und ließ mich dann mit ihr allein. Sie ist eine auffällige Person, mit einer guten Figur und einem hübschen, traurigen Gesicht, doch sieht sie sehr mitgenommen und vom Wetter gezeichnet aus. Zunächst war sie ein wenig schüchtern, doch legte sich dies nach und nach, und sie beantwortete mir alles, was ich sie fragte, wobei sie mir viel von dem erzählte, was sie durchgemacht hatte, was wirklich um einiges mehr ist als irgendeine Frau, geschweige denn eine Dame von Rang, erlebt hat! Neun schreckliche Tage war sie unterwegs und wurde nahezu die ganze Zeit verfolgt. Sie hinkte, da sie gefallen war, als sie beim Verlassen von Manipur die letzte Palisade entlanglief. Zunächst waren es neun Offiziere und zweihundert Mann, aber diese schrumpften schließlich auf vierzig. Es wurde unablässig auf sie gefeuert, und sie musste sich hinlegen und im hohen Gras verstecken. Kleider hatte sie keine, außer denen, die sie trug. Einmal merkte sie, dass auf sie gefeuert wurde, und der Mann dicht hinter ihr, der bereits verwundet war, wurde getötet, stieß sie um und befleckte sie mit seinem Blut. In diesem Zustand musste sie sich durchschlagen. Sie war dankbar dafür, dass ihr armer Mann sofort starb, durchbohrt von jemandem, der, meint sie, ihm irgendwie grollte, und dies, meint sie, könnte zur Ermordung der anderen Anlass gegeben haben.

Sie kannte den Senapati sehr gut und mochte ihn sehr, so wie auch all die andern Fürsten, mit denen sie oft ausritt. Sie sagte, dass sie es nicht glauben könne oder wolle, dass er beabsichtigt habe, die Gefangenen zu töten. Der Tongal aber, der die Truppen befehligte, sei ein schrecklicher, blutdürstiger Alter von sechsundachtzig Jahren, der Männer, Frauen und Kinder ohne Zahl getötet habe, wann immer er auszog, einen Stamm zu bestrafen. Die arme Mrs. Grimwood hat alles verloren, was sie jemals besessen hat. Sie musste zusehen, wie ihre Zimmer verwüstet wurden, und konnte nicht hinein, um etwas in Sicherheit zu bringen. Sie begab sich zu den Verwundeten hinunter, aber auch dort war es unsicher, so dass sie versuchten, diese abzutransportieren, wobei der arme Leutnant Brackenbury starb. Er war noch sehr jung und hatte fünfzehn Kugeln im Leib. Der Lärm des unablässigen Schießens war entsetzlich. Dies alles verfolgt sie wie ein Alptraum; sie vermag nicht zu schlafen und erträgt es nicht, allein zu sein. Während sie erzählte, wurde sie ein-, zweimal vom Schmerz überwältigt. Ich verlieh ihr das Königliche Rote Kreuz, worüber sie sich sehr freute, drückte ihr die Hand und küsste sie, als sie ging. Armes Ding, sie tut mir so leid!

LADY HARRIS

BALMORAL, 10. SEPTEMBER 1891

Ihr Bericht, ebenso wie der von Mr. Chatfield, ist sehr befriedigend, und es ist überaus ermutigend zu sehen, dass so viele indische Damen und Frauen bereit und willens sind, bei der Pflege zu helfen und Pflegerinnen zu werden. Geburtshilfe und die Pflege junger Kinder, von denen leider so viele sterben, ist meiner Meinung nach das wichtigste Ziel. Aber um offen zu sprechen und wie ich es, glaube ich, Ihnen gegenüber schon betont habe, bevor Sie abreisten: Ich halte den Versuch, sie hochqualifiziert auszubilden – wobei ich nicht ausreichende und nützliche Lese- und Schreibkenntnisse meine – oder sie zu ermutigen, wie Europäer zu handeln und wandeln, für, des bin ich mir sicher, höchst gefährlich; und falls dies bewerkstelligt werden soll, ist es das Werk von Generationen und muss schrittweise geschehen. Dies gilt natürlich insbesondere für die mohammedanischen Witwen, die nicht öffentlich auftreten können, und wiewohl deren radikale, strikte Abgeschiedenheit vielleicht gemildert werden könnte, ja sogar sollte, so denke ich doch, dass kein Versuch gemacht werden sollte, sie zu einer Änderung ihrer Lebensweise zu veranlassen oder sich in ihre

Religion einzumischen, die, recht verstanden und erkannt, so viel Edles, zu Respektierendes und Bewundernswertes enthält.

Mit den Hindus und Parsen verhält es sich natürlich ganz anders, da deren Religion Abgötterei ist. Aber auch für sie wären zu hohe Erziehungsziele überaus gefährlich, da es zur Lektüre anstößiger europäischer Literatur oder zur Nachahmung allzu freier Sitten führen könnte. Der orientalischen Natur ist die europäische Freiheit nicht gemäß, welche meiner Meinung nach heutzutage leider viel zu groß ist. Ich habe mit meinem jungen mohammedanischen Lehrer, der sehr intelligent und wohlinformiert und – in jedem Wortsinne – herausragend ist, sehr oft ausführlich darüber geredet und viel von ihm gelernt. Auch bei den Hindus wäre jeder Versuch, sich in ihre Religion einzumischen, höchst gefährlich.

TAGEBUCH

WINDSOR CASTLE, 4. DEZEMBER 1894

Unterhielt mich lange mit Mr. Rhodes (was für ein bemerkenswerter Mann). Er sagte, dass er in großen Schwierigkeiten gewesen sei, aber dass er, seit ich ihn zuletzt gesehen habe, 12 000 Meilen an Territorium meinem Herrschaftsbereich hinzugefügt habe und dass er glaube, dass beizeiten das ganze unter meine Herrschaft kommen werde. Er glaubt zudem, dass auch der Transvaal, den wir niemals hätten aufgeben sollen, letztendlich zu England zurückkehren wird. Die Deutschen machten uns große Schwierigkeiten, würden aber als Kolonisatoren keinen Erfolg haben.

TAGEBUCH

Windsor Castle, 19. November 1895

Ging nach dem Mittagessen in den Weißen Salon, um drei Häuptlinge aus Betschuanaland zu empfangen, die Christen sind. Die Häuptlinge sind sehr groß und sehr schwarz, aber ihr Haar ist nicht gekräuselt. Einer der Häuptlinge wird für einen sehr bemerkenswerten und intelligenten Mann gehalten. Eines ihrer Hauptziele, weshalb sie kamen, war, von der Regierung die Erlaubnis zu erhalten, starke alkoholische Getränke zu verbieten, welche die armen Eingeborenen demoralisieren und töten. Ach, überall scheint dieses schreckliche Übel, das eine solch fatale Wirkung auf die Bevölkerung hat, der Zivilisation zu folgen! Der Dolmetscher übersetzte, was ich sagte, sowie die Antworten der Häuptlinge. Sie brachten mir Leoparden- und Schakalfelle als Geschenke, und ich gab ihnen Ausgaben des Neuen Testaments und hübsch gerahmte Photographien von mir sowie Seidenschals für ihre Frauen.

Seit 1868 unternimmt Victoria meist incognito, meist in Begleitung einer Tochter, Reisen in die Schweiz, nach Südfrankreich, in die Pyrenäen, nach Italien. Sie dokumentiert ihre Reiselust in deskriptiv-faktenreichen Reisetagebüchern, malerisch kompetenten Aquarellen und – trotz mehrerer Zeichenstunden – in eher naiv-charmanten Zeichnungen.

TAGEBUCH

PENSION WALLIS, 11. AUGUST 1868

Um 12 machten wir ... uns auf den Weg und fuhren hinunter zum Dampfer, der uns erwartete. Gingen an Bord, samt unserer Kutsche, und dampften sofort los. Die Luft angenehm, herrlichste Ausblicke während der Fahrt. Hofmann [Victorias Schweizer Führer] erklärte die Örtlichkeiten, an denen wir vorbeifuhren. Kamen zu Tells Kapelle, unterhalb derer wir eine Zeit lang anhielten. Die Höhe der Berge und Felsen hier ist überwältigend, und es soll Gämsen geben ... Wahrlich glorreich war die Aussicht, als wir uns Flüelen näherten: der schneebedeckte Urirotstock erhob sich mächtig, etwas unterhalb ergaben üppig bewaldete Berge ein überaus schönes Bild. Wir legten sehr nah an Tells nach vorne offener Kapelle an, um die bemerkenswerten alten Fresken an den Wänden zu betrachten, welche Begebenheiten aus seinem Leben darstellen. Aßen an Bord zu Mittag. Der See, wundervoll saphirblau und smaragdgrün, wechselte die Farbe hin und her. Nach dem Essen fuhren wir nach Flüelen, wo wir von Bord gingen und mit unserer Kutsche, die unschwer an Land gebracht werden konnte, durch das pittoreske Städtchen fuhren, das sich den Berg hinan erstreckt.

TAGEBUCH

AIX-LES-BAINS, 23. APRIL 1887

Dies war der Tag für unsere lang geplante und lang ersehnte Exkursion zu der Großen Kartause. Es war ein herrlicher Tag. Die Landschaft um die Schlucht erinnerte mich häufig

Eine Berghütte in den Schweizer Alpen, von Victoria 1868 gezeichnet

an den St. Gotthard und ist sehr imposant. Wir kamen an der Brennerei des berühmten und ausgezeichneten Likörs vorbei, der Chartreuse heißt und von den Mönchen gemacht wird, die allein das Geheimrezept kennen. Er wird aus Kräutern und Blumen hergestellt, die von ihnen in der Umgebung gesammelt werden.

Das Kloster schmiegt sich zwischen die hohen Berge. Als wir uns ihm näherten, konnten wir einen Mönch im Portal stehen sehen, der uns in seiner weißen Kutte und der Kapuze und dem kahl geschorenen Kopf entgegenkam, ein gut aussehender Mann, der Procureur, der uns *la bienvenue* wünschte. Gleich innerhalb des Klosters empfing uns der Grand Prieur Général, ein stattlicher, stämmiger, rotbackiger Mann mit Brille. Das Innere machte einen sehr kalten Eindruck. Wir wurden durch die immens langen Kreuzgänge in einen Raum geführt, in dem sich einige der wichtigeren Mönche aufhielten, die uns vorgestellt wurden. Unter ihnen war ein Russe, General Nikolai, der im Kaukasus gedient hatte und auch an der Londoner Botschaft tätig gewesen war. Neunzehn Jahre ist er nun Mönch in der Großen Kartause. Bilder des Hl. Bruno und anderer Klostervorsteher hingen an der Wand. Wir gingen dann durch einen weiteren, sehr langen Kreuzgang und kamen zu einer Galerie, von der aus man die Kirche überblicken kann, in der gerade die Vesper gehalten wurde. Von dort zum Kapitelraum, ein großer Raum voller Bilder mit Ereignissen aus dem Leben des Hl. Bruno und Portraits verschiedener Généraux. Man zeigte uns auch eine sehr hübsche kleine Kapelle des Hl. Ludwig mit Mosaiken und eine herrliche, große, eben erbaute Bibliothek. In einem Teil sind Räume für männliche Besucher des Klosters, und sie können zwei Tage bleiben und an der Messe teilnehmen. Der Grand Prieur zeigte uns den Friedhof, einen kleinen, überaus trostlos wirkenden Ort, mit Blumen und kleinen, niederen

Steinkreuzen für die Généraux. Die anderen, armen Mönche hatten nur Blumen über sich. Es lag ein wenig Schnee im Garten, der ganz hart gefroren war – und doch schien die Sonne brennend heiß.

Man zeigte uns, wo die Zellen sind, und sagte mir, ich würde einen jungen *compatriote* sehen, einen Engländer, der schon einige Zeit hier verbracht habe. Der Grand Prieur schloss die Zelle auf, die aus zwei kleinen Räumen besteht, und sofort erschien ihr junger Bewohner, kniete nieder und küsste mir die Hand und sagte: »Ich bin stolz, Eurer Majestät Untertan zu sein.« Das erste kleine Zimmer sah gemütlich genug aus, und er hatte Blumen darin. Im anderen stand sein Bett, und es hatte zwei kleine Nischen, worin in einer ein kleiner Altar stand, an dem er, wie er sagte, seine Andacht verrichte und bete. In der anderen, tieferen Nische, die ein kleines Fenster hatte, ist der Studierplatz mit seinen Büchern. Ich bemerkte, wie jung er aussähe, und er antwortete: »Ich bin 23.« und dass er fünf Jahre in der Großen Kartause sei, in sie mit 18 eingetreten sei!! Ich fragte ihn, ob er zufrieden sei, und er antwortete ohne zu zögern: »Ich bin sehr glücklich.« Er sieht sehr gut aus und ist groß, mit ziemlich zartem Teint und einem schönen, beinah verzückten Gesichtsausdruck wie ein Heiliger. Als wir die Zelle verließen und den Gang entlanggingen, sagte der Général, ich hätte wohl gesehen, dass der junge Mann ganz zufrieden sei, worauf ich antwortete, was für eine Freude es sei, zufriedene Menschen zu sehen, da dies so selten der Fall sei.

Da ich mich müde fühlte, bat ich darum, keine weiteren Treppen steigen zu müssen, und so drehten wir um und gingen wieder hinunter. Der Général bedauerte, dass unser Besuch so kurz gewesen sei, aber mit Ausnahme des Refektoriums und der Küche hatten wir alles von wirklichem Interesse gesehen. Er ging mit uns zur Hôtellerie des Dames hinüber, gerade eben ein paar hundert Meter, wohin

Frauen, welche die prachtvolle Landschaft und Lage zu betrachten wünschen, oftmals heraufkommen, um ein, zwei Nächte zu verbringen. Zwei freundliche Schwestern, so etwas wie Sœurs de Charité, hießen uns hier willkommen. In einem großen Raum waren Erfrischungen vorbereitet, und hier verabschiedete sich der Général von uns, aber der Procureur blieb. Er bot mir Wein an, aber ich erbat ein wenig von ihrem Likör, und auf Grund eines Versehens gab er mir vom stärksten. Kam um 8 nach Hause, sehr zufrieden mit unserer Exkursion. Ziemlich müde.

Princess Royal

Florenz, 10. April 1888

Du irrst Dich wirklich, wenn Du glaubst, Kunst bedeute mir nichts. Ich liebe sie. Allein, ich kann mich nicht stundenlang damit beschäftigen oder überall hingehen, wie Du es machst. Die Gemälde finde ich bezaubernd ... Ich war, wie gesagt, in der Santa Croce, die wirklich sehr interessant ist, dann im Bargello, und heute fahren wir zur Santa Maria da Novella. Beatrice hat sich natürlich viel mehr angesehen, und ihr gefällt alles sehr. Alle sagen, Florenz sei viel interessanter als Rom, die Bildersammlungen schöner und die Landschaft so lieblich. Ich fahre jeden Tag aus, war in Fiesole und Vimiglialegata, aber noch nicht in der Kathedrale und der Villa. Ich werde mir sicher auch noch den Palazzo Vecchio ansehen, aber mein Bein behindert mich sehr. Auch werde ich den Dom und das Baptisterium besuchen, alles was ich schaffen kann, denn mir gefällt es hier.

Tagebuch

Im Zug, 23. April 1888

Fuhren während der Nacht durch Pistoia, Bologna, Modena, Mantua und Verona. Überquerten bei Ala die Grenze nach Österreich und waren schon hinter Bozen, bevor ich bereit war zu frühstücken. Herrliche Alpenszenerie, auch bei der Überquerung des Brenner.

Um halb zwei erreichten wir Innsbruck, dessen Lage prachtvoll ist, umgeben von hohen Bergen. Es war sehr schön und heiß geworden. Auf der Plattform des Bahnhofs stand in voller Uniform Kaiser Franz Joseph. Wir stiegen aus, und der Kaiser geleitete mich in einen Raum, in dem ein Mittagessen angerichtet war. Ich hatte ihn seit 1863 in Coburg nicht mehr gesehen. Wir aßen *à quatre* in einem Raum voller Blumen. Ich hatte leider ein sehr heftiges, übles Kopfweh und konnte beinahe nichts essen. Der Kaiser war sehr freundlich und plauderte angenehm über vieles. Er sagte, wie glücklich er über die guten Beziehungen zwischen unseren Ländern sei, und hoffte, sie würden weiterbestehen, da im Kriegsfalle wir vereint handeln könnten. Russland sei unbegreiflich, und er hielt Bismarck für allzu schwach und nachgiebig gegenüber Russland, was ein großer Fehler sei. Nach einem sehr herzlichen Abschied fuhren wir weiter. Der Kaiser war siebzehn Stunden aus Wien angereist mit dem alleinigen Zweck, mich zu sehen.

Die Landschaft blieb weiterhin wunderschön. Wir aßen in Regensburg, nachdem wir um sechs in München einen Aufenthalt eingelegt hatten, bei dem viele Menschen am Bahnhof waren. Die Königinmutter, in tiefer Trauerkleidung, aber immer noch sehr hübsch aussehend, und der Prinzregent, Prinz Luitpold, stiegen zu mir in den Waggon. Die Königin, die Mutter des unglückseligen König Ludwig, der vor zwei Jahren ertrank, und des regierenden, verrückten König Otto, ist die einzige und jüngere Schwester der teuren Prinzessin Karl von Hessen und erinnerte mich sehr an diese, nur sieht sie viel besser aus ... München scheint eine schöne Stadt mit vielen Kirchen zu sein. Die Alpen waren klar sichtbar, vom *Alpenglühen** erleuchtet, das einige Zeit andauerte. Las und arbeitete und war voller Angst, was der nächste Tag [der Besuch beim todkranken Fritz in Berlin] bringen würde.

In den letzten fünfundzwanzig Jahren ihres Lebens – symbolisch mag hierfür der Royal Titles Act von 1876 stehen, der sie zur Kaiserin von Indien macht – öffnet sich Victoria verstärkt der Öffentlichkeit, der aktiven Politik und dem Amüsement: Sie wacht darüber, dass Englands imperiale Größe makellos bleibt, ermahnt und treibt ihre Minister, nimmt Paraden ab. Und sie nimmt ihre Theater- und Opernbesuche wieder auf, liest Romane.

TAGEBUCH

WINDSOR CASTLE, 19. DEZEMBER 1876

Ging mit Beatrice zu Fuß zum Mausoleum und zurück. Sie war in den vergangenen Tagen eifrig damit beschäftigt, meine alten Partituren durchzusehen und fand dabei einige Schätzchen. Nach dem schrecklichen Unglück im Jahre '61 war alles unberührt liegen geblieben, und ich konnte den Anblick dessen, was mein Liebster und ich täglich zusammen gespielt hatten, nicht ertragen. Erst seit fünf oder sechs Jahren schaue ich meine Musik wieder an, und erst ganz kürzlich habe ich meine Duo-Partituren und andere wieder aufgeschlagen. Die Vergangenheit schien in seltsamer und unfassbarer Weise auf mich einzustürzen. Die Noten und Klänge bringen Erinnerungen und Szenen zurück, die ausgelöscht schienen.

TAGEBUCH

WINDSOR CASTLE, 17. MAI 1877

Nach dem Mittagessen wurde der große Komponist Wagner, dessentwegen die Leute in Deutschland wirklich ein bisschen verrückt sind, von Mr. Cusins in die Galerie gebracht. Ich hatte ihn mit meinem liebsten Albert 1855 gesehen, als er ein philharmonisches Konzert dirigierte. Er ist alt und beleibt geworden und sieht klug, aber nicht angenehm aus. Er floss über vor Dankbarkeitsbekundungen, und ich drückte ihm mein Bedauern aus, dass ich nicht zu einem seiner Konzerte hätte kommen können.

TAGEBUCH

BALMORAL, 31. OKTOBER 1878

Las ›Coningsby‹ zu Ende, ein sehr bemerkenswertes, seltsames Buch. Ich erkenne in ihm oft Lord Beaconsfields Sprache und Gefühle wieder. Es enthält einige schöne Empfindungen und einige treffende Meinungen, eine Art von demokratischem Konservatismus, doch es sind die gleichen weitläufigen, patriotischen Ansichten, die er auch heute hat. Die Geschichte ist seltsam und die Sprache zu gestelzt und unnatürlich. Einige seiner Figuren können leicht identifiziert werden. Seine Liebe zu den Juden und sein Glaube an sie sind überaus offensichtlich.

TAGEBUCH

Im Zug, 23. November 1880

Las ›Jane Eyre‹ zu Ende, das wirklich ein wundervolles Buch ist, in Teilen sehr eigenartig, aber so gewaltig und bewundernswert geschrieben, in solch herrlichem Tonfall, mit solch herrlichen religiösen Gefühlen und schönem Stil. Die Beschreibung der nächtlichen Erscheinungen der geheimnisvollen Irren äußerst packend, der Charakter Mr. Rochesters sehr bemerkenswert und der von Jane Eyre selbst schön. Das Ende ist sehr bewegend, da Jane Eyre zu ihm zurückkehrt und ihn als Blinden vorfindet, ohne die eine Hand, die er auf Grund von Verletzungen beim Brand des Hauses, den seine verrückte Frau legte, verloren hat.

TAGEBUCH

Sandringham, 26. April 1889

Wir gingen, nachdem wir uns bis zehn unterhalten hatten, zum Ballsaal, der in ein Theater verwandelt worden war. Nahezu 300 Personen befanden sich in dem Saal, einschließlich all der Nachbarn, Pächter und der Dienerschaft. Wir saßen in der ersten Reihe, ich zwischen Bertie und Alix. Die Bühne war schön hergerichtet, mit großartigen bühnischen Effekten, und die Stücke waren prachtvoll in Szene gesetzt, und eine Unzahl von Menschen spielte mit. Ich glaube, es waren zwischen sechzig und siebzig, dazu das Orchester. Das Stück, ›The Bells‹, ist ein Melodrama aus dem Französischen des Erckmann-Chatrian, ›Le Juif Polonais‹, und äußerst spannend. Der Held (Irving) spielte wunderbar, wenn auch so manieriert wie alle aus der Macready-

Schule. Er stellt einen Mörder dar und bildet sich häufig ein, das Glockengeläut des Pferdeschlittens zu hören, in dem der polnische Jude saß, den er ermordet hat. Die Art, wie Irving seinen eigenen Traum darstellt und wie er die Art beschreibt, in der er den Mord verübte, ist wunderbar und schaurig, ebenso wie die Todesszene. Dreizehn Jahre lang hat er das Geheimnis mit sich herumgetragen! Auf ›The Bells‹ folgte die Gerichtsszene aus ›The Merchant of Venice‹, in der Irving die Rolle des Shylock bestens spielte und Miss Ellen Terry die der Portia sehr schön. Früher habe ich ihre Schwester Kate oft gesehen, als Kind in der Rolle des Prince Arthur [in Shakespeares ›King John‹] in Windsor. Es war eine höchst erfolgreiche Aufführung. Ich wartete einen Augenblick im Salon, um mit Irving und Ellen Terry zu sprechen. Er ist ganz der Gentleman und sie sehr angenehm und hübsch. Es war eins, als ich nach oben ging.

TAGEBUCH

11. OKTOBER 1890

Nach dem Abendessen kamen die anderen Damen und Herren zu uns in den Salon, und wir schoben die Möbel beiseite und improvisierten ein hübsches Tänzchen – Curtis' Kapelle spielte so *entraînant* [hinreißend]. Ich tanzte eine Quadrille mit Eddy [Albert Victor, dem ältesten Sohn des Prince of Wales]!!

TAGEBUCH

WINDSOR CASTLE, 2. JULI 1891

Ging in den Grünen Salon und hörte Herrn Paderewski Klavier spielen. Dies tut er ganz wunderbar, solche Kraft und solch zarte Empfindung! Ich glaube wirklich, dass er genauso gut ist wie Rubinstein. Er ist jung, ungefähr achtundzwanzig, ganz blass, und eine Aureole von rotem Haar steht ihm um den Kopf.

PRINCESS ROYAL

WINDSOR CASTLE, 27. NOVEMBER 1891

Gestern kamen wir in den Genuss, uns Mascagnis Oper ›Cavalleria rusticana‹ anzuhören, ein vollkommenes Juwel mit einer einfachen, wahrhaftigen, sehr traurigen Geschichte und überaus dramatisch komponiert und vorgeführt. Ich bin sicher, Dich würde die Musik entzücken. Sie ist so originell, so überaus wirkungsvoll und vermittelt die Geschichte so schön. Sie ist sehr anrührend, und ich war bei einigen Stellen den Tränen nahe. Die Orchestrierung ist sehr gelungen, und es gibt ein Intermezzo, das wirklich ganz vorzüglich ist.

TAGEBUCH

WINDSOR CASTLE, 18. MAI 1894

Um Viertel vor zehn begaben wir uns alle in den Weißen Salon, wo eine kleine Bühne errichtet worden war, und die gefeierte italienische Schauspielerin, Signora Duse, spielte in einem Stück mit dem Titel ›La Locandiera‹. Sie sieht hübsch aus, hat eine sehr einnehmende Stimme und Art zu sprechen, und ihr Spiel war bewundernswert. Sie wurde mir anschließend vorgestellt.

TAGEBUCH

CIMIEZ, 22. APRIL 1897

Die gefeierte und berühmte Schauspielerin Sarah Bernhardt, die in Nizza spielt und in diesem Hotel wohnt, führte auf ihren Wunsch um halb sieben ein kleines Stück für mich im Salon auf. Das Stück hieß ›Jean Marie‹, von André Theuriet, ganz kurz, nur eine halbe Stunde. Es ist sehr anrührend, und Sarah Bernhardts Spiel war ganz wundervoll, voller Pathos und Empfindungen. Sie selbst schien sehr mitgenommen, die Tränen rollten ihr die Wangen herab. Sie hat eine wunderschöne Stimme, und alle ihre Bewegungen sind sehr anmutig.

PRINCESS ROYAL

CIMIEZ, 29. MÄRZ 1899

Leoncavallo hat uns heute Abend Teile aus seiner neuen Oper ›La Bohème‹ und aus ›I Pagliacci‹ wunderschön vorgespielt, beide entzückend. Er hat einen vorzüglichen Anschlag und spielt mit so viel Ausdruckskraft, aber auch sehr genau.

PRINCESS ROYAL

BALMORAL, 30. MAI 1899

Ich kann Dir gar nicht sagen, wie sehr ich ›Lohengrin‹ bewundere! Diese wunderbaren Brüder [Jean und Edouard de Reszke] haben so schön gesungen und auch Mme. Nordica und, ach, wie schön die Musik ist! So voller poetischer Gefühle und, ich möchte beinahe sagen, religiös. Die wunderschönen Leitmotive, die immer wieder erscheinen ...

Nicht nur Angehörige ihrer Generation, sondern auch Kinder, Schwiegerkinder und Enkel sieht Victoria sterben. Eine Aura des Selbstgenusses umgibt ihre Trauer und ihre Schmerzbekundungen. Sie schwindet, als Fritz, der geliebte und hoffnungsbefrachtete Schwiegersohn, 1887 an Kehlkopfkrebs erkrankt und nach etwas mehr als dreimonatiger Regierungszeit als Deutscher Kaiser am 15. Juni 1888 stirbt.

TAGEBUCH

BALMORAL, 23. SEPTEMBER 1872

Kann ich es schreiben? Mein eigener Liebling, meine einzige Schwester, meine liebe, herrliche, edle Feodore ist nicht mehr! Seit zwei Uhr heute morgen ruht sie in Frieden. Was für ein entsetzlicher Verlust ... Ich bin nun ganz allein, niemand meiner Lieben oder der mir nahe steht in meinem Alter oder älter lebt, niemand, zu dem ich aufsehen könnte. Alle, alle tot! Sie war die letzte nahe Verwandte, die mir gleich war, das letzte Band mit meiner Kindheit und Jugend.

TAGEBUCH

WINDSOR CASTLE, 14. DEZEMBER 1878

Der schreckliche Tag [von Alberts Tod] ist wiedergekehrt! Schlief passabel, aber erwachte oft und sah meine liebe Alice beständig vor mir. Als ich am Morgen aufwachte, war mir einen Augenblick lang unsere schreckliche Sorge nicht bewusst. Aber dann brach es über mich herein. Ich fragte nach Neuigkeiten, aber es gab keine. Stand dann auf und ging, wie ich es an diesem Tage immer tue, in das Blaue Zimmer, um dort zu beten. Als ich angezogen war, ging ich in meinen Salon, um zu frühstücken, wo Brown mir mit zwei Telegrammen mit schlechten Nachrichten entgegenkam. Ich schaute das erste von Louis an, ohne es zunächst zu begreifen, es lautete: »Arme Mama, ich Armer, mein Glück ist hin, liebe, liebe Alice. Gottes Wille geschehe.« (Ich vermag es kaum niederzuschreiben!) Das andere von Sir W[illiam] Jenner lautete: »Der Großherzogin ging es kurz nach Mitternacht plötzlich schlechter, kann seitdem keine Nahrung zu sich nehmen.« Unmittelbar danach traf ein anderes mit der schrecklichen Nachricht ein, dass es mit der teuren Alice langsam zu Ende gehe und dass sie in der Früh um halb acht verschieden sei. Es war zu entsetzlich! Ich hatte wider alle Hoffnung gehofft ... Dass dieses teure, begabte, ausgezeichnete, zartfühlende, edelmütige, liebe Kind, das sich während der Krankheit ihres Vaters so bewundernswert verhalten hatte, wie auch danach, um mich zu unterstützen und mir auf jede mögliche Weise zu helfen, eben an diesem Jahrestag zu ihrem Vater abberufen werden sollte, scheint beinahe unglaublich und höchst geheimnisvoll! Mir scheint in der Vereinigung, die dies mit sich bringt, etwas Anrührendes zu sein; ihre Namen sind nun auf immer vereint an diesem Tag, an dem sie in eine andere, bessere Welt geboren werden!

Princess Royal

Windsor Castle, 17. Dezember 1878

Heute morgen empfing ich Sir William Jenner. Er war an ihrem letzten Tag häufig bei ihr. Sie war so froh, ihn zu sehen, ergriff seine Hand und war glücklich über den Brief, den er ihr von mir gab. »Die teure Handschrift«, sagte sie, »mir tut es so leid, dass ich der lieben Mama soviel Kummer bereite.«

Er glaubt nicht, dass sie an diesem Tag viel gelitten hat. Sie sank dahin aus lauter Erschöpfung, ganz genau wie unser geliebter Papa und am gleichen Tag – wie merkwürdig und doch wie rührend, dass sie im Tod wie im Leben so eng verbunden waren. Sie hatte seine Selbstlosigkeit und seinen Mut und leider auch seinen Mangel an Lebenskraft.

Tagebuch

Windsor Castle, 28. März 1884

Ein weiterer schrecklicher Schicksalsschlag hat mich und uns alle heute getroffen. Mein geliebter Leopold, mein glänzender, kluger Sohn, der sich so häufig von fürchterlichen Krankheiten und von den verschiedensten, kleinen Unfällen erholt hatte, ist von uns genommen worden! Es ist zu schrecklich, noch ein liebes Kind, eines, das so begabt und mir eine solche Hilfe war, fern von mir zu verlieren!

Bin völlig niedergeschmettert. Wie liebte ich ihn, wie habe ich über ihn gewacht! Ach, welch Schmerz, und die arme, liebevolle, junge Frau, die … auf einem Sofa liegen muss, damit ihr kein Unfall zustößt [Prinzessin Helena, die Frau Leopolds seit 1882, war schwanger] – was werden diese Nachrichten für Auswirkungen auf sie haben?

TAGEBUCH

BALMORAL, 12. NOVEMBER 1887

Erhielt einen wirklich herzzerreißenden Brief von der armen lieben Vicky. Er ist ganz furchtbar traurig und macht mich ganz elend. Sie schreibt: »Die Ärzte lasen mir ihren Befund vor – wirklich grausam klang er. Ich erwartete kaum etwas anderes, doch wenn die ungeschminkten Fakten des eigenen Verhängnisses einem vorgetragen werden, so ist der Schlag entsetzlich!«

TAGEBUCH

BALMORAL, 13. NOVEMBER 1887

Dr. Reid brachte mir einen Brief von Sir M. Mackenzie, der leider nicht sehr zufrieden stellend ist, wenn auch nicht ganz bar jeder Hoffnung! Die Ärzte scheinen alle der Meinung, dass die Wucherung bösartig ist. Was freilich die Behandlung betrifft, gehen die Meinungen auseinander. Sir M. Mackenzie plädiert einfach für Linderungsmittel, um das Leben zu verlängern, die deutschen Ärzte hingegen befürworten eine Operation, von der sie sagen, dass sie nicht gefährlich sei und die Aussicht beziehungsweise wenigstens eine Chance der Wiederherstellung mit einer beeinträchtigten Stimme biete. Es ist schrecklich, aber es muss doch irgendeine Hoffnung geben! Mein armer Vicky-Liebling, der Gedanke an all ihr Leid peinigt mein Herz.

TAGEBUCH

OSBORNE, 9. FEBRUAR 1888

Wiederum ziemlich Besorgnis erregende Nachrichten von Fritz und von der Notwendigkeit, eine Tracheotomie durchzuführen; telegrafierte deshalb um Auskunft. Hörte von Sir M. Mackenzie, dass es tatsächlich wahr sei, dass eine Tracheotomie für notwendig gehalten werde und dass sie unverzüglich durchgeführt werde! Zutiefst besorgt. Hörte, dass die Operation bereits vorbei sei und dass es dem lieben Fritz recht gut gehe.

TAGEBUCH

BUCKINGHAM PALACE, 9. MÄRZ 1888

Beim Aufstehen fand ich zwei Telegramme, eines von Willy, der schrieb, dass »sein verehrter Großvater [Wilhelm I.] gerade friedlich verstorben« sei, und das andere von Sir E. Mallet, dass er »tief bedaure, mitteilen zu müssen, dass der Kaiser diesen Morgen um halb neun verschied.« Was so lange erwartet worden war, ist geschehen! Der arme, alte Kaiser, er war mir gegenüber immer sehr freundlich, aber leider hatte man ihn in den letzten Jahren zu einem Werkzeug für ungute Zwecke gemacht!

TAGEBUCH

Im Zug, 26. April 1888

Ging vor unserem frühen Abendessen mit Vicky zu Fritz und schenkte ihm ein Foto von mir, das er küsste, doch da ihn ein Hustenanfall befiel, verließen wir ihn. Kehrten nach dem Essen zu ihm zurück und nahmen, nach einem Gespräch von wenigen Minuten, von ihm Abschied, der glücklicherweise vorüberging, ohne eine von uns beiden zu verstören. Ich küsste ihn, so wie ich es jeden Tag tat, und sagte, dass ich ihn bei uns zu sehen hoffte, wenn es ihm wieder besser gehe ... Meine liebe Vicky kam in den Eisenbahnwaggon, und ich küsste sie immer wieder. Sie bemühte sich sehr, sich nicht gehen zu lassen, brach aber doch schließlich zusammen, und es war schrecklich, sie in Tränen dastehen zu sehen, während der Zug sich langsam fortbewegte, und an all das zu denken, was sie litt und noch erleiden würde. Mein armes, armes Kind – was täte ich nicht, um ihr in ihrem schweren Los zu helfen!

Princess Royal

Balmoral, 15. Juni 1888

Mein liebes, liebes, unglückliches Kind, ich nehme Dich in die Arme und drücke Dich an mein blutendes Herz, denn dies ist ein doppeltes, schreckliches Leid, ein unsagbares Unglück für die ganze Welt. Du wirst viel härter geprüft als ich. Ich musste nie mit ansehen, wie ein anderer den Platz meines engelsgleichen Gatten einnahm, denn das, das weiß ich, hätte ich nie ertragen. Möge Gott Dir helfen und Dich stützen, wie er mir half, und mögen Deine Kinder Dir Hilfe und Trost sein, wie es viele von meinen mir waren. Auch wenn damals eine bittere Zeit war. Ich kann nicht schreiben, was ich fühle, kann meine Gedanken nicht sammeln. Ich fühle mich wie benommen. Ich wünschte, ich könnte irgendetwas tun, um Dir zu helfen, könnte sogar zu Dir kommen, wenn Du es wünschst. Komm Du doch zu uns. Du solltest mit den Mädchen eine Zeit lang ganz weit fortreisen. Deiner Gesundheit wäre es zuträglich nach all der Belastung. Der geliebte, liebe Fritz, ich liebte ihn so innigleich. Er war immer so freundlich zu mir, auch 1861. Ich sehe ihn immer vor mir mit seinen schönen, liebevollen blauen Augen … *Hier* habt Ihr Euch verlobt, und *hier* ereilte mich die schreckliche Nachricht. Ich bin so dankbar, dass andere Leute, die alles noch verschlimmert hätten, nicht hier sind … Möge Gott in seiner Güte Dir helfen und Dich stützen.

Tagebuch

Osborne, 31. Juli 1900

Ein schrecklicher Tag! Ich hatte mich kaum angezogen, als Lenchen und Beatrice an die Tür klopften und hereinkamen. Ich fragte sofort, ob es irgendwelche Neuigkeiten gebe, und Lenchen antwortete: »Ja, schlechte Neuigkeiten, sehr schlechte Neuigkeiten; er ist entschlafen!« O Gott, auch mein armer, lieber Affie verschieden! Mein drittes erwachsenes Kind, neben drei teuren Schwiegersöhnen. Das ist schwer erträglich mit einundachtzig! Es ist eine Gnade, dass der liebste Affie ohne Kampf im Schlafe starb, aber es ist herzzerreißend. Die arme, liebe Marie, die, als sie vor so kurzer Zeit ganz furchtlos abreiste, keinerlei Gefahr ahnte. Zu schrecklich auch für die armen Töchter, die ihren Vater bewunderten!

Mit Alfred Tennyson, ihrem Poeta Laureatus (seit 1850), dem sie schon einmal, unmittelbar nach Alberts Tod begegnet war, kreiert Victoria in den achtziger Jahren eine der letzten ihrer vielen, aus Ritterlichkeit und Schmeichelei, Mitleiden und Erotik gemischten Männer-Freundschaften. An die Stelle der Erotik tritt nun die emotional befriedigende Suche nach dem Seelengleichklang.

TAGEBUCH

OSBORNE, 14. APRIL 1862

Begab mich hinunter, um Tennyson zu empfangen, der sehr seltsam aussieht, groß, dunkel, mit einem eindrucksvollen Kopf, langem, schwarzem, wallendem Haar und einem Bart; wunderlich gekleidet, aber nichts an ihm war affektiert. Ich sagte ihm, wie sehr ich seine herrlichen Verse über meinen teuren Albert bewunderte und wie viel Trost ich in ›In Memoriam‹ [die große Elegie, die Tennyson in Folge des Todes seines Freundes Arthur Hallam 1850 veröffentlichte] gefunden hätte. Er war voller unbegrenzter Wertschätzung für meinen geliebten Albert. Als er über meinen Verlust und den der Nation sprach, füllten sich seine Augen ganz mit Tränen.

TAGEBUCH

OSBORNE, 7. AUGUST 1883

Sah den großen Dichter Tennyson nach dem Mittagessen in des liebsten Alberts Zimmer beinahe eine Stunde lang – und es war höchst interessant. Er ist sehr alt geworden – seine Sehkraft stark beeinträchtigt, und er ist sehr wacklig auf den

Alfred Tennyson, von Julia Margaret Cameron photographiert

Beinen. Aber er war sehr freundlich. Forderte ihn auf, sich zu setzen. Er sprach von den vielen Freunden, die er verloren habe, und wie es wäre, wenn er nicht fühlte und wüsste, dass eine andere Welt existiere, in der es keine Trennung mehr gebe; und dann sprach er voll Entsetzen von den Ungläubigen und Philosophen, die einen glauben machen wollten, dass es keine andere Welt, keine Unsterblichkeit gebe, die alles auf elende Weise hinwegzuerklären versuchten. Wir waren uns einig, dass, sollte so etwas möglich sein, Gott, der die Liebe ist, weit grausamer wäre als jeder Mensch. Er zitierte einige wohl bekannte Verse von Goethe, den er sehr bewundert. Sprach sehr einfühlsam von Lily von Hannover – und fragte nach meinen Enkelkindern. Er sprach mit Abscheu von Irland und der Ruchlosigkeit, arme Tiere zu malträtieren. »Ich fürchte, ich denke, die Welt hat sich verdunkelt; ich glaube allerdings, dass sie wieder heller werden wird.«

Ich sagte ihm, welch Trost ›In Memoriam‹ erneut für mich gewesen ist, und das erfreute ihn; aber er sagte, dass ich nicht glauben würde, wie viele schändliche Schmähbriefe er dazu erhalten habe. Unfassbar! Als ich mich von ihm verabschiedete, dankte ich ihm für seine Freundlichkeit und sagte ihm, wie sehr ich ihrer benötigte, da ich so viel durchgemacht hätte – und er sagte, Sie sind so allein auf dieser »schrecklichen Höhe, es ist schrecklich. Ich habe nur noch ein oder zwei Jahre zu leben, aber ich werde mich glücklich schätzen, alles für Sie zu tun, was ich vermag. Schicken Sie nach mir, wann immer Sie wollen.« Ich dankte ihm herzlich.

ALFRED TENNYSON

OSBORNE, 14. AUGUST 1883

Lassen Sie mich sagen, wie sehr es mich erfreute und wie interessant ich es fand, Sie wieder zu sehen und mit Ihnen so freimütig Themen von so großer Wichtigkeit zu bereden.
Ihre Freundschaft und Ihr aufrichtiges Mitgefühl haben mich tief berührt! Ich brauche diese wirklich, denn nur wenige waren so vielen Prüfungen ausgesetzt, und niemand war oder ist in so einer überaus einsamen und schwierigen Position. Ich war immer ängstlich darauf bedacht, meine Pflicht für das Land zu erfüllen, wiewohl mir die Politik nie lag und ich, solange mein teurer Gatte lebte, ihm so viel ich konnte überließ. Aber ich musste mich dann, als er von uns schied, alleine abmühen. Und wenige wissen, was das für eine Mühe war!
Überall um mich herum sind Freunde gefallen, und ich habe, einen nach dem anderen, die verloren, die ich mochte und auf die ich mich am stärksten stützte. Erst jüngst habe ich wiederum einen verloren, der, war er auch gering, der Treueste und Ergebenste von allen war! Er dachte nur an mich, mein Wohlbefinden, meine Zufriedenheit, meine Sicherheit, mein Glück. Mutig, selbstlos, völlig uneigennützig, in höchstem Maße diskret, der furchtlos die Wahrheit aussprach und mir immer sagte, was er dachte und was er für »gerecht und richtig« hielt, frei von Schmeichelei, und der nie das sagte, was gefällig war, wenn er es nicht für richtig hielt – und immer bei der Hand – er war Teil meines Lebens und ganz unschätzbar!
Er ist von uns geschieden, und ich fühle mich erneut ganz verlassen und einsam, denn was mein teurer, treuer Brown – denn er war 34 Jahre in meinen Diensten und hat mich 18 Jahre lang auch nicht einen einzigen Tag allein gelassen – für

mich getan hat, vermag kein anderer. Mein alltäglicher Trost ist hin – die Leere ist entsetzlich – der Verlust unersetzlich! Weder die zärtlichsten Kinder noch eine Hofdame oder ein Kammerherr können tun, was er tat.

Ich habe eine sehr liebe, ergebene Tochter, die mir immer eine liebe, selbstlose Gefährtin gewesen ist, aber sie ist jung und ich kann ihr ihr junges Leben nicht mit meinen Prüfungen und Sorgen verdunkeln. Meine anderen Kinder, so liebevoll sie sind, haben alle ihre eigenen Interessen und Familien. Und eine große Familie ist eine große Sorge.

Ich vertraue darauf, dass Gott mir bis an mein Ende Stärke verleihen wird, wenn ich – und darauf vertraue ich – jenen wieder begegnen werde, die ich für eine kurze Zeit »geliebt und verloren« [Zitat aus ›In Memoriam‹] habe.

Da Sie so freundlich waren, habe ich meiner Feder freien Lauf gelassen und mehr gesagt, als ich anfangs beabsichtigte, aber ich wollte Sie wissen lassen, was ich neulich zu sagen unfähig war.

Ich habe es vorgezogen, in der ersten Person zu schreiben, da die andere Form so steif ist, und es ist schwierig, Gefühle in der dritten Person auszudrücken.

Alfred Tennyson

Balmoral, 2. Oktober 1883

Es bereitet mir große Freude, meinem Poeta Laureatus, der allüberall so bewundert und respektiert wird, ein Zeichen der Anerkennung [die Erhebung in den erblichen Adelsstand] zukommen zu lassen für die großen Verdienste, die er sich um die Literatur, welche einen so großen Einfluss auf die ganze Welt hat, erworben hat.

Wie wünschte ich, Sie könnten ein Mittel vorschlagen,

um diese schändlichen Veröffentlichungen zu zermalmen, deren Ziel es ist, Skandale und Verleumdungen, die sie selbst erfunden haben, zu verbreiten.

Alfred Tennyson

Windsor Castle, 31. März 1884

Beinahe alle, die ich als Stütze brauchte und die mir Hilfe und Trost waren, sind mir genommen! Aber ist auch alles Glück in dieser Welt für mich zu Ende – ich bin bereit, weiter zu kämpfen, und bete, dass mir beim Tragen meines schweren Kreuzes Hilfe zuteil wird, wie auch bei dem Versuch, der armen, teuren Witwe meines lieben Kindes [Prinz Leopold war am 28. März 1884 im Alter von 31 Jahren überraschend an der Bluterkrankheit gestorben] von Nutzen und Stütze zu sein, deren Leben kaum zwei Jahre so glänzend und glücklich war und nun so völlig zerstört ist. Aber sie trägt es mit bewundernswerter Fassung und mit der mildesten Geduld und der tapfersten Ergebung, ohne zu murren.

Freilich zeigt uns dieses schreckliche Leid auch wirklich und wahrhaftig, dass dies nicht unsere bleibende Heimstatt ist!

Und doch ist es schwer mit anzusehen, wie ein so junges Leben, so voller Begabung, so talentiert, so nützlich, so bald abgeschnitten wird, und zu spüren, dass all die Pflege und Sorge, die es ihm mit Hilfe der Vorsehung ermöglichte, das volle Mannesalter zu erreichen – schließlich vergeblich waren.

ALFRED TENNYSON

OSBORNE, 25. APRIL 1886

Ich wollte, ich könnte mit Worten ausdrücken, wie tief und echt ich mit Ihnen in dieser Stunde der Pein [Tennysons jüngerer Sohn Lionel war auf der Rückreise von Indien an Typhus gestorben] mitleide!

Sie, des bin ich sicher, die Sie solch tröstende Worte für andere geschrieben haben, werden deren Trost nun selbst fühlen.

Und doch ist es schrecklich, die eigenen erwachsenen Kinder zu verlieren, wenn man selbst nicht mehr jung ist, und – wie es mir geschehen ist und nun Ihnen geschehen wird – die gramgebeugte junge Witwe des geliebten Sohnes zu sehen!

Ich will Sie nicht ermüden, noch in Ihren Kummer mit Worten des Trostes, die tatsächlich keinen zu bringen vermögen, eindringen. Aber aus der Tiefe eines Herzens, das grausam gelitten und beinahe alles, was ihm wichtig war und was es am meisten liebte, verloren hat, sage ich – ich leide mit Ihnen. Ich weiß, was Sie und Ihre teure Gattin leiden, und ich flehe zu Gott, dass er Ihnen helfen möge.

TAGEBUCH

BALMORAL, 6. OKTOBER 1892

Ein schöner Morgen. Hörte, dass der teure, alte Lord Tennyson den Atem ausgehaucht hat – ein großer Verlust für das ganze Land. Er war ein großer Dichter, und seine Ideen waren stets großartig, edel, erhebend. Er war zutiefst loyal und zu mir überaus freundlich und einfühlsam – in ganz bemerkenswerter Weise. Was für schöne Verse hat er mir doch für meinen geliebten Albert und für meine Kinder und für Eddy geschrieben. Er starb, die Hand auf seinem Shakespeare, und der Mond schien voll durch das Fenster und auf ihn. Ein würdiges Ende für einen solch bemerkenswerten Mann.

Das fünfzigjährige Jubiläum der Thronbesteigung gestaltet Victoria bewusst als prunkvolle Repräsentation monarchischer und familiärer Macht, wobei Innen- und Außenwirkung sich wechselseitig verstärken. Ihr Gedenken gilt Albert.

Tagebuch

Buckingham Palace, 20. Juni 1887

Der Tag ist da, und ich bin allein, auch wenn ich von vielen lieben Kindern umgeben bin. Ich schreibe nach einem sehr ermüdenden Tag im Garten von Buckingham Palace, dort, wo ich in früheren glücklichen Tagen so oft saß. Heute sind es fünfzig Jahre, seit ich den Thron bestieg! Gott hat mich durch viele große Prüfungen und Leiden gnädig bewahrt!

In der Früh beeilte ich mich mit dem Anziehen, um bald in Frogmore beim Frühstück zu sein. Fuhr von dort mit Beatrice und Liko durch die festlich geschmückte Stadt zum Bahnhof. In Paddington bestiegen wir einen offenen Landauer mit der üblichen Eskorte. Riesige Menschenmengen und ungeheurer Enthusiasmus. Fuhr durch die Edgware Road in den Park, und überall waren die Menschenmengen riesig. Leopold und Marie von Belgien, die zwei Tage zuvor angekommen waren, empfingen mich höchst liebenswürdig

Die Jubilarin: Victoria zum 50. Jahrestag ihrer Thronbesteigung

am Eingang zum Garten, ebenso Ernst Coburg und Arthur. Ich begab mich sofort in die Bildergalerie, wo alle Königlichen Hoheiten versammelt waren – der König von Sachsen, Rudolf von Österreich, Prinz Ludwig von Bayern, Willy und Dona, Carlos und Amélie von Portugal, Heinrich von Preußen, Antoine d'Orléans und die Infantin Eulalie, der Erbgroßherzog von Weimar, Ludwig von Baden, Louis, Ernie, Irène und Alicky von Hessen, Charlotte und Bernhard und sein Bruder Ernst, Prinz Hermann von Weimar, Hermann Hohenlohe, Victoria und Ludwig Battenberg und Philip und Louise Coburg – eine riesige Versammlung. Anschließend empfing ich die Königin von Hawaii und begrüßte dann, in schneller Abfolge, den japanischen Prinzen Komatzu und den siamesischen Prinzen und schließlich den persischen Prinzen, der kein Englisch spricht.

TAGEBUCH

BUCKINGHAM PALACE, 21. JUNI 1887

Der überaus ereignisreiche Tag kam und ging. Es wird sehr schwer sein, ihn zu beschreiben, aber alles klappte bestens. An ebendiesem Tag, vor fünfzig Jahren, musste ich mich mit voller königlicher Eskorte zum St. James's Palace begeben, um bei meiner Proklamation dabei zu sein, was mir höchst unangenehm war und nicht mehr stattfinden wird ...

Als alles bereit war, formierte sich der Aufzug: vorne, in der Reihenfolge, in der sie ritten, meine Enkelsöhne und -schwiegersöhne, meine Söhne und Schwiegersöhne, unmittelbar vor mir gehend der Lordkämmerer, der Haushofmeister und der Wappenherold, mir folgend meine Töchter, Schwiegertöchter, Enkeltöchter und -schwiegertöchter, dann all die Damen (angeführt von der Oberkammerfrau, meiner lieben Louisa Buccleuch), der Oberstallmeister und die anderen Kammerherren. ›God save the Queen‹ erklang und wurde von Händels ›Occasional Overture‹ abgelöst, als ich langsam das Schiff und den Chor hinaufschritt, die, voll besetzt mit Menschen, wunderschön anzusehen waren. Die höchstrangigen Königlichen Hoheiten saßen innerhalb des Altargitters. Die Mitglieder des Unterhauses befanden sich links hinter uns, und ich erkannte einige von ihnen, nicht aber Mr. Gladstone, obwohl er anwesend war ...

Ich saß *allein* (ohne, ach, meinen geliebten Mann, für den dies solch ein stolzer Tag gewesen wäre!), wo ich vor neunundvierzig Jahren gesessen hatte, aber auf dem alten Thron Edwards III. und dem alten, aus Schottland herbeigeschafften Stein, auf dem die früheren Könige von Schottland gekrönt worden waren, und empfing die Huldigung der Prinzen und Pairs. Meine Robe war wunderschön auf dem Thron drapiert. Der Gottesdienst war sehr gut arrangiert und wurde ebenso gut ausgeführt. Das ›Te Deum‹ meines liebsten Albert klang wunderschön, und die Hymne von Dr. Bridge war herrlich, vor allem die Weise, wie die Nationalhymne und Alberts Choral eingearbeitet waren. Das schöne »Amen« Dr. Stainers am Ende des Gottesdienstes war höchst eindrucksvoll. Als der Gottesdienst vorüber war, trat jeder meiner Söhne, Schwiegersöhne, Enkelsöhne (einschließlich des kleinen Alfred) und -schwiegersöhne vor, verbeugte sich und küsste – einer nach dem anderen – meine Hand, während ich jeden küsste; und das Gleiche geschah mit den Töchtern, Schwiegertöchtern (die arme, liebe Helene, mit der ich so tief mitfühlte, nahezu völlig aus der Fassung), Enkeltöchter und -schwiegertöchter. Sie knicksten, als sie vortraten, und ich umarmte sie herzlich. Es war ein sehr bewegender Augenblick, und einige hatten Tränen in den Augen ...

Diese beiden Tage werden mir immer unauslöschlich in Erinnerung bleiben voller Dankbarkeit einer allgnädigen Vorsehung, die mich so lange beschützt hat, und meinem ergebenen und treuen Volk gegenüber. Doch wie schmerzlich vermisse ich die Lieben, die ich verloren habe!

Der nicht sonderlich umfangreiche Briefwechsel Victorias mit ihrer Enkelin Victoria von Hessen zeigt sie als liebevolle Matriarchin, für die Persönliches, Familiäres stets Hochpolitisches ist.

PRINZESSIN VICTORIA VON HESSEN

4. AUGUST 1880

Ich war, liebes Kind, ziemlich entsetzt, als ich hörte, dass Du Schießübungen machst, und noch mehr über Deinen Plan, mit Papa jagen zu gehen. Zuschauen ist harmlos, aber es gehört sich für eine Dame nicht, Tiere zu töten und auf die Jagd zu gehen – und ich hoffe, Du wirst das niemals tun. Es könnte Dir sehr schaden, wenn es bekannt wird, da nur Lebedamen dies tun.

PRINZESSIN VICTORIA VON HESSEN

8. DEZEMBER 1880

Ich kann Dir gar nicht sagen, wie viel Freude mir Dein lieber, herzlicher Brief bereitet hat! Er ist so voll Verstand und echter, rechter Empfindungen – wie auch des Vertrauens in Deine alte, liebevolle Großmutter, die Dich wie eine Mutter liebt und Dir, so gut sie's kann, auch eine sein will. Gott segne Dich dafür, mein liebes Kind! Deine liebe Mama war – mit Ausnahme von Tante Beatrice (und sie war und ist zu jung, um all die vielen Dinge zu verstehen, die nur eine Ehefrau und Mutter verstehen kann) – die eine Tochter, die so fühlte wie ich und meine Ansichten über meine Kinder teilte, und darum meine ich, dass ich Dir sagen kann, was sie gewünscht hätte.

Du tust recht, wenn Du höflich und freundlich zu den jungen Mädchen bist, die Du gelegentlich triffst, auch dass Du sie zuweilen besuchst – doch schließe nie Freundschaft. Mädchenfreundschaften und -vertraulichkeiten sind von Übel und richten oft großes Unheil an – Großpapa und ich haben sie nie gestattet, und Deine liebe Mama war ganz derselben Meinung. Außerdem seid ihr, wie Du richtig bemerkst, schon selbst so viele, dass ihr niemanden mehr braucht. Ich meine auch, dass Du ganz Recht hast, keine großen Feste zu geben, denn ihr beide und Ella seid entschieden zu jung dafür [Victoria war zu dieser Zeit siebzehn]. Und denke daran, bei den Diners nicht zu viel zu reden und vor allem nicht zu laut und nicht quer über den Tisch ...

Da ist noch eine andere, überaus wichtige Sache, für die Du alt genug bist, dass ich mit Dir darüber reden bzw. schreiben kann. Man wird, das weiß ich, Deinem teuren Papa in den Ohren liegen und ihn drängen, Dich zu verheiraten, und ich habe ihm gesagt, dass Du viel zu jung dafür bist und dass es Deine erste Pflicht ist, bei ihm zu bleiben und sozusagen die Dame des Hauses zu sein, wie es so viele der ältesten Töchter ihren Vätern sind, wenn Gott die geliebte Mutter zu sich genommen hat. Ich weiß genau, dass Du derlei Absichten nicht hast und dass Du – ich bedaure, es sagen zu müssen, im Unterschied zu so vielen ausländischen Prinzessinnen – nicht um des Heiratens und einer angesehenen Stellung willen heiraten willst. Ich weiß, liebes Kind, dass Du dies nie tun würdest, und Deiner lieben Mutter graute es davor; aber so werden die Dinge in Deutschland gesehen, und ich möchte, dass Du darauf vorbereitet bist und vorsichtig, wenn so etwas Deinem Papa und vielleicht Deiner Großmama nahe gelegt wird.

PRINZESSIN VICTORIA VON HESSEN

22. AUGUST 1883

Du bist so gut und vernünftig, dass ich sicher bin, dass Du eine gute, treue Ehefrau sein wirst, die nicht dem Vergnügen nachrennt, sondern ihr Glück vor allem im eigenen Heim findet. Hüte Dich vor London und Marlborough House [dem Wohnsitz des Prince of Wales].

Eine Sache noch wollte ich mit Dir bereden, fand aber keine Gelegenheit dazu, und diese ist, dass ich Dich ernstlich davor warnen möchte, von allem und jedem die Ursache oder eine Erklärung dafür herausfinden zu wollen.

Die Wissenschaft kann vieles erklären, aber es gibt neben der materiellen auch eine spirituelle Welt, und diese kann nicht erklärt werden. Wir müssen glauben und vertrauen und an eine allbeherrschende, allweise und gütige Vorsehung glauben, die alles lenkt. Es ist sehr gefährlich zu versuchen, den Grund für alles und jedes herauszufinden, und das Resultat ist nichts als Enttäuschung und Unzufriedenheit, die den Geist verwirren und Dich schließlich elend machen werden.

Ihrem Enkel Wilhelm und dessen persönlichen und politischen Ambitionen gegenüber wird Victoria zunehmend klarsichtiger. Sie muss erkennen, dass ihre Versuche, über das Emotionale, das Familiäre oder die matriarchale Autorität ihn oder gar Bismarck beeinflussen zu können, vergeblich sind und nach dem Tode von Wilhelms Vater gänzlich ins Leere laufen.

TAGEBUCH

Osborne, 27. Januar 1877

Des teuren Wilhelm von Preußen 18. Geburtstag. Auf meine Absichtserklärung, ihm den Hosenbandorden zu verleihen, erhielt ich die erfreutesten und erstauntesten Telegramme. Es ist schon sehr selten, dass drei Mitglieder derselben Familie und dreier Generationen ihn gleichzeitig tragen. Möge Gott Willie lange segnen, schützen und leiten!

Princess Royal

Osborne, 27. Dezember 1884

Ich bin sehr betrübt über Willies törichte Politik. Diese deutschen Koloniegründungen, das Hissen der deutschen Flagge empören unsere Kolonien, die überall protestieren.

Princess Royal

Osborne, 10. Januar 1885

Ich muss Dir danken für Deinen Brief vom 6., in dem Du mir berichtest von der außergewöhnlichen Impertinenz und Frechheit und – wie ich hinzufügen muss – großen Unfreundlichkeit Willies und der törichten Dona [welche die ihrer Meinung nach nicht standesgemäße Heirat der jüngsten Tochter Victorias, Beatrice (Baby), kritisiert hatten] sowie Heinrichs, der vor »*l'ordre de Mufti*« Beatrice und Liko noch so freundlich telegrafiert hatte. Das ist überaus impertinent, und ich werde beiden nicht schreiben. Was Dona betrifft, diese arme, kleine, unbedeutende Prinzessin, die nur durch Deine Freundlichkeit ihre jetzige Stellung erlangte – da fehlen mir die Worte.

Lord Granville bemerkte sehr treffend zum außergewöhnlichen Verhalten des Kaisers und der Kaiserin (besonders der letzteren) und Deiner dreisten, törichten Söhne: Wenn die Königin von England jemanden für gut genug für ihre Tochter befindet, was haben andere Personen dann noch zu sagen? Denk nur, wenn ich so etwas machen würde. Kein anderer Souverän auf der ganzen Welt würde sich so etwas herausnehmen.

Princess Royal

Osborne, 13. Februar 1885

Mit Willie, diesem überaus törichten, pflichtvergessenen und – ich muss hinzufügen – gefühllosen Knaben habe ich keine Geduld mehr, und ich wünschte, er bekäme ein ordentliches »skelping«, wie die Schotten sagen, eine Tracht Prügel, etwas, was ihn endlich wieder auf den Boden der Tatsachen zurückholt. Es ist grundverkehrt, wie die Kaiserin ihn verwöhnt. Die Atmosphäre, in der er lebt, ist schlecht für ihn.

Tagebuch

Charlottenburg, 25. April 1888

Kurz nach zwölf brachte Vicky Fürst Bismarck zu mir und ließ uns allein. Ich hatte eine hochinteressante Unterhaltung mit ihm und war angenehm überrascht, ihn so liebenswürdig und sanftmütig zu finden. Ich gab ihm die Hand und bat ihn, sich zu setzen. Er spielte darauf an, mich vor dreiunddreißig Jahren in Versailles und nochmals später aus der Entfernung gesehen zu haben. Wir sprachen über des lieben Fritz' Krankheit, dass ich nicht meinte, dass er so schlecht aussehe, usw. Er redete viel über die deutsche Armee und die ungeheure Zahl der Männer, die, sofern erforderlich, zu den Waffen gerufen werden können, und wie gut geeignet sie für die Verteidigung seien; dass sein großes Ziel sei, Kriege zu vermeiden, wozu ich anmerkte, dass dies auch unseres sei; dass Russland nicht zuverlässig sei. Dass, falls Österreich angegriffen würde, Deutschland vertraglich gebunden sei, es zu verteidigen; und die Gefahr wäre dann, dass Frankreich mit Russland gemeinsame Sache mache. In diesem Falle könne England, so sagte er, mit seiner Flotte von großem Nutzen sein. Er war auch hocherfreut, als ich ihm sagte, dass Lord Salisburys Regierung nun viel stabiler sei. Ich sagte, dass Frankreich keinen Krieg wolle; dem pflichtete er bei, aber dessen Regierung sei so schwach und machtlos, so könne sie zu allem und jedem genötigt werden. Er meinte, Österreich zeige sich gegenüber Russland als zu furchtsam, was insofern seltsam ist, als der [österreichische] Kaiser mir gegenüber das Nämliche von Fürst Bismarck bemerkt hatte. Ich drückte meine Genugtuung darüber aus, dass nicht über eine Regentschaft nachgedacht werde, da ich wusste, dass es Fritz schrecklich aufregen würde, und er versicherte mir, dass es keine geben werde. Selbst wenn er eine für notwendig hielte, was er nicht täte, würde er es nicht über das Herz bringen, es vorzuschlagen. Ich bat Fürst Bismarck, Vicky zur Seite zu stehen, und er versicherte mir, dass er dies tun werde – ihres sei ein schweres Los. Ich sprach von Wilhelms Unerfahrenheit und dass er überhaupt nicht gereist sei. Fürst Bismarck erwiderte, dass [Wilhelm] von Staatsangelegenheiten keinerlei Ahnung habe, dass er freilich sagen könne, dass dieser, »sollte er ins

Wasser geworfen werden, fähig sein werde zu schwimmen«, da er ganz gewisslich gescheit sei. Wir sprachen noch über andere persönliche Dinge, und ich bat den Fürsten, die Fürstin Bismarck zu mir in die englische Botschaft, wo ich nachmittags sein würde, einzuladen, und dies schien ihn sehr zu erfreuen. Er blieb über eine halbe Stunde bei mir ...

Ging [nach dem Abendessen] in den ziemlich kleinen Raum, in dem wir zu Mittag essen, und sprach mit den meisten Leuten. Fürst Bismarck, dem ich von dem enthusiastischen Empfang erzählte, der uns in Berlin bereitet worden war, sagte, dass dieser ganz spontan gewesen sei und dass, trotz aller anstößigen Worte, die auf beiden Seiten von der Presse und nicht nur von dieser zuweilen gebraucht würden, die Deutschen die Engländer mögen und sie allen anderen fremden Nationen vorziehen. Ich gab ihm zum Abschied die Hand.

KAISER WILHELM II.

WINDSOR CASTLE, 3. JULI 1888

Lieber Willy, ich habe auf eine Antwort von Dir auf meinen Brief gehofft, den ich Dir schrieb, kurz bevor Dein geliebter Papa verschied, aber da Du *nicht* geschrieben hast, will ich Dir per Kurier ein paar Zeilen schicken. Dass meine Gedanken ganz, ganz bei Euch allen sind, wirst Du unschwer verstehen. Natürlich denke ich auch sehr oft an Deiner armen geliebten Mama zukünftige Heimstatt. Sie fühlt vermutlich eine gewisse Verlegenheit, die bis zur Pein sich steigert, um etwas zu bitten, wo doch so kürzlich alles ihr gehörte; aber da mir Onkel Bertie sagte, dass Du nur zu sehr darauf bedacht seist, ihr diesbezüglich jeden Wunsch zu erfüllen, könntest Du nicht – sofern Du nicht selbst beabsichtigst, dort zu wohnen – ihr Friedrichskron oder aber Sans Souci als Bleibe anbieten bzw. sie dort für den Augenblick wohnen lassen? Onkel Bertie sagte mir, dass Du die Villa Liegnitz erwähnt hättest, aber diese ist bei weitem zu klein und würde, so meine ich, *Deiner* Mutter niemals angemessen sein, die doch nach Dir die Erste … ist. Eine Kaiserin kann nicht einfach in einer Villa leben, in der Charlotte und dann Heinrich lebten.

Mama weiß nicht, dass ich Dir hierzu schreibe, auch hat sie das Thema mir gegenüber nie erwähnt, aber nachdem ich es mit Onkel Bertie besprochen habe, riet er mir, Dir persönlich zu schreiben. Ich möchte Dich auch bitten, es Deiner armen Mama nachzusehen, wenn sie zuweilen gereizt und erregt ist. Sie meint es nicht so; denke an die Monate der Qual und des Bangens und der schlaflos durchwachten Nächte, die sie durchgemacht hat, und *mach Dir nichts draus.* Ich bin so ängstlich darum besorgt, dass alles glatt läuft, dass ich Dir in Eurer beider Interesse so offen schreibe.

Es gibt eine Fülle von Gerüchten, dass Du anderen Herrschern Besuche abzustatten beabsichtigst. Ich hoffe, dass Du wenigstens einige Monate verstreichen lassen wirst, bevor so etwas stattfindet, da es noch nicht drei Wochen sind, dass Dein geliebter Papa verschied, und wir noch in tiefer Trauer um ihn sind.

MARQUIS OF SALISBURY

WINDSOR CASTLE, 7. JULI 1888

Vertraue darauf, dass wir zwar höflich, aber sehr kühl in unseren Beziehungen zu meinem Enkel und Fürst Bismarck sind, die entschlossen sind, zu den ältesten Zeiten des Regierens zurückzukehren.

EDWARD, PRINCE OF WALES

OSBORNE, 24. JULI 1888

Es macht einen krank zu sehen, wie Willy, nicht einmal zwei Monate nach seines geliebten und edlen Vaters Tod, an Banketten und Paraden teilnimmt! Dies ist sehr unschicklich und gefühllos! Warum fährt er nach Kopenhagen? Dies ist gänzlich unnötig, und ich bin sicher – und hoffe es –, dass ihn Deine Schwiegereltern nicht mit offenen Armen empfangen werden, auch wenn sie höflich sein müssen.

MARQUIS OF SALISBURY

BALMORAL, 15. OKTOBER 1888

Wir haben mit unserem Enkel und Neffen stets sehr vertraulichen Umgang gepflegt, und nun vorzugeben, dass er *privatim* ebenso wie öffentlich als »Seine Kaiserliche Majestät« behandelt werden solle, ist absoluter Irrsinn! Er ist so behandelt worden, wie wir seinen geliebten Vater, ja sogar Großvater behandelt hätten und wie die Königin selbst von ihrem teuren Onkel Leopold immer behandelt wurde. Wenn er solche Vorstellungen hat, so ist es besser, er kommt nie hierher.

Die Königin wird diesen Affront nicht hinnehmen ...

Was die politischen Beziehungen der beiden Regierungen betrifft, so ist auch die Königin ganz der Meinung, dass diese, wenn möglich, nicht von diesem elenden persönlichen Zank in Mitleidenschaft gezogen werden sollten; doch befürchtet die Königin sehr, dass dies – angesichts solch eines hitzköpfigen, eingebildeten und sturen jungen Mannes – in jedem Augenblick unmöglich werden könnte.

TAGEBUCH

DARMSTADT, 26. APRIL 1890

Unterhielt mich ausgiebig mit Wilhelm und Fritz von Baden, zwischen denen ich saß. Ersterer erzählte von Fürst Bismarck und dessen Rücktritt. Er sagte, es sei unmöglich gewesen, mit ihm weiterzumachen, und dass dessen ungestüme Heftigkeit in Sprache und Gebärde derart gewesen sei, dass er ihr Einhalt gebieten musste. Er bedauerte sagen zu müssen, dass Bismarck hinter seinem Rücken mit Russland intrigierte und dem Zaren erzählte, dass Wilhelm seine Politik gänzlich verändere.

PRINCESS ROYAL

BALMORAL, 22. SEPTEMBER 1891

Diese Rede Wilhelms war wirklich fürchterlich. Bertie war überaus empört. Es ist einfach unbegreiflich. Kann Caprivi [Nachfolger Bismarcks als Reichskanzler] oder sonst jemand solche Dinge nicht verhindern und ihn bitten, nicht so viele Reden zu halten? Weder sein teurer Vater noch sein Großvater waren so darauf versessen, Reden zu halten.

TAGEBUCH

OSBORNE, 3. JANUAR 1896

Die Zeitungen sind voller vehementer Artikel gegen Wilhelm, der ein höchst unnötiges Gratulationstelegramm an Präsident Krüger [Präsident des Transvaal; Anlass ist ein

Überfall britischer Freischärler unter Dr. Jameson] schickte, das unverschämt und uns gegenüber höchst unfreundlich ist.

Kaiser Wilhelm II.

Osborne, 5. Januar 1896

Als Deine Großmutter, der Du immer so viel Zuneigung entgegengebracht und von deren Beispiel Du immer mit so viel Achtung gesprochen hast, meine ich, dass ich nicht davon absehen kann, Dir mein tiefes Bedauern über das Telegramm auszudrücken, das Du Präsident Krüger gesandt hast. Es wird als höchst unfreundlich gegenüber diesem Land betrachtet, was, des bin ich mir sicher, nicht beabsichtigt war, und hat hier, ich bedaure, es sagen zu müssen, einen sehr peinlichen Eindruck hinterlassen. Die Aktion des Dr. Jameson war gewiss ganz falsch und völlig unautorisiert; aber in Anbetracht der sehr eigenartigen Lage, in welcher der Transvaal gegenüber Großbritannien ist, wäre es, denke ich, weitaus besser gewesen, nichts zu sagen. Unser großer Wunsch war es immer, die besten Beziehungen zu Deutschland zu unterhalten, möglichst zusammen zu handeln, aber ich fürchte, dass Deine Beauftragten in den Kolonien just das Gegenteil tun, was mich tief betrübt. Lass mich hoffen, dass Du versuchen wirst, diesem Einhalt zu gebieten.

Edward, Prince of Wales

Osborne, 11. Januar 1896

Ich schicke Dir hier die Antwort, die ich gestern auf meinen Brief von Wilhelm erhielt, die Du mir bitte, wenn fertig, zurückschicken mögest. Ich habe seitdem gehört, dass die Regierung (Wilhelms) nichts mit diesem unverschämten [Telegramm] zu tun hatte, das für solche Aufregung sorgte, welche sich freilich nun glücklicherweise zu legen beginnt. Es hätte nichts gebracht, ihm »eine klare Abfuhr« zu erteilen. Diese scharfen, schneidenden Antworten und Bemerkungen verärgern und verletzen nur, und Herrscher und Fürsten sollten sich sorgfältigst vor ihnen hüten. Wilhelms Fehler entspringen seinem Ungestüm (wie auch seiner Arroganz); und Ruhe und Entschlossenheit sind in solchen Fällen die wirkungsvollsten Waffen.

Princess Royal

Osborne, 18. August 1897

Die Verstimmung zwischen England und Deutschland bedrückt und besorgt mich in der Tat sehr, genau wie Dich und viele andere. Aber ich glaube, dass sie sich langsam wieder auflösen wird, wenn Wilhelm seine Reden und kolonialen Eseleien aufgibt. Er hat den Frieden schon wieder gefährdet, was unglaublich ist.

OSBORNE, 27. JANUAR 1899

Wilhelms vierzigster Geburtstag. Ich wollte, er wäre bedächtiger und nicht so ungestüm in dem Alter!

PRINCESS ROYAL

WINDSOR CASTLE, 9. MAI 1899

Wilhelm ist sehr verärgert und hat erklärt, Lord Salisbury sei sein Feind und dass er nicht mehr nach England kommen werde, solange jener Premierminister sei. Dann wird er lange warten müssen.

PRINCESS ROYAL

BALMORAL, 30. MAI 1899

Ich muss schon sagen, die Art und Weise, wie Wilhelm Lord Salisbury und meine Regierung angreift, ist beinahe widerlich. Ich würde nicht im Traum daran denken, auch nur eine Zeile dieser Art über seine Minister zu schreiben.

KAISER WILHELM II.

BALMORAL, 12. JUNI 1899

Dein anderer Brief, ich kann's nicht anders sagen, hat mich sehr erstaunt. Den Ton, in dem Du über Lord Salisbury schreibst, kann ich nur einer zeitweiligen Irritation Deinerseits zuschreiben, da ich nicht glauben kann, dass Du sonst in solch einem Stil geschrieben hättest, und ich zweifle, ob je ein Herrscher an einen anderen Herrscher in solch einer Sprache über dessen Premier geschrieben hat, zumal dieser Herrscher die eigene Großmutter ist. Niemals würde ich so etwas tun, und ich habe Fürst Bismarck nie persönlich angegriffen oder mich über ihn beklagt, obwohl ich genau wusste, was für ein bitterer Feind er England war.

Das diamantene Jubiläum ihrer Thronbesteigung, das sie endgültig zur volkstümlichen und imperialen Ikone transformiert, wird von Victoria kräftig mythopoetisierend beschrieben.

TAGEBUCH

BUCKINGHAM PALACE, 22. JUNI 1897

Ein unvergesslicher Tag. Ich glaube, dass nie irgendjemand je so eine Ovation erhielt wie ich, als ich sechs Meilen die Straßen und auch Constitution Hill entlangfuhr. Die Menschenmenge war ganz unbeschreiblich und ihre Begeisterung wahrhaft wundervoll und tief bewegend. Der Jubel war ohrenbetäubend, und jedes Gesicht schien wirklich voller Freude. Ich war sehr bewegt und zufrieden ... Bevor ich losfuhr, drückte ich einen elektrischen Knopf, wodurch eine Botschaft durch das ganze Empire telegrafiert wurde. Sie lautete: »Von ganzem Herzen danke ich meinem geliebten Volk. Möge Gott es segnen!« In diesem Augenblick brach die Sonne durch.

Auch in ihrem letzten Lebensjahrzehnt erfüllt Victoria, seit langem übergewichtig und von rheumatischen Beschwerden geplagt, den Auftrag Alberts, dessen Andenken (Geburts-, Hochzeits- und Todestag) sie treulich wahrt. Sie sichtet Regierungsvorlagen, kommentiert das Tagesgeschehen, mischt sich ein. Nach wie vor ist kein Thema zu groß, kein Problem zu klein. Erst in den letzten Lebensmonaten ermüdet sie.

MARQUIS VON SALISBURY

BALMORAL, 9. JUNI 1890

Habe Ihren Bericht von der Kabinettsitzung erhalten. Hatte Lord Cross so verstanden, dass nichts in Eile über Helgoland entschieden werde, und höre nun, dass morgen der Beschluss gefasst werden soll. Es ist dies ein sehr ernstes Problem, das mir missfällt.

1. Die Menschen sind immer sehr loyal gewesen und haben den Erben mit Enthusiasmus empfangen; und es ist eine Schande, sie einer gewissenlosen, despotischen Regierung wie der deutschen auszuliefern, ohne sie vorher zu befragen.
2. Dies ist ein übler Präzedenzfall. Als nächstes wird der Vorschlag gemacht werden, Gibraltar aufzugeben; und alsbald wird nichts mehr sicher sein, und alle unsere Kolonien werden frei sein wollen.

Ich missbillige dies sehr und betone, meine Zustimmung so lange nicht geben zu können, bis ich höre, dass die Meinung der Leute eingezogen wird und ihre Rechte gesichert sind. Ich halte dies für ein sehr gefährliches Vorgehen. Mir scheint, dass wir immerzu alles verändern und hierdurch die Dinge durcheinander bringen.

TAGEBUCH

OSBORNE, 19. JANUAR 1891

Hatte ein langes Gespräch mit Mr. Ritchie über die Lage der Armen und das Elend in London, das er als ganz gewiss sehr groß beschrieb; Tatsache ist aber doch, dass es 300 Armenhäusler weniger gibt als vergangenes Jahr.

TAGEBUCH

OSBORNE, 10. FEBRUAR 1894

Zum vierundfünfzigsten Mal jährt sich der teure Tag [Victorias Hochzeitstag] und, ach, zum dreiunddreißigsten Mal ohne ihn, der ihn so segensreich gemacht hat. Doch die Erinnerung daran bleibt stets und erfüllt ihn mit Glanz.

WILLIAM EWART GLADSTONE

OSBORNE, 10. FEBRUAR 1894

Die Königin billigt die Ernennung des Domherrn Basil Wilberforce, wünscht aber eine Bedingung hinzuzufügen, nämlich, dass er bei seinen Predigten in Westminster nicht die sehr heftige Sprache totaler Abstinenz gebrauchen wolle, die er bislang bis ins Extrem getrieben hat.

Totale Abstinenz ist eine Unmöglichkeit; und mag sie im Einzelfall auch notwendig sein, es führt zu nichts, darauf als einer allgemeinen Praxis zu beharren. Die Königin verlässt sich darauf, dass Mr. Gladstone in diesem Sinne klar und deutlich mit ihm redet.

LIEUTENANT-COLONEL BIGGE

GRAND HOTEL DE CIMIEZ, 23. MÄRZ 1895

Die Königin ist entsetzt bei dem Gedanken, dass der Antrag auf Bezahlung von Parlamentsabgeordneten beschlossen werden könne. Wo soll das Geld herkommen? Es wird das Niveau des Unterhauses, ohnehin schon einigermaßen verdorben, noch mehr senken, aber sie kann sich nicht vorstellen, dass ihm schließlich zugestimmt und er angenommen wird. [Er wurde es, und zwar mit einer Mehrheit von 18 Stimmen, blieb aber folgenlos.]

MARQUIS OF SALISBURY

BALMORAL, 9. SEPTEMBER 1899

Mir fehlen vor Entsetzen die Worte angesichts des ungeheuerlichen, entsetzlichen Urteilspruchs über diesen armen Märtyrer Dreyfus. Wenn nur ganz Europa sein Entsetzen und seinen Abscheu ausdrücken würde! Ich hoffe, dass hierfür schonungslos Vergeltung geübt werden wird.

MARQUIS OF SALISBURY

BALMORAL, 20. OKTOBER 1899

Ich hoffe ernstlich, dass die Erhöhung der Steuern, die notwendig ist, um die Kriegsausgaben [für den Burenkrieg] zu begleichen, nicht die arbeitenden Klassen treffen wird; aber ich fürchte, dass sie es sind, die von den zusätzlichen sechs Pence auf Bier am meisten betroffen sind.

TAGEBUCH

WINDSOR CASTLE, 2. DEZEMBER 1900

Verbrachte nach einer elenden Nacht einen miserablen Tag und konnte weder ausfahren noch mein Zimmer verlassen. Bedauerte, dass ich nicht zur Kirche gehen und eine schöne Predigt von Dekan Farrar hören konnte, was mich sehr ärgerte. Schlief viel und, da meine Abneigung gegen alle Nahrung ziemlich beträchtlich war, ging ich weder zum Mittag- noch zum Abendessen. Beatrice las und spielte mir ein wenig vor.

TAGEBUCH

OSBORNE, 13. JANUAR 1901

Hatte eine gute Nacht, aber erwachte zwischendurch. Stand früher auf und trank einen Schluck Milch. Lenchen kam und las mir einige Dokumente vor. Vor eins im Gartenstuhl hinaus, mit Lenchen und Beatrice, die mich begleiteten. Ruhte ein wenig, aß ein wenig und unternahm mit Lenchen und Beatrice eine kurze Ausfahrt. Ruhte, als ich zurückkam, und ging um halb sechs in den Salon, wo ein kurzer Gottesdienst von Mr. Clement Smith abgehalten wurde, der dies sehr gut tat, und das war mir ein großer Trost. Ruhte anschließend wieder, unterschrieb dann einiges und diktierte Lenchen.

Dies ist der letzte Eintrag im Tagebuch, das Victoria nahezu siebzig Jahre geführt hat. Neun Tage später, am 22. Januar 1901, stirbt sie nach kurzer Krankheit in ihrem 64. Regierungsjahr, gleichsam mit dem Jahrhundert, dem sie ihren Namen gegeben hat.

Das königliche Mausoleum, Frogmore

Victorias Disziplinierung des Herzens

Um dem zeitgenössischen Bildungsziel zu entsprechen, ist David Copperfield eines aufgegeben: sein »Herz zu disziplinieren« (Kap. 60). Diese Disziplinierung des Herzens ist eine Aufgabe, die nicht nur dem Titelhelden von Dickens' großem Roman gestellt ist: Alle Figuren, die Haupt- wie die Nebenfiguren des reich bevölkerten Textes, die Frauen wie die Männer, die Jungen wie die Alten, die Armen wie die Reichen, Little Em'ly, die Fischertochter aus Yarmouth, ebenso wie James Steerforth, der Londoner Aristokratensohn, sind mit ihr konfrontiert. Entsprechen kann ihr nur, wer privat-persönliches Sehnen unterdrückt, wer Sinnenlust, wer körperlich-erotisches Begehren kanalisiert – denn das ist es, was die Metapher der Disziplinierung des Herzens in Dickens' ›David Copperfield‹ meint. Und geschehen muss dies zugunsten ehelich-familiärer Pflichterfüllung, zugunsten gesellschaftlich nützlicher Arbeit. Darum scheitert zwangsläufig die Ehe einer Frau, die als »die Schönheit« nur körperliche Vorzüge personifiziert, mit einem Mann, dem nichts als »Elan und Strahlkraft« eignet (Kap. 64). Darum scheitert auch Davids erste Ehe mit der Puppenschönheit Dora, wiewohl bzw. gerade weil sie auf einer romantischen Liebe auf den ersten Blick, einem amour fou, gründet: »Jäh verschlang mich ein Liebesabgrund« (Kap. 26). Erfüllung hingegen vermögen die Gestalten zu finden, sofern sie die gesellschaftlich vorgegebenen Rollen zu übernehmen bereit sind, David etwa als Ehemann, Vater und (erfolgreicher) Schriftsteller.

Eine solche dominante Gesellschaftsmoral schließt das persönliche Sehnen, schließt sinnenhaftes und sinnliches Begehren nicht aus: sie schließt sie ein. Dieser Einschluss kann als Begrenzung und Zwang verstanden werden – und bis in die Mitte dieses Jahrhunderts ist die viktorianische Gesellschaft als repressiv, als eine Zuchtanstalt der Erotik und des Sexus gesehen worden, stand im »Wappen unserer Sexualität … zuchtvoll, stumm und scheinheilig die spröde Königin« (Michel Foucault). Innerhalb der Grenzen freilich kann auch ein Raum sichtbar gemacht werden, ein Spielraum, in dem das Sehen, das Begehren schweifen, sich seine Objekte suchen und seine Ziele finden kann. Dass in diesem Raum sexuelles Begehren lustvoll erfüllt werden konnte, belegt Charles Kingsley (1819-1875), Romancier, Professor für Neuere Geschichte in Cambridge und Theologe. Er vertrat eine Religion der Tat und des Fortschritts, die unter dem Namen »muskulöses Christentum« firmierte, wobei er diese Athletik ausweislich des ehelichen Briefwechsels recht erfolgreich auch im Bett praktizierte.

Eine solche Perspektivik freilich – hie das undisziplinierte Herz, da die Gesellschaftsmoral, hie die Geschichte der Repression, da die Geschichten regelmäßiger Lust – ist zutiefst problematisch: Sie schottet voneinander ab, was sich bedingend aufeinander bezogen ist; sie verweist auf feste und getrennte Plätze, was vielfach miteinander verknüpft und im steten Fluss ist; denn die Disziplinierung undisziplinierter Herzen ist die Energie, die einen der wichtigsten, wenn nicht den wichtigsten kulturellen Diskurs des 19. Jahrhunderts be- und vorantreibt: Der politische und moralische Machttransfer von der großgrundbesitzenden Aristokratie zum finanzstarken, Handel treibenden und Industrien aufbauenden städtischen Bürgertum gehört ebenso hierzu wie die Anpassung der Arbeiterschaft an die Rhythmen der neuen Maschinen- und Fabrikwelt oder die Entwicklung einer Bürokratie (ein Wort, dessen Bedeutung der Königin zur Jahrhundertmitte erklärt wird), die Entstehung neuer (messender, positivistischer) Wissenschaften wie der Statistik ebenso wie die Einweisung der Geschlechter in die getrennten Sphären männlicher Öffentlichkeit und weiblicher Privatheit. Auf allen diesen Gebieten stehen gesellschaftliche Norm und individuelles Begehren gegeneinander, sind die Bereiche instabil, werden die Grenzen fortwährend neu gezogen, wieder überschritten, erneut gezogen.

›David Copperfield‹ erzählt seine Geschichten der Disziplinierungen des Herzens in epischer Fülle, Maßstäbe reflektierend und formulierend, einer großen, alle Klassen umfassenden Leserschaft in den Jahren 1849-50 in neunzehn monatlichen Folgen. 1850 erscheint auch Edwin Paxton Hoods ›The Age and Its Architects‹, das Buch, das erstmals das Bewusstsein beschreibt, was es heißt, in einem neuen, einem »viktorianischen Zeitalter« zu leben, und das den Begriff in Umlauf bringt. Und diejenige, der sich der Begriff verdankt, Victoria, die gut dreißigjährige Königin, die 1850 schon dreizehn Jahre regiert, scheint ihn geradezu idealtypisch zu verkörpern, scheint die Disziplinierung des Herzens durch Familie und Beruf exemplarisch geleistet zu haben: als Ehefrau ihres »Engels« Albert, als Mutter einer bis dato siebenköpfigen Kinderschar, als pflichtbewusste Herrscherin (so wie David Copperfield geschlechtsspiegelbildlich sein Glück als Ehemann einer »Engelsfrau«, als Vater einer nicht näher nummerierten, aber zahlreichen Nachkommenschaft, als »der berühmte Autor« findet). In der »Familie auf dem Thron« (Walter Bagehot) scheinen die Spannungen von Öffentlichkeit und Privatheit, Repräsentation und Intimität, Gesellschaftsmoral und individuellem Begehren, Arbeit und Lust glücklich aufgehoben, scheinen von dieser Familie die ererbten Herrscherpaläste Buckingham Palace und Windsor Castle, aber auch die selbst erbauten und ausgestatteten, londonfernen Familiensitze, Osborne auf der Isle of Wight und Balmoral in den schottischen Hochlanden, gleichermaßen repräsentativ und familiär bewohnt zu werden.

Der Schein trügt nicht, aber er verdeckt. Er verdeckt ein alternatives Leben Victorias, ein Leben des Überschwangs, in dem den Gefühlen und Leidenschaften, den Strebungen und Neigungen, den emotionalen wie den politischen, den erotischen wie den kulturellen, freierer Lauf gegeben worden wäre, hätte keine Disziplinierung oder eine andere als die durch Albert stattgefunden; denn es ist nicht das Maß, welches das väterlich-familiäre Erbe der englischen königlichen Dynastie oder den Lebensstil der Hocharistokratie im frühen 19. Jahrhundert kennzeichnet. Victorias Onkel, George IV., 1819 in ihrem Geburtsjahr Regent, 1820 dann König, ist ein Sybarit auf dem Thron, allen Genüssen exzessiv zugeneigt. Sich eine Maitresse zu halten gehört im frühen 19. Jahrhundert zum *bon ton*, Victorias heißgeliebter Onkel Leopold tut dies ebenso wie ihr früh verstorbener Vater. Und kein Zweifel: Victoria weiß um diese Beziehungen. Und sie weiß nicht nur um sie, sie versteht sie als aristokratische Selbstverständlichkeit: Die unehelichen Kinder eines anderen Onkels, des späteren William IV., werden von ihr weiterhin am Hof beschäftigt, und detailliert lässt sie sich von und über Lord Melbourne dessen und des englischen Adels *chronique scandaleuse* erzählen. Und ist interessiert und amüsiert.

Dass sie dies als junge Königin Ende der dreißiger Jahre tut, zeigt, dass ein erster Disziplinierungsversuch ihrer naturgegebenen »großen Leidenschaftlichkeit« (so Victoria im Rückblick 1872) nicht nur fehlgeschlagen ist, sondern nachgerade kontraproduktiv war; denn just um dem Einfluss des Hofes entgegenzuwirken, auch um die eigene Verfügungsgewalt über Englands zukünftige Königin umfassend zu erhalten, schützen Victorias Mutter und ihr Berater und Vermögensverwalter John Conroy das Kind, schotten es hermetisch von der Umwelt ab: Beim Treppensteigen wird sie an der Hand geführt; bis zu dem Tag, an dem sie Königin wird, schläft sie im Zimmer ihrer Mutter; und als Spielgefährtinnen verbleiben ihr bis zu deren Heirat 1828 nur ihre Halbschwester Feodora sowie Victoire, die Tochter Conroys, die ihr aufgedrängt und deshalb von ihr auf Distanz gehalten wird. So einsam Victoria oft ist, nie ist sie allein. Kein Wunder, dass Victoria für »ihre mächtigen Liebesgefühle ... kein Ziel« findet – so analysiert sie ihrer Tochter Vicky ihre unglückliche Kindheit im Juni 1858. Kein Wunder auch, dass diese »mächtigen Liebesgefühle« sich Ersatzobjekte suchen. Diese sind ihre Erzieherin Luise Lehzen als Mutterersatz – und als »Mutter« wird sie von Victoria in ihrem Tagebuch tatsächlich bezeichnet –, ihr Onkel Leopold als Vaterersatz – »Ich liebe ihn so sehr; ach! meine Liebe ist nahezu so etwas wie Anbetung«, notiert die Siebzehnjährige in ihrem Tagebuch – und ihre große Puppensammlung als Gesellschaftsersatz – 132 Puppen, alle mit Namen aus Kunst und Welt, umfasst diese schließlich.

Weltersatz aber wird ihr weniger das aristokratische England der großen Whig-Familien, die Schlösser von Burghley und Chatsworth etwa, die ihr die Mutter und Conroy auf Reisen seit 1832 zeigen, um sie, sehr zum Ärger des Hofes, ihren zukünftigen Untertanen und politischen Freunden bekannt zu machen. Weltersatz wird ihr die Bühne, der sie seit ihrem ersten Theaterbesuch 1828 verfällt – bis zu dreimal in der Woche geht sie in ihren ersten Regierungsjahren ins Theater. Dass es insbesondere die sinnenhafteste der Künste, die (italienische) Oper, und die körperlichste, das Ballett, sind, denen sich Victoria mit leidenschaftlichem Interesse zuwendet, ist gewiss nicht nur daraus zu erklären, dass diese Künste im frühen 19. Jahrhundert von der Aristokratie besonders protegiert wurden. Es entspricht auch Victorias natürlicher Sinnenfreude, die sie, kaum Königin geworden, dem frugalen Leben bei der Mutter unverzüglich entsagen lässt: Statt des Ersatzes können Leidenschaftlichkeit und Liebesgefühle sich nun unmittelbar Objekte suchen. Wie körperlich, sinnenhaft diese zu sein haben, zeigt sich daran, mit welcher Lust und wie reichlich Victoria sich dem

Essen, Reiten und dem Tanz bis in die frühen Morgenstunden hingibt. Dass dieses Tanzen sich nur auf Schreittänze, etwa den der Quadrille, beschränken muss, dass Polka und Walzer ausscheiden, da es unschicklich ist, einer (unverheirateten) Königin um die Taille zu fassen, mindert Victorias Vergnügen nicht erheblich. Auch so kann sie der Augenlust frönen, selbst wenn bei jedem Tanzpartner sich die Frage einer Ehepartnerschaft gleichermaßen lockend wie drohend stellt. Gefallen findet sie an Lord Alfred Paget, einem jungen Adonis – aber eine Heirat mit einem Untertan kommt nicht in Frage. Fasziniert ist sie von dem virilen Zarewitsch Alexander – aber eine Verbindung mit dem künftigen Zaren aller Russen ist aus politischen Gründen undenkbar. Sie erörtert die Möglichkeiten mit Lord Melbourne, ihrem Premierminister, der ihr nicht nur als Berater und politischer, sozialer Cicerone wichtig ist. Victoria, vaterlos und in einem männerlosen Haushalt aufgewachsen, fasziniert der gut aussehende Endfünfziger nicht nur ob seines pathosbefrachteten Schicksals als Ehegatte der exzessiven Lady Caroline Ponsonby, die ihm wie auch ihrem Liebhaber Lord Byron Szene um Szene machte, und als Vater eines debilen Sohnes, der 1836 stirbt. Er fasziniert sie auch dank seines Aussehens, seines Charmes und seiner Causerien als Mann. Victorias mächtige Liebesgefühle haben ein Ziel gefunden: Sechs Stunden verbringen die beiden täglich bei unterschiedlichen Tätigkeiten, beim Regieren, beim Ausritt, beim Diner miteinander. Und es bedarf nicht der freudianischen Lektüre eines Tagebucheintrags Victorias vom 9. Januar 1838 – »Ich bedaure es sehr, wenn er auch nur eine Nacht nicht da ist« –, um Lord Grevilles, des ebenso scharfsichtigen wie spitzzüngigen Sekretärs des Kronrats, Diagnose richtig zu finden, Victorias Beziehung zu Melbourne sei »sexuell, ohne dass sie es weiß.«

Was hier noch latent ist, tritt ganz ungeniert zu Tage, als

Albert erscheint. Wiewohl ihr der Cousin seit langem von der Mutter und dem gemeinsamen Onkel Leopold zugedacht ist und für die Position eines liberalen, konstitutionellen Prinzgemahls durch Bonner Universitätsstudien und italienische Bildungsreise ausgebildet wurde, wird dies keine *mariage de convenance*. Albert erfüllt Victorias Bedingung, dass ihr die »Neigung eines der wichtigsten Dinge sei« (Tagebuch vom 1. August 1839). Und er erfüllt diese Bedingung zunächst und vor allem körperlich: In ihren Tagebucheintragungen schwärmt Victoria von der Schönheit seines Gesichts, und ein Portrait-Aquarell, das sie anfertigt, zeigt Albert als romantischen Jüngling; und sie schwärmt von den Reizen, »breit in den Schultern und schmal in der Hüfte« (10. Oktober 1839), seines Körpers sowie von seiner kosenden Zärtlichkeit. Selbst das nur purgiert überlieferte Tagebuch – s. hierzu »Zu Textauswahl und Übersetzung« – gibt preis, dass Victoria mit Albert körperliche Lust und sexuelles Glück fand (s. Einträge vom 11.-13. Februar 1840). Und die kurze Notiz, die Victoria am Morgen nach der Hochzeitsnacht an Lord Melbourne (!) sandte, vermeldet unverblümt »eine höchst befriedigende und verwirrende Nacht«.

Dass dies in den einundzwanzig Jahren der Ehe so blieb, dafür gibt es reichlich Indizien: Victorias nicht enden wollendes Schwärmen für Albert ist vielleicht das wichtigste, der Bau eines schalldichten Schlafzimmers in Osborne samt Mechanismus, der es erlaubte, die Tür vom Bett aus zu verriegeln, ein anderes. Dass sich Victoria und Albert zu mancherlei Gelegenheiten, Geburts- und Hochzeitstagen sowie Weihnachten, immer wieder Bilder und Skulpturen schenkten, welche nackte oder kaum verhüllte menschliche Körper darstellten, zeugt für ihre Augenlust, für eine Libido, die angeregt sein wollte: So schenkt Albert seiner Victoria eine vergoldete Silberstatuette der Lady Godiva, sie ihm einen männlichen Akt von William Mulready – und wie unkonventionell dies war, kann daran abgelesen werden, dass John Ruskin, der Kritikerpapst der Jahrhundertmitte, Mulreadys Akte als »verkommen und viehisch« bezeichnet. Dass diese Geschenke auch (ironische?) Spiegelbilder sind, zeigt ein Gemälde Anton von Gegenbaurs, das Albert 1844 kaufte und das in Osborne gegenüber seiner Badewanne aufgehängt wurde. Es stellt »Herkules und Omphale« dar, und zwar nicht wie üblich die Zähmung des stärksten Heros durch die lydische Königin, also Herkules in Frauenkleidern am Spinnrocken, sondern als Liebesszene: eine mit Schleiern nur leicht drapierte, üppigschöne Frau sitzt auf dem Knie eines sie kosenden, muskulösen nackten Mannes. Für Victoria bewahrheitet sich uneingeschränkt Bernard Shaws Diktum, das er seinem Don Juan in ›Man and Superman‹ in den Mund legt: »Die Ehe ist die ausschweifendste aller menschlichen Institutionen.«

Selbst das, was Victoria als »die Schattenseite« ihrer Ehe bezeichnet, kündet von sexueller Lust; denn diese Schattenseiten sind für sie ihre zahlreichen Schwangerschaften, neun immerhin in einer einundzwanzigjährigen Ehe. Sie sind allesamt von starken Irritationen, von prä- und postnatalen Depressionen begleitet. Es steht zu vermuten, dass die »keinerlei Vergnügungen« (so an ihre Tochter am 21. April 1858), die Victoria während der Schwangerschaften beklagt, zu diesen Depressionen nicht unmaßgeblich beigetragen haben und dass damit auch sexuelle Zurückhaltung oder gar Abstinenz gemeint ist: Das von ihr verwendete Wort, »enjoyment«, ist einer der viktorianischen Euphemismen für Sex. Die geübte Enthaltsamkeit ist in medizinischem Glauben begründet. Noch 1901 formuliert der von Emma Drake, einer Doktorin, verfasste Ratgeber ›What a Young Wife Ought to Know‹: »Mir ist keine Regel und kein

Grund bekannt, die den Ehemann berechtigen, sich seiner Frau zu irgendeiner Zeit während der Schwangerschaft zum Zwecke der sexuellen Befriedigung zu nähern.« Und dass Victoria und Albert solchen Vorstellungen Glauben schenkten, zeigt die überlieferte Reaktion Victorias auf den Rat ihres Doktors, nach der Geburt des neunten Kindes auf weitere Kinder zu verzichten: »Ach, Doktor, kann ich nun im Bett keinen Spaß mehr haben?« Nicht inmitten ihrer Kinderschar, nicht als Mutter, sondern als Frau, mit Albert fühlt sich Victoria »a mon aise und ganz glücklich« (so an Augusta von Preußen am 6. Oktober 1856).

Wenn Victorias Bild ihren Zeitgenossen und vor allem dem nächsten Jahrhundert als ein recht anderes erscheint, als das einer Matrone von lustfeindlicher, moralinsaurer Schicklichkeit, Zurückhaltung und Abstinenz, so liegt das wohl vor allem an zweierlei: an der unvermeidlichen Diskrepanz zwischen individuellem Begehren, zwischen privatem Tun und öffentlicher Repräsentation zum einen, an Albert, seiner Disziplin und Disziplinierung, zum andern. Albert ist wesensmäßig und kraft seiner Erziehung jeglicher Überschwang fremd. Seiner Zukunft als Prinzgemahl sieht er pflichtbewusst entgegen. In Leopolds, seines Mentors und Onkels, Worten: »Er sagt sich, Widerwärtigkeiten finden sich in jeder Stellung, und wenn man denn sich plagen und quälen muss, dann ist's doch besser, man thut's um ein Grosses und Wichtiges als um Kleinigkeiten und Erbärmlichkeiten« (Brief an Baron Stockmar vom März 1838). So nimmt er denn auch nur wenig mehr als pflichtbewusst den Heiratsantrag seiner Cousine an. Seiner Großmutter erstattet er am nächsten Tag Bericht: »Die freudige Freimüthigkeit, mit der sie mir dies sagte, hat mich wirklich ganz bezaubert und hingerissen, ich konnte nichts anders, als ihr beide Hände zu reichen, die sie mit Zärtlichkeit an sich riss.«

Albert konnte nicht anders – auch nicht anders, als über

eher kurz als lang dieses Geschöpf, das ihn überschwänglich begehrt und liebt, lieben zu lernen. Die zwei Worte, die er nach seiner Rückkehr von einer Reise nach Coburg anlässlich des Todes seines Vaters in sein Tagebuch am 1. April 1844 einträgt, »Große Freude«, sprechen ›viktorianisch‹ verschlüsselt Bände. Albert kann auch nicht anders, als pflichtbewusst alle anderen Rollen, die dem Mann der Königin sozusagen strukturell zufallen, zu übernehmen und perfekt auszufüllen. Welche dies sind, katalogisiert er getreulich in einem Memorandum – und er liebt es, Memoranden zu schreiben, alles und jedes zu dokumentieren und zu archivieren –, das er dem Herzog von Wellington schickt, der ihm den Oberbefehl über die Streitkräfte angeboten hat. Albert lehnt mit der Begründung ab, er wolle »seine eigene, persönliche Existenz in der seiner Frau aufgehen lassen, durch sich und für sich keine Macht suchen, selbst den Schein der Macht vermeiden.« Was er tue und müsse, sei seine Frau zu beraten und zu unterstützen, und zwar »als natürliches Haupt der Familie, als Vorstand ihres Hauses, als Verwalter ihrer Privatangelegenheiten, als ihr einziger vertrauter Ratgeber in der Politik, als ihr Beistand in den Verhandlungen mit der Regierung.«

All dies hat er 1851, zum Zeitpunkt des Memorandums, erreicht, wenn auch auf prekärer Basis. Dem Volk und der Hocharistokratie bleibt der Deutsche mit seinen strikten Moralvorstellungen, seinem steifen Verhalten, seinen intellektuellen Neigungen, seinem prinzipiengeleiteten Denken stets suspekt. Mit Spottversen begrüßt –

> Er kommt, den Vicky sich zum Mann gekürt,
> Den Lehzen ihr verkuppelnd zugeführt;
> Für »gute wie für schlechte« Zeit erhält er
> Englands fette Queen und fettre Gelder –,

bleibt er sein Leben lang ein bevorzugtes Objekt der Karikaturen der satirischen Wochenzeitschrift ›Punch‹. Auf Victoria freilich, den Hof, die bürgerliche Kultur und die englische Politik wirkt er prägend. Nicht nur Liebender und Geliebter ist er Victoria, sondern auch Mentor, Erzieher: »Liebes Kind!« beginnt der drei Monate Jüngere seine Briefe an Victoria, in denen er deren heftige Gefühlswallungen bzw. die gar nicht so seltenen Ehekräche (irritierend) nüchtern analysiert – und zwar vom Hort seines Arbeitszimmers aus, in das er sich zurückzieht, bis Victoria Reue zeigt. (Die Anekdote, er habe Victoria dreimal an die verschlossene Tür klopfen lassen, bevor ihr aufgetan wurde, da sie zweimal auf die Frage »Wer ist da?« »Die Königin« geantwortet habe und erst beim dritten Mal »Deine Frau«, ist, wenn nicht wahr, so doch gut erfunden. Und sie erinnert wohl nicht von ungefähr an den Akt der Demut, den die Habsburger Monarchen vollziehen müssen, bevor sie ihre letzte Ruhe in der Kapuzinergruft finden.) Am Hofe hat das Leben als »immer währendes Amüsement, der Schmeichelei, der Reize«, das Victoria nach eigener Einschätzung mit Lord Melbourne führte, nun ein Ende; es verflüchtigt sich mit dem Rauch ihrer Briefe aus dieser Zeit, die Victoria verbrennt. Strenge Sitten des Anstands gelten nun, durch die etwa alle Frauen mit dubioser Vergangenheit, seien sie noch so hochgeboren oder hochvermögend, vom Hofe ferngehalten werden. Statt zu tanzen, wird nun überwiegend schicklich geplaudert oder Schach gespielt, bevor meist vor Mitternacht die Lichter erlöschen. An die Stelle der traditionellen karnevalesken englischen Feste zwischen Weihnachten und Epiphanias, mit deren Gelagen, Tanz und Musik, Spiel und Theater, tritt die deutsche Familienweihnacht und der von nun an populär werdende Tannenbaum. Die durchaus sinnliche Erfüllung von Victorias mächtigen Liebesgefühlen erlaubt es ihr, sich Alberts Disziplin, seiner Moral, seiner Lebensführung, sei-

Weihnachten: Prinz Albert führt in seiner Familie deutsche Weihnachtstraditionen wie den Tannenbaum ein. Zeitgenössische Lithographie von 1848

nem Pflichtethos zu fügen. Nicht Alberts Existenz ist in der seiner Frau aufgegangen, sondern die Victorias in der seinen. Es ist recht eigentlich nicht ein viktorianisches Zeitalter, das angebrochen ist, sondern ein albertinisches. Bei aller (politischen) Diskretion Alberts bleibt dies nicht verborgen: Bereits Anfang der vierziger Jahre spricht Lord Brougham von »Queen Albertine«, und Lord Greville notiert 1845, Albert »sei praktisch und in jeder Hinsicht der König«. Und Victoria weiß, wie sehr Albert sie geformt hat, und genießt ihre Re-Formation – »nie«, so schreibt sie ihrer Tochter Vicky am 9. Juni 1858, »nie ist jemand so vollkommen verändert und verwandelt worden wie ich durch den segensreichen Einfluss unseres liebsten Papas.«

Alberts früher Tod 1861 beendet eine der großen Liebesgeschichten des 19. Jahrhunderts keineswegs. Für Victoria, die sich, ihr Fühlen, Denken, Handeln, ihr Leben und Lieben, über Albert definiert hat, ist dessen Tod zwangsläufig eine traumatische, apokalyptische Erfahrung: »Warum verschlingt uns die Erde nicht?« nimmt sie die Frage ihrer Tochter Vicky auf. Mit elementarer Gewalt finden ihre Liebesgefühle, findet ihr körperlich-sinnliches Begehren, der albertinischen Herzensdisziplin nunmehr ledig, klagend, sehnend und kaum ›viktorianisch‹ verschlüsselt in Brief und Tagebuch Ausdruck: Vor allem »in den heiligen Stunden der Nacht, wenn seine gesegneten Arme mich umfingen und festhielten« (Brief vom 18. Dezember 1861), wird sie sich der Leere ihrer unbefriedigten Existenz gewärtig, ergreift sie »solch eine Sehnsucht, ein wildes Verlangen nach Papa« (Brief vom 22. April 1863). Mit Horror weiß sie, dass sie hinfort »dieses schreckliche, zehrende, kalte, unnatürliche Leben einer Witwe« (Brief vom 28. November 1862) ertragen muss, ein Leben der Kälte, Einsamkeit, das all ihrem Sehnen, das ihrer ganzen Natur zuwiderläuft: »Meine warme, leidenschaftliche, liebevolle Natur ist voll der leidenschaftlichen Anbetung für den Engel, den ich mein zu nennen wagte. Und nun mit 42 müssen alle, alle irdischen Gefühle unterdrückt und ausgelöscht werden, und die nie gelöschte Flamme … brennt in mir und verzehrt mich!« (Brief vom 8. September 1862).

Dies alles bekennt sie ihrer ältesten Tochter Vicky, die sie nun mehr denn je zuvor zu ihrer Vertrauten macht, zumal diese Alberts Lieblingstochter war und im Denken ganz die seine ist. Doch Victorias Klage um den (körperlichen) Verlust sprengt kraft des Übermaßes der verlorenen Liebe auch die Grenzen der Diskretion: Sehr zum Befremden Gladstones schildert sie ihm detailliert Alberts Vorzüge und nennt unter diesen dessen »persönliche Schönheit«. Und die Tröstung von Bischof Davidson, sie solle »hinfort eingedenk sein, dass Christus nun ihr Gatte sein werde«, kommentiert sie ebenso erdverhaftet wie empört: »Dies ist, was ich Gewäsch nenne. Der Mann sollte wissen, dass er Unsinn redet.« Jenseitige Vertröstungen vermögen Victorias Verzweiflung und (sinnenhaftem) Sehnen kein neues, angemessenes Ziel zu weisen, sie nicht einmal zu mäßigen. Ihre diesseitige Reaktion ist zweifach und zwiespältig. Alberts Disziplin(ierung) trägt sie dadurch Rechnung, dass sie bewusst beschließt, diese gegenüber sich und gegenüber den anderen auf das Strikteste fortzusetzen und hinfort ganz im Sinne Alberts zu denken und zu handeln. Das betrifft etwa die rigorose Erziehung der Kinder, das betrifft auch die Politik, etwa im Hinblick auf die preußische Hegemonialpolitik oder die deutschen Einigungsbestrebungen. Und auch im Äußeren wird ihr das Todesjahr Alberts zum Fixpunkt: Bis an ihren Lebensabend wird sie nun als Witwenkleidung die Mode des Jahres 1861, Haube, Spitzenschleier und raumgreifende Krinoline tragen. Ihren natürlichen Überschwang, ihre mächtigen Liebesgefühle leitet Victoria nun um: An die Stelle der überschwänglichen Liebe tritt die exzessive Trauer, wobei der Exzess nicht in den einzelnen Akten liegt – für sie allesamt lassen sich zeitgenössische Parallelen finden. Der Exzess liegt in der Fülle der Memoria-Akte, in der Intensität und der Rigidität der Praxis: Alberts Zimmer wird täglich gesäubert, neue Kleidung und frische Handtücher werden zurechtgelegt, vor dem Schlafengehen legt Victoria den Kopf auf Alberts Bett, nimmt zum Schlafen dessen Nachtgewand in den Arm; vor allen wichtigen Entscheidungen besucht sie das Mausoleum, das für sie beide erbaut wurde; Photographien und Büsten Alberts füllen die Schlösser, Statuen das Land; ein strikt eingehaltener Memoria-Kult der Geburts- Verlobungs-, Hochzeits- und Todestage gliedert das Jahr (und selbst Vicky, die vertraute Tochter, wird gestrenge zur Rede gestellt, als sie den Todestag 1862 nicht angemessen begeht). Vor allem aber: Victoria zieht sich aus der Öffentlichkeit von allen repräsentativen Pflichten zurück, schließt sich in ihrem Leid – wie in ihrer Krinoline und ihren Familiensitzen – als in einer Festung ein. Und – im wörtlichen Sinne – Festung sind diese ihr wohl auch: disziplinierende Befestigung einer leidenschaftlichen Natur, die erneut kein hinreichendes Objekt, kein Ziel ihrer begehrenden Leidenschaft hat.

Es ist wohl nicht nur die vergehende Zeit, die Victorias wilden und ritualisierten Trauerschmerz lindert. Victorias »wundervolle Fähigkeit, die Welt zu genießen«, welche ihr von ihrer Tochter Helena zugeschrieben wird, wird um die Mitte der sechziger Jahre wieder sichtbar. Und es sind zwei Männer, die, etwa zeitgleich, ihr dazu verhelfen. Der eine, Benjamin Disraeli, gewinnt sie langsam der Öffentlichkeit, der Welt der monarchischen Repräsentationspflichten zurück. Mit seinem Beileidsbrief anlässlich des Todes Alberts – »Der Prinz ist der einzige Mensch, den Mr. Disraeli je gekannt hat, der das Ideal verkörperte.« – gewinnt er das Vertrauen und die Zuneigung Victorias; mit seinen anekdo-

Victoria und John Brown im Park von Osborne House. Kupfer nach einem Gemälde von Edward Landseer

tischen Berichten von den Parlaments- und Kabinettsitzungen, zunächst als Schatzkanzler, dann als Premier, macht er ihr das Depeschenlesen und Aktenstudium ein wenig amüsant; mit seiner Politik erfüllt er ihre imperialen Vorstellungen von Englands Größe und ihrer eigenen majestätischen Rolle, erhöht er sie zur »Feenkönigin«. Vor allem aber verhält er sich so, wie er es einem politischen Gegenspieler empfohlen hat: »Behandeln Sie sie in erster Linie als Frau.« Disraeli, stets zu älteren Frauen romantisierend hingezogen, lässt gegenüber Victoria allen seinen erotischen Charme spielen, schreibt Briefe voll blühender Schmeicheleien, verwandelt das politische Geschäft zum höfisch-ritterlichen Minnedienst: »Ich schwöre der besten aller Herrinnen Treue« – dies sind die Worte, mit denen er kniend das Amt des Premierministers 1874 übernimmt. Und Victoria spielt das Spiel amüsiert und charmiert mit, erlaubt ihrem Vasallen während der Audienzen – ein seltenes Privileg – sich zu setzen, verwendet – ein noch selteneres – in ihren Briefen die

Ichform (statt des unpersönlichen »Die Königin ...«) und schickt ihm – und dies ist noch keinem amtierenden Politiker zuvor gewährt gewesen – Blumen aus ihren Gärten, Primeln, (hinfort) Disraelis Lieblingsblumen.

Der andere, nach dem Victorias »heftige Natur« verlangt, eine Natur, »die sich an jemand festklammern muss« (so an Augusta von Preußen am 26. Mai 1862), ist John Brown. Er öffnet Victorias Herz und Augen erneut für den (männlichen) Nächsten und neu für die Unterschichten, die Armen. Er ist als der, der sie auf ihren gemeinsamen Exkursionen mit Albert stets begleitet hat, gewiss auch Teil des Memoria-Kultes. Dies mag der Anlass gewesen sein, ihn als ihren Leibdiener von Balmoral zu sich auch nach London bzw. Windsor und Osborne zu holen. Der Grund war es wohl nicht. Die Nähe, die Intimität, die ihre Beziehung auszeichnet, ist die von Mann und Frau. Brown ist Victoria der starke, schlichte Mann aus dem Volke, der sie in breitem Dialekt mit »wumman« anredet, der sie leitet, ja herumkommandiert. So sehr Victoria, die sich »so hilflos, so klammerbedürftig« fühlt (Brief an Vicky vom 6. Mai 1864), einen solchen starken Mann, eine solche Schutz- und Liebesbeziehung ersehnt haben muss, so wenig kann sie ihr oder der (Hof-)Gesellschaft selbstverständlich gewesen sein. Die Art und Weise, wie sie ihrer Tochter schritt- bzw. briefweise den heiklen Sachverhalt anvertraut, sie gleichsam um Absolution bittet und diese von Vicky diskret, aber doch eindeutig auch erhält, belegt den Zwiespalt: »Eine Witwe in ihrem großen Kummer zu trösten, kann genauso gut die Aufgabe eines Mannes wie die einer Frau sein – und ich kann mir vorstellen, dass dies für Dich ein notwendiger Bestandteil ist«, schreibt Vicky ihrer Mutter schließlich nach immer mehr Hinweisen und impliziten Aufforderungen am 3. September 1866. Und dass Victoria sich wenige Wochen zuvor auch des Einverständnisses der Kirche vergewisserte (s. den Brief an ihre

Tochter vom 11. August 1866), ist ein weiteres Indiz für die Intensität sowohl ihrer Schuld- wie auch ihrer Liebesgefühle.

Dabei scheinen die Schlüssellochperspektive und der gezielte und beengte Blick auf das königliche Bett von eher bescheidenem Interesse (so sehr Victoria erneuter »Spaß im Bett« zu gönnen ist). Wichtiger ist die Einsicht, was für ein Leben eine sinnenfrohe Frau in einer bürgerlich diszipliniertten und disziplinierenden Kultur führen durfte, ist die Frage, ob die Grenzen dieser Kultur wenigstens im privaten Bereich von ihr erweitert oder gar überschritten werden konnten. Ob dank schierer Naivität oder kraft starken Sehnens: Victoria gelingt es. Unbeschadet der Missbilligung durch Kinder, Hofstaat und Öffentlichkeit, von der sie als »Mrs. Brown« verspottet wird, wird Brown für sie zum intimen Freund, zu dem sie sich auch öffentlich bekennt: Ein Bild Edwin Landseers in der alljährlichen Ausstellung der Royal Academy zeigt im Mai 1867 Victoria hoch zu Ross, von Brown geführt. Als einziger Mann hat er Zutritt zu ihrem Schlafzimmer und betritt es, ohne anzuklopfen; sie beschenkt ihn reichlich oder schickt ihm neckisch-anzügliche Karten, wie die zu Neujahr 1867. Diese zeigt ein Kammerkätzchen und trägt den Vers:

> Meine Botin bringt Dir süße
> Liebe, schöne Neujahrsgrüße.
> Treue singt sie
> Liebe bringt sie
> Meiner Herzenssonne.
> Schenk ihr und mir ein Lächeln fein
> Lass die Antwort »Liebe« sein
> Gib mir Freud und Wonne.

Und gezeichnet ist sie: »Meinem besten Freund J.B. / Von seiner besten Freundin V.R.I.« Mit der Zuneigung Browns kehrt auch Victorias Weltgenuss zurück: Sie beginnt wieder auszureiten, unternimmt in Schottland Exkursionen, genehmigt sich hin und wieder einen Schluck – zu Gladstones blankem Entsetzen mischt sie sich Whisky in den Bordeaux, und Brown bedeutet einer um die Getränke für ein Picknick besorgten Hofdame: »Ihre Majestät mag Tee nicht besonders. Wir nehmen Kekse und Schnäpse mit.« –; sie feiert 1868 die Fertigstellung eines relativ kleinen Refugiums, Glassalt Shiel, auf ihrem Landbesitz bei Balmoral mit Trank und Tanz und wendet sich mit den Reisen in die Schweiz, nach Frankreich, Italien wieder der größeren Welt zu.

Was alles gewiss nicht sonderlich transgressiv ist – mit Ausnahme ihrer Liebe, des Geliebtwerdens. Diese erlauben ihr, neben der Pflichterfüllung ihren Neigungen Raum zu geben, über gut 15 Jahre ein Gleichgewicht von Begehren und Disziplin zu entwickeln. Als Brown 1883 stirbt, sind Victorias Schmerz und Trauer gewiss groß und äußern sich in Bekundungen, die denjenigen für Albert sehr ähneln: Auch Browns Zimmer in Balmoral wird konserviert; war die Veröffentlichung des ersten Teils ihrer schottischen Tagebücher 1868 Albert gewidmet, so ist es 1886 die des zweiten Teils Brown; an zwei Gräbern legt sie alljährlich Blumen nieder – an dem Alberts und dem Browns. Und als einzigem Nichtfamilienmitglied wird Brown im Mausoleum in Frogmore mit einer Plakette gedacht: »In liebevoller und dankbarer Erinnerung an John Brown, den treuen und ergebenen persönlichen Begleiter und Freund der Königin Victoria, die er beständig hierher begleitet hat.« Und sie verfügt, dass ihr neben Alberts Photo und Morgenmantel auch von Brown Photo und Haar in den Sarg gelegt werden.

Victorias Schmerz und Trauer äußern sich aber nicht mehr in selbstdisziplinierender Erstarrung, im Rückzug in eine Festung der ritualisierten Trauer. Die 65-jährige verliert das Maß nicht mehr, auch nicht den maßvollen Genuss der Welt.

Wie in jungen Jahren erfreut sie der Anblick und der Umgang mit attraktiven Männern, besonders aus ihrem Weltreich, und hier vor allem Indien. Unter ihnen ist »der gut aussehende jüngere Radscha von Kutch, wunderschön gekleidet, wirklich: er und sein Bruder waren traumhaft« (Tagebuch vom 30. Juni 1887). Ein anderer, Abdul Karim, ist, sehr zum Ärger des Hofes wie des Kronprinzen, so etwas wie ein Nachfolger Browns, ist stets um Victoria, die über alle seine Eskapaden, seine Lügen, seine Habsucht, seine Gonorrhoe, Bescheid weiß – und hinwegsieht. Wie in jungen Jahren sucht sie Unterhaltung: Hatte sie 1838 mehrfach eine Raubtiervorführung in Drury Lane besucht, so fährt sie nun, 1887, zum Earl's Court in Buffalo Bill's Wild West Show. Und wie in jungen Jahren werden ihr Theater, Oper, Musik zu einem wesentlichen Teil ihrer Welterfahrung. Ihr Schwiegersohn Heinrich von Battenberg (Liko) und ihr Hofmusikmeister Paolo Tosti organisieren Aufführungen in den Schlössern, etwa des Melodramas ›The Bells‹ (1889), von Gilbert und Sullivans ›Mikado‹ (1891) oder Wagners ›Lohengrin‹ (1899).

Victoria amüsiert sich, auch wenn just aus diesen Jahren der Ausspruch überliefert ist, der ihr und ihrem Zeitalter klischeehaft anhaftet und beide als verbiestert ernsthaft, ja sauertöpferisch ausweist: »We are not amused.« Dass Victorias Ausspruch freilich nicht ihr Wesen zum Ausdruck brachte, sondern rügte, dass ein recht eindeutig-zweideutiger Witz in gemischter Gesellschaft und in aller Öffentlichkeit bei einem Diner erzählt wurde, wird selten erläutert. Und dass der Sündenbock, Alick Yorke, stets dandyhaft gekleidet und von einem Nachkommen als »ältliche Tunte« bezeichnet, Victoria als Unterhalter nach wie vor am Hof willkommen war, wird stets verschwiegen. Weder als unwürdige Greisin noch als prüde Matrone endet für Victoria der epochenspezifische Konflikt zwischen einem Leben der sinnenhaften Freude, des sinnlichen Begehrens, das der Aristokratie ihrer

Queen Victoria und ihre Nachfahren (von links nach rechts: George V., Edward VII. und Edward VIII.)

Vätergeneration erstrebenswert erschien, und einem Leben der Herzensdisziplin, der bürgerlich ge- und verfügten Ordnungen. Und insofern das 19. Jahrhundert diesen Konflikt zwar ausgetragen hat, aber nicht entscheiden konnte, ist es kein albertinisches, sondern ein viktorianisches.

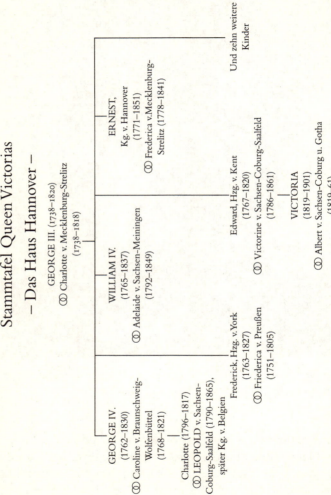

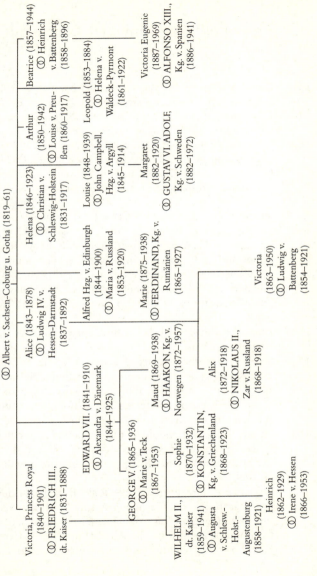

Victoria
Ein politisch-persönlicher Lebenslauf

1819   Victoria wird am 24. Mai als einziges Kind Edwards, Herzog von Kent, und Victoires, der verwitweten Prinzessin Leiningen, geboren, ihr Cousin Albert von Sachsen-Coburg und Gotha am 26. August.

1820   Victorias Vater stirbt, 52 Jahre alt, überraschend an Lungenentzündung, gleichfalls George III. nach langen Phasen der Geisteskrankheit. Dessen ältester Sohn, der Prinzregent, ein Lebemann, der sich nicht erfolglos zum »ersten Gentleman Europas« stilisiert hatte, besteigt als George IV. den Thron. Victoria rückt auf Platz 3 der Thronfolge.

1824   Louise Lehzen, eine Pfarrerstochter aus dem Hannoverschen, wird Victorias Gouvernante und alsbald ihre Vertraute und Helferin auch innerhalb des »Kensington Systems«, des das Kind abschottenden Regimes der Mutter wie deren Vermögensverwalters John Conroy. Dieses führt zum Zwist mit George IV. wie auch mit dessen Nachfolger.

1827   Frederick, der zweitälteste Sohn Georges III., stirbt. Victoria steht auf Platz 2 der Thronfolge.

1830   George IV. stirbt, sein Bruder wird 1831 als William IV. zum König gekrönt. Seine und seiner Frau Adelaides Versuche, sich Victoria, die nun in der Thronfolge an erster Stelle steht, zuzuwenden und sie am Hof einzuführen, werden von der Mutter und von Conroy abgewehrt.

1831   Victorias Onkel Leopold, der Victoria und Albert seit frühester Kindheit mit Rat und Tadel bedenkt, um sie einander zuzuführen, wird König von Belgien und zieht nach Brüssel.

1832   Das erste Wahlrechtsgesetz, der Reform Bill, markiert den Machtanspruch des Besitzbürgertums und kennzeichnet die dreißiger Jahre als Ära liberaler, whiggistischer Reformpolitik: 1833 folgt die Abschaffung der Sklaverei im Britischen Weltreich, 1834 das neue Armengesetz, dann in den folgenden Jahren mehrere Gesetze zur Kinder- und Frauenarbeit. Victoria, die im Gegensatz zu ihren königlichen Onkeln, George IV. und William IV., mit den Whigs sympathisiert, wird so zur (parteipolitischen) Hoffnungsträgerin.

1836 Von Leopold geschickt vorbereitet, besucht Albert seine Cousine im Kensington Palast – gegen den Willen des Königs.

1837 William IV. stirbt, Victoria wird – eben achtzehn Jahre alt und damit volljährig – Königin und 1838 gekrönt. Ihr Premierminister, Lord Melbourne, zu dem sie ein erotisiertes Vater-Tochter-Verhältnis entwickelt, führt sie witzig, klug und charmant in die Regierungsgeschäfte ein. Die großen sozialen Probleme des Landes bleiben ihm – und somit zunächst auch Victoria – fremd.

1840 Nach einer Liebe auf den ersten Blick beim zweiten Besuch im Herbst 1839 heiratet Victoria Albert. Ihre bald als vorbildlich häuslich stilisierte Ehe ist – zu Victorias depressivem Verdruss – äußerst fruchtbar: 1840 wird die Princess Royal Victoria (Vicky) geboren, 1841 der Thronfolger Albert Edward (Bertie), 1843 Alice, 1844 Alfred (Affie), 1846 Helena, 1848 Louise, 1850 Arthur, 1853 Leopold, der an der Bluterkrankheit leidet, 1857 schließlich Beatrice (Baby).

Albert übernimmt von seiner mit dem Kinderkriegen beschäftigten Frau zunehmend deren »männliche« Rollen in der Politik wie im Haus. Als eine erste Konsequenz muss Louise, nun Baronin Lehzen, 1842 nach Deutschland zurückkehren, als eine weitere wird der königliche Haushalt, werden die königlichen Güter reorganisiert. Die Ersparnisse und Einkommen daraus machen Victoria reich.

1841 Mit Robert Peel als Premier übernehmen die Konservativen, die Tories, die Macht. Von Albert sorglich geführt, wendet Victoria ihre Sympathie zunehmend den Kräften der Bewahrung zu, bis sie schließlich, etwa ab den siebziger Jahren, Volkes mehrheitliche, bürgerliche Stimme gleichsam intuitiv spricht.

1846 Im zweiten Jahr der großen Hungersnot in Irland fallen die protektionistischen Kornzölle: Industrie und Handel, die vorwiegend in den Händen des Bürgertums sind, setzen sich damit ökonomisch gegen die Interessen der adligen (Groß-)Grundbesitzer durch.

1847 Nach dem Erwerb Osbornes (1843), eines Landsitzes auf der Isle of Wight, wird Schloss Balmoral in den schottischen Hochlanden gekauft. Nach Plänen Alberts werden beide um- und ausgebaut, und zwar zu häuslichen Gegenwelten zur aristokratischen Lebewelt Londons und den Zudringlichkeiten der Politik und Öffentlichkeit. Nach Osborne zieht sich die königliche Familie 1848 anlässlich der großen Chartisten-Demonstrationen zurück. Der Einklang mit bürgerlichen Werten und Lebensweisen trägt politische Frucht: Im Gegensatz zu den revolutionären Ereignissen in Paris, Berlin, Wien bleiben ernsthafte Erschütterungen in England aus.

1851 Dieser Einklang wie auch Englands ökonomische und industrielle Dominanz finden Ausdruck in der Great Exhibition, der ersten Weltausstellung, die im Crystal Palace, einer imposanten Eisen-Glas-Konstruktion, im Hyde Park stattfindet. Albert, der sie zu einem gut Teil initiiert und organisiert hat, festigt damit seine Stellung als Prince Consort, ein Titel, den ihm Victoria 1857 verleiht.

1853 Imperiale Interessen – auch sie im Crystal Palace imposant
-56 repräsentiert – bestimmen die Politik Englands in der zweiten Jahrhunderthälfte, sei es im Krimkrieg 1853-56 an der Seite Frankreichs gegen Russland, bei der Niederschlagung des Aufstandes der einheimischen indischen Truppen 1857 oder bei der »Eingliederung« großer Teile der Welt in das britische Imperium (u.a. 1840 Neuseeland, 1858 Übernahme der Ostindischen Handelsgesellschaft und damit Indiens, 1875 Erwerb der Suezkanalaktien, 1885/86 Burma). Victoria unterstützt diese imperialen Bestrebungen, drängt ihre Minister, Englands Namen und Macht in aller Welt ungeschmälert zu wahren. Gegenüber den Opfern dieser Politik reagiert sie im Falle der kolonialisierten Völker mit Plädoyers für religiöse Toleranz, im Falle ihrer Soldaten, der Verwundeten wie der Toten, mit Mitleiden und (sich genießendem) Schauder.

1858 Victorias älteste Tochter, Vicky, heiratet Friedrich Wilhelm (Fritz) von Preußen. Bis zu ihrem Lebensende betätigt sich Victoria als Heiratsvermittlerin für ihre zahlreichen Kinder und zahlreicheren Enkelkinder – von Berties Heirat mit Alexandra [Alix] von Dänemark 1863 hin zu der ihrer Enkelin Alice von Hessen mit Zar Nikolaus II.; sie führt als Großmutter Europas ein matriarchalisches Familienregime über Europas Fürstenhäuser und vererbt ihnen, u. a. den Romanoffs, die Bluterkrankheit.

1859 Wilhelm von Preußen (Willie), seit 1888 Wilhelm II., wird geboren. In London erscheint Charles Darwins ›On the Origin of Species‹.

1861 Am 15. März stirbt die Mutter, am 14. Dezember Albert. Victoria widmet sich der Trauerarbeit, betreibt vor allem um Albert einen Trauerkult. Hierfür zieht sie sich von ihren Repräsentationspflichten zurück, vor allem nach Osborne und Balmoral. Ihr enges Verhältnis zu ihrem Hochland-Diener John Brown führt zu Konflikten am Hofe und in der Familie sowie zu Gerüchten und Satiren in Öffentlichkeit und Presse. Die Kritik an Victorias Rückzug – die Monarchie bestehe aus »einer pensionierten Witwe und einem arbeitslosen jungen Mann« wird gespottet, am Zaun des Buckingham-Palastes hängt eines Tages ein Anschlag »Wegen Geschäftsschließung zu vermieten« – übersieht, dass Victoria sich ihren Regierungspflichten ansonsten peinlichst nach Alberts Vorschrift widmet: mit genauer Aufmerksamkeit für jedes Detail, mit intensiver Aktenlektüre, mit dem Schreiben unzähliger Depeschen, Briefe, Memoranda. Das Ansehen Victorias und der Monarchie freilich ist im Sinkflug begriffen.

1864 Unterstützt Victoria imperiale Politik im außereuropäischen Bereich, so wirkt sie im Konzert der europäischen Mächte mäßigend, tut alles, um England aus dem deutsch-dänischen (1864), dem preußisch-österreichischen (1866) und dem preußisch-französischen Krieg (1870/71) herauszuhalten. So sehr sie das »Monster« Bismarck und dessen Machtpolitik verabscheut, so gelten ihre Sympathien doch stets Preußen, solange dieses eine Politik zu betreiben scheint, die Alberts Utopie, dass dank Preußens Initiative dieses in einem geeinten Deutschland aufgehen solle, wenigstens nahe kommt.

1868 Waren die Reisen nach Coburg (1862 und 1863) solche der Erinnerungspflege und Trauerarbeit, so ist die in die Schweiz sowohl Flucht vor der Bürde der Regierungstätigkeit wie auch Versuch neuer Weltzuwendung und -entdeckung. Nahezu bis an ihr Lebensende wird Victoria solche Reisen unternehmen, u. a. 1879 zum Lago Maggiore, 1882 an die französische Riviera, 1888, 1893 und 1894 nach Florenz, 1889 nach Biarritz.

1874 Diese neue Zuwendung zur Welt wird von Benjamin Disraeli (1868 und 1874-80 Premierminister) gefördert, sowohl persönlich durch seinen Charme wie auch politisch durch die Glorie, mit der er sie umgibt und zur Kaiserin von Indien proklamieren lässt (1877). Während seiner Amtszeit beginnt die zweite große imperiale Phase Großbritanniens, die Eingliederung weiter Teile Afrikas (u. a. 1882 Okkupation Ägyptens, 1884 Somalia, 1886 Kenia, 1888-91 Rhodesien, 1895 Uganda, 1899 Sudan).

1887 Hatte bereits die Erkrankung Berties an Typhus 1871 einen mitleidsgetragenen Stimmungsumschwung zugunsten der geprüften Königin gebracht, so wird die Feier des fünfzigjährigen Thronjubiläums zum persönlichen Popularitätstriumph im Rahmen einer glanzvollen Repräsentation ihrer dynastischen Macht über Europas Fürstenhäuser. Victoria ist die Ikone von Großbritanniens imperialer Macht, ist die Inkarnation bürgerlicher Moral.

1888 Alberts und Victorias Vision eines liberalen Deutschlands unter Führung Preußens, beherrscht von Schwiegersohn Fritz, das mit seinem, weil protestantisch, germanisch, bürgerlich und konstitutionell, »natürlichen« Verbündeten England enge freundschaftliche Beziehungen pflegt, wird in der neunundneunzigtägigen Herrschaft Friedrichs III. nur als Abglanz sichtbar.

1889 Wilhelm II., der Nachfolger, besucht seine Großmutter (und wieder 1891, 1892, 1893, 1894, 1899, 1901). Da von Albert geliebt, liebt ihn auch Victoria; sie bleibt aber gegenüber seinem persönlichen und politischen Großmannsgehabe nicht blind oder nachsichtig. Diese Beziehung bestimmt auch durchaus die staatlichen Beziehungen positiv, etwa im (von Victoria heftig kritisierten) Tausch Helgolands gegen Sansibar (1890), negativ etwa während des Burenkrieges (1899-1902).

1896 Victoria geht ein in das Buch der Rekorde: Kein Herrscher, keine Herrscherin vor ihr hat England länger regiert.

1897 begeht sie ihr diamantenes Thronjubiläum. Nicht nur kulturelle Ikone und Repräsentantin ist sie nun, sondern auch Matriarchin der europäischen Fürstenfamilien.

1899 Auch in ihrem achtzigsten Lebensjahr, nun seit längerem stark geh- und sehbehindert, erfüllt Victoria ihre Regierungsaufgaben, ganz wie Albert es für alles und jedes, für die Welt- wie die Tagespolitik, ordnend und geordnet gewünscht hat.

1901 Nach kurzer Krankheit stirbt Victoria am 22. Januar, umgeben von der Familie, darunter Wilhelm II., der sich zum ersten und einzigen Male der Achtung seiner englischen Onkel, Tanten, Cousins und Cousinen erfreut dank der liebevollen und geduldigen Anstrengung, mit der er Victoria bei ihrem Sterben stundenlang stützt. Mit Victoria werden Alberts Morgenmantel und mehrere Photos, darunter das John Browns, begraben. Sie hinterlässt 6 Kinder, 32 Enkel und 37 Urenkel.

Zu Textauswahl und Übersetzung

Wer auch immer die bedauerlicherweise noch ungeschriebene Geschichte des Briefes und des Tagebuchs im 19. Jahrhundert schreiben will, wird nur zu seinem oder ihrem Schaden Victoria außer Acht lassen; denn Art und Umfang ihres Schreibens machen sie kulturhistorisch hoch bedeutend. Etwa 2500 Wörter hat sie Tag für Tag geschrieben, 1200 Briefe an einen ihrer Minister, Lord Palmerston, 3777 an ihre älteste Tochter, 121 Bände der Tagebücher gibt es, 700 Bände ihrer Schriften – jeder von (viktorianischem) Romanumfang – gäbe es, würde alles Geschriebene als Gesamtwerk veröffentlicht. Victoria schreibt nicht nur unentwegt, Inhalt und Stil sind auch von großer Unmittelbarkeit, sind der Versuch, den fließenden Gedanken und fließenderen Gefühlen Ausdruck zu verleihen. Emphatisch ist ihr Ausdruck deshalb zu nennen, nicht nur kraft der vielen Pathosworte, der Fülle der Adjektive wie »poor« und »dear«, sondern auch wegen ihrer Graphie, in der es von heraushebenden Großschreibungen und massiven Unterstreichungen – viermal bei einem Wort ist keine Seltenheit – nur so wimmelt. Und der Gedanken- bzw. Gefühlsfluss führt zu Riesensatzgefügen der parataktischen Reihungen, der Parenthesen, der losesten syntaktischen Verknüpfungen voller Gedankenstriche, Kommata, Strichpunkte, Klammern. Dass ein solcher Stil Übersetzungsprobleme bereitet, ist offensichtlich: Das Fließen der Emotionen und des Denkens wiederzugeben, gleichzeitig aber den Eindruck zu vermeiden, Victoria mache sprachliche Fehler, war eines der vorrangigen Ziele: Wir haben deshalb vorsichtigst Sätze gekürzt, zuweilen auch »logischer« übersetzt, d. h. eher den Geist als den Buchstaben. Wir haben auch um der Lesbarkeit willen – die Wiedergabe aller typographischen Emphasen ergäbe ein chaotisches Druckbild – nur selten Victorias Sperrungen, Großschreibungen, Unterstreichungen berücksichtigt. Die Verwendung deutscher Wörter und Formulierungen durch Victoria haben wir durch ein Sternchen (*) kenntlich gemacht.

Von größerer Problematik ist die Auswahl. Was bleibt, wenn aus dem (hypothetischen) Gesamtwerk von 700 Bänden Texte für einen ausgewählt werden, ist nicht mehr als ein Bruchteil. Diesen

Bruchteil bedeutend bzw. symptomatisch zu machen war unser Ziel, und zwar bedeutend und symptomatisch für Victoria als (liebende, leidende) Frau, als prägenden und geprägten Teil des großen »viktorianischen« Diskurses sich transformierender moralischer, ökonomischer, ideologischer und »rassischer« Ordnungen, als Macht im englisch-deutschen Verhältnis. Die Problematik dieses Unterfangens beruht dabei nicht nur darauf, dass strikt ausgewählt werden musste. Sie beruht auch darauf, dass das vorliegende Material in großen Teilen nur unvollständig und/oder revidiert vorliegt. Nur Victorias Tagebücher bis 1838 – täglich von der Mutter und der Erzieherin »gelesen« – liegen unverändert vor. Die weiteren Tagebücher sind, so wie Victoria es verfügt hat, von der Tochter Beatrice »kopiert« worden, die Originale wurden verbrannt. Verbrannt wurden von Victoria selbst auch ihre Briefe aus der Melbourne-Zeit, 1884 vom Privatsekretär das Tagebuch John Browns und vom Nachfolger Edward VII. die als »very private« gekennzeichneten Briefe Victorias an Disraeli sowie mehr oder minder alles, was es an Schriftlichem zu John Brown und Abdul Karim gab (dazu wurden die Zeichen von Victorias Memoria-Kult, Statuen, Büsten, Photographien entweder vernichtet oder an obskure Orte verbracht). Wie viel verloren gegangen ist, lässt sich zuweilen aus Vorhandenem rückschließen (s. die Rekonstruktion vom Juni 1866). Der Verlust sowie die Möglichkeiten gelegentlicher Ergänzungen und Klärungen legen nahe, zwischen den Zeilen zu lesen, nicht um ein (skandalöses) »secret life« zu entdecken, sondern um Victoria genauer und aufregender als Frau und Herrscherin zu verstehen, als die Symbolfigur des Jahrhunderts, das unsere Vorgeschichte ist.

AdressatInnen der Briefe

Albert von Sachsen-Coburg und Gotha (1819-1861), seit 1857 Prince Consort

Augusta von Preußen (1811-1890), verheiratet mit Wilhelm I. von Preußen, 1871-88 Deutsche Kaiserin, dann Kaiserinwitwe; ihr schreibt Victoria auf deutsch

Bigge, Sir Arthur (1849-1931), 1881 Assistenzprivatsekretär Victorias, 1895, als Nachfolger Sir Henry Ponsonbys, Privatsekretär, seit 1911 Baron Stamfordham

Canning, Lady Charlotte (1817-1861), geb. Charlotte Stuart, Hofdame Victorias, heiratet 1835 Charles John Canning, der 1856 das Amt als Generalgouverneur von Indien mit Sitz in Kalkutta antritt

Carnarvon, Henry Herbert, Earl of (1831-90), Minister für die Kolonien 1866-68 und 1874-78 und 1885-86 Lord Lieutenant von Irland, mit äußerst liberalen Ansichten zu den Rechten der Kolonien und Irlands sowie zum Frauenwahlrecht

Dalhousie, Earl of, s. Panmure

Derby, Edward Stanley, Lord (1799-1869), seit 1851 Earl, Premierminister 1852, 1858, 1866-68

Disraeli, Benjamin (1804-1881), erste Romanveröffentlichung 1826, seit 1837 Mitglied des Unterhauses, Premierminister 1868 und 1874-80, seit 1876 Earl of Beaconsfield

Edward Albert (Bertie) (1841-1910), Prince of Wales, als Nachfolger Victorias Edward VII.

FitzRoy, Charles, Lord (1804-1872), Baron Southhampton, Majordomus

Gathorne-Hardy, Gathorne (1814-1906), 1866 Vorsitzender des Verwaltungsrates für die Armenfürsorge, 1867 Innenminister, 1874-78 Kriegsminister, seit 1878 Earl of Cranbrook

Gladstone, William Ewart (1809-1898), Premierminister 1868-74, 1880-85 und 1892-94, von Victoria ungeliebt wegen seiner steifen Art und reformerischen Ideen – etwa der, Irland Autonomie (Home Rule) zu gewähren

Harris, Lucy Ada, Lady (1851-1930), geb. Lucy Ada Jervis, seit 1874 mit Englands berühmtestem Cricket-Spieler, George

Robert Canning Harris, verheiratet, der 1890-95 als Gouverneur von Bombay wirkt

Leopold von Sachsen-Coburg-Saalfeld (1790-1865), heiratet 1816 Charlotte, die einzige Tochter des englischen Thronfolgers, die 1817 stirbt; seit 1831 König von Belgien

Melbourne, William Lamb, Lord (1779-1848), Victorias erster Premierminister (bis 1841)

Nightingale, Florence (1820-1910), reorganisiert seit Ende 1854 die Lazarette im Krimkrieg, erlangt als »Lady of the Lamp« mythischen Status

Palmerston, Henry John Temple, Lord (1784-1865), seit 1807 im Parlament und bis zu seinem Lebensende nahezu ununterbrochen in Regierungsämtern, u. a. Kriegsminister 1809-28, Außenminister 1830-41 (mit viermonatiger Unterbrechung) und 1846-51, Premierminister 1855-65 (mit kurzer Unterbrechung). Die Behutsamkeit, mit der er Victoria Außenpolitik lehrt, wird angesichts der späteren Dauerfehde – Palmerston als der liberale und patriotische John Bull contra Alberts (und Victorias) monarchischem Bürokratismus – leicht vergessen

Panmure, Foxe Maule, Baron (1801-1874), Kriegsminister 1846-52 und 1855-58, seit 1860 Earl of Dalhousie

Ponsonby, Sir Henry (1825-1895), für seine Tapferkeit im Krimkrieg ausgezeichnet, 1856-61 in Diensten Alberts, seit 1870 Victorias Privatsekretär

Russell, Lord John (1792-1878), Premierminister 1846-52 und 1865-66, 1859-65 u.a. Außenminister

Salisbury, Robert Gascoyne-Cecil, Marquis of (1830-1903), Premierminister 1885-92 (mit kurzer Unterbrechung 1886) und 1895-1902

Stanley, Edward, s. Derby

Stockmar, Christian Friedrich, Frh. von (1787-1863), Arzt und Berater Leopolds seit 1816, Reisebegleiter Alberts auf dessen Italienreise 1838-39, Berater Alberts und Victorias, 1828 geadelt, seit 1830 Baron

Tennyson, Alfred (1809-1892), insbesondere wegen der großen Elegie ›In Memoriam‹ 1850 zum Poeta Laureatus ernannt, seit 1883 Lord

Victoire, Herzogin von Kent (1786-1861), geb. Prinzessin Sach-

sen-Coburg-Saalfeld, verwitwete Prinzessin Leiningen, heiratet
1818 Edward, Herzog von Kent, den vierten Sohn Georges III.

Victoria (Vicky), Princess Royal (1840-1901), heiratet 1858
Friedrich Wilhelm (Fritz) von Preußen, 1859 Mutter des späteren Wilhelm II., 1888 Deutsche Kaiserin und Kaiserinwitwe

Victoria von Hessen (1863-1950), älteste Tochter aus der Ehe von
Victorias drittem Kind, Alice (1843-1878), mit Ludwig (Louis),
Großherzog von Hessen-Darmstadt (1837-1892)

Wilhelm I. (1797-1888), seit 1861 König von Preußen, 1871
Deutscher Kaiser

Wilhelm II. (1859-1941), 1888-1918 Deutscher Kaiser

Literaturhinweise

Materialien

Peter Arengo-Jones: *Queen Victoria in Switzerland*. London 1979

A. C. Benson – R. Esher – G. E. Buckle (Hg.): *The Letters of Queen Victoria*. 3 Serien. London 1907 ff.

Hector Bolitho (Hg.): *Further Letters of Queen Victoria. From the Archives of the House of Brandenburg-Prussia*. Translated from the German by Mrs. J. Pudney and Lord Sudley. 1938. Repr. New York 1971

Brian Connell (Hg.): *Regina v. Palmerston. The Correspondence Between Queen Victoria and her Foreign and Prime Minister, 1837-1865*. London 1962

David Duff: *Victoria Travels. Journeys of Queen Victoria Between 1830 and 1900, with Extracts from her Journal*. London 1970

Ders. (Hg.): *Queen Victoria's Highland Journals*. London 1994

Hope Dyson – Charles Tennyson (Hg.): *Dear and Honoured Lady. The Correspondence Between Queen Victoria and Alfred Tennyson*. London 1969

John Esher (Hg.): *The Girlhood of Queen Victoria. A Selection from Her Majesty's Diaries Between the Years 1832 and 1840*. 2 Bde. London 1912

Charles Grey (Hg.): *The Early Years of His Royal Highness the Prince Consort*. London 1867

Ders.: Autorisierte Übersetzung von Dr. Julius Frese: *Die Jugendjahre des Prinzen Albert von Sachsen-Coburg-Gotha, Prinzgemahl der Königin Victoria*. Gotha 1868

Philip Guedalla (Hg.): *The Queen and Mr. Gladstone, 1845-1879*. 2 Bde. London 1933

Arthur Helps (Hg.): *The Principal Speeches and Addresses of ... the Prince Consort. With an Introduction, Giving some Outlines of his Character*. London 1862

Roger Fulford (Hg.): *Dearest Child. Private Correspondence of Queen Victoria and the Princess Royal, 1858-1861*. London 1977

Ders. (Hg.): *Dearest Mama. Private Correspondence of Queen Victoria and the Crown Princess of Prussia, 1861-1864*. London 1977

Ders. (Hg.): *Your Dear Letter. Private Correspondence of Queen Victoria and the Crown Princess of Prussia, 1865-1871*. London 1971

Ders. (Hg.): *Darling Child. Private Correspondence of Queen Victoria and the Crown Princess of Prussia, 1871-1878.* London 1976

Ders. (Hg.): *Beloved Mama. Private Correspondence of Queen Victoria and the German Crown Princess, 1878-1885.* London 1981. Daraus entnommen S. 13, 175, 178, 183. Mit freundlicher Genehmigung © HarperCollins Publishers Ltd

Christopher Hibbert (Hg.): *Queen Victoria in her Letters and Journals.* Harmondsworth 1985. Daraus entnommen S. 41–45, 56–59, 64 f., 94, 272. Mit freundlicher Genehmigung © Sutton Publishing Limited

Richard Hough (Hg.): *Advice to a Grand-Daughter. Letters from Queen Victoria to Princess Victoria of Hesse.* London 1975

Kurt Jagow (Hg. und Übers.): *Ein Frauenleben unter der Krone. Eigenhändige Briefe und Tagebuchblätter, 1831–1901.* Berlin 1936

Theodore Martin: *The Life of His Royal Highness The Prince Consort.* 5 Bde. London 1875-1880

Delia Millar (Hg.): *Views of Germany from the Royal Collections at Windsor Castle, Ansichten von Deutschland aus der Royal Collection in Windsor Castle. Königin Victoria und Prinz Albert auf ihren Reisen nach Coburg und Gotha.* Kunstsammlungen der Veste Coburg 1998

Barry St-John Nevill (Hg.): *Life at the Court of Queen Victoria. Illustrated from the Collection of Lord Edward Pelham-Clinton, Master of the Household; with Selections from the Journals of Queen Victoria.* Stroud 1997

Agatha Ramm (Hg.): *Beloved and Darling Child. Last Letters Between Queen Victoria and her Eldest Daughter 1886-1901.* Stroud 1990. Daraus entnommen S. 66, 72, 132, 135, 206, 226, 228 f. Mit freundlicher Genehmigung © Sutton Publishing Limited

John Raymond (Hg.): *Queen Victoria's Early Letters.* London 1963

Queen Victoria: *Leaves from the Journal of our Life in the Highlands.* Leipzig 1868

Queen Victoria: *Leaves from a Journal. A Record of the Visit of the Emperor and the Empress of the French ... 1855.* Introd. by Raymond Mortimer. London 1961

Queen Victoria: *More Leaves from the Journal of a Life in the Highlands, from 1862 to 1882.* London 1884

Marina Warner: *Queen Victoria's Sketchbook.* London 1979

Weiterführende Studien

W. Francis Aitken: *Victoria: The Well-Beloved*. London 1901

Theo Aronson: *Heart of a Queen. Queen Victoria's Romantic Attachments*. London 1991

Giles Saint Aubyn: *Queen Victoria. A Portrait*. London 1991

E. F. Benson: *Queen Victoria*. London u.a. 1935

Tom Cullen: *The Empress Brown. The Story of a Royal Friendship*. London u. a. 1969

Peter Gay: *The Bourgeois Experience. Victoria to Freud*. 5 Bde. New York/London 1984-1995

Frank Hird: *Victoria the Woman*. London 1908

Margaret Homans – Adrienne Munich (Hg.): *Remaking Queen Victoria*. Cambridge 1997

Margaret Homans: »Victoria's Sovereign Obedience: Portraits of the Queen as Wife and Mother«. In: Carol T. Christ – John O. Jordan (Hg.): *Victorian Literature and the Victorian Visual Imagination*. Berkeley u. a. 1995

Richard Hough: *Victoria and Albert. Their Love and their Tragedies*. London 1996

Her Majesty, Mrs. Brown (1997, Regie: John Madden, mit Judi Dench als Victoria, Billy Connolly als John Brown und Antony Sher als Benjamin Disraeli)

Steven Marcus: *The Other Victorians. A Study of Sexuality and Pornography in Mid-Nineteenth-Century England*. London 1967

Dorothy Marshall: *The Life and Times of Victoria*. Introd. by Antonia Fraser. London 1972

Richard Mullen – James Manson: *Victoria: Portrait of a Queen*. London 1987

Adrienne Munich: *Queen Victoria's Secrets*. New York 1996

Hannah Pakula: *An Uncommon Woman. The Empress Frederick*. London 1996

Thomas Richards: *The Commodity Culture of Victorian England. Advertising and Spectacle, 1851-1914*. London/New York 1990

Wilfried Rogasch (Hg.): *Victoria & Albert, Vicky & The Kaiser. Ein Kapitel deutsch-englischer Familiengeschichte*. Deutsches Historisches Museum. Ostfildern-Ruit 1997

Edith Sitwell: *Victoria of England*. Hamburg u. a. ²1937

Lytton Strachey: *Queen Victoria*. London 1921

Dorothy Thompson: *Queen Victoria. Gender and Power.* London 1990
Stanley Weintraub: *Victoria.* 1987. Rev. London 1996
Ders.: *Albert. Uncrowned King.* London 1997
Karl Heinz Wocker: *Königin Victoria. Eine Biographie.* Düsseldorf 1978
Charlotte M.Yonge: *The Victorian Half Century. A Jubilee Book.* London 1886

Bildnachweis

- 13 Zeitgenössischer Stich
- 15 Zeitgenössische Lithographie
- 19 Zeitgenössische Lithographie. In: Kurt Jagow, Hg. und Übers., Ein Frauenleben unter der Krone. Eigenhändige Briefe und Tagebuchblätter, 1831–1901, Berlin 1936, S. 96 f
- 30 Zeitgenössischer Stich
- 43 The Royal Collection © 2000 Her Majesty Queen Elizabeth II
- 45 Zeitgenössische Lithographie
- 57 Holzschnitt. In: Jagow, s. o., gegenüber S. 384
- 68 Zeitgenössischer Stich
- 78 Zeitgenössische Lithographie
- 82 Zeitgenössischer Stich. In: Jagow, s. o., nach S. 256
- 105 The Royal Archives © Her Majesty Queen Elizabeth II
- 109 The Royal Archives © Her Majesty Queen Elizabeth II
- 140 The Royal Archives © Her Majesty Queen Elizabeth II
- 158 Zeitgenössischer Stich
- 180 Zeitgenössische Photographie
- 185 Zeitgenössischer Stich
- 187 Zeitgenössischer Stich
- 189 In: Tom Cullen, The Empress Brown. The Story of a Royal Friendship, London u. a. 1969, nach S. 112
- 233 The Royal Collection © 2000 Her Majesty Queen Elizabeth II
- 252 Julia Margaret Cameron, *Alfred Tennyson* © By courtesy of the National Portrait Gallery, London
- 259 Zeitgenössische Lithographie
- 280 Photographie
- 292 Zeitgenössische Lithographie
- 296 Zeitgenössischer Stich. In: Jagow, s. o., nach S. 400
- 301 Chancellor of Dublin, *Four Generations* © By courtesy of the National Portrait Gallery, London

Trotz aller Bemühungen konnten nicht alle Rechteinhaber erreicht werden. Der Verlag verpflichtet sich, rechtmäßige Ansprüche jederzeit abzugelten.